药学文献检索

主 编 王 鸿 邢美园

副主编 胡 珏 苏开颜

编 者 （按姓氏拼音排序）

杜文婷（浙江医学高等专科学校）

方雅青（浙江医学高等专科学校）

胡 珏（浙江医学高等专科学校）

刘艳丽（浙江医学高等专科学校）

苏开颜（浙江大学图书馆）

王 鸿（浙江医学高等专科学校）

邢美园（浙江大学医学院附属第一医院）

杨丽静（杭州市医学情报中心）

ZHEJIANG UNIVERSITY PRESS 浙江大学出版社

图书在版编目（CIP）数据

药学文献检索 / 王鸿,邢美园主编. —杭州:浙江大学
出版社，2013.7(2019.6重印)

ISBN 978-7-308-11732-6

Ⅰ.①药… Ⅱ.①王… ②邢… Ⅲ.①药物学—情报检索 Ⅳ.①G252.7

中国版本图书馆 CIP 数据核字（2013）第 139495 号

药学文献检索

王 鸿 邢美园 主编

责任编辑	傅百荣
封面设计	刘依群
出版发行	浙江大学出版社

（杭州市天目山路 148 号 邮政编码 310007）

（网址：http://www.zjupress.com）

排　　版	杭州中大图文设计有限公司
印　　刷	杭州杭新印务有限公司
开　　本	787mm×1092mm　1/16
印　　张	12.75
字　　数	335 千
版 印 次	2013 年 7 月第 1 版　2019 年 6 月第 6 次印刷
书　　号	ISBN 978-7-308-11732-6
定　　价	31.00 元

目　录

第一章 绪 论

第一节 文 献

文献是记录有知识的一切载体。具体地,文献是用文字、图形、符号、声频、视频等技术手段记录人类知识的一种载体,或理解为固化在一定物质载体上的知识,也可以理解为古今一切社会史料的总称。它具有存贮知识、传递和交流信息的功能。

该词最早见于《论语·八佾》:"子曰,夏礼,吾能言之,杞不足征也。殷礼,吾能言之,宋不足征也。文献不足故也。足,则吾能征之矣。"文指典籍,献指人才。朱熹《论语集注》中解释:"文,典籍也。献,贤也。"后该词向偏义词演化,偏重于"文",单指典籍。

从文献的定义可以看出,文献由三个要素构成:第一,要有一定的知识内容;第二,要有用以保存和传递知识的记录方式,如文字、图形符号、视频、声频等技术手段;第三,要有记录知识的物质载体,如纸张、感光材料、磁性材料等。这三个要素缺一不可。一本白纸,再厚也不是文献;而口述的知识,再多也同样不是文献。由此可见,文献与知识既是不同的概念,又有密切的联系。文献必须包含知识内容;而知识内容只有记录在物质载体上,才能构成文献。

由于文献的种类繁多,各具特色,不同类型文献所记载的信息内容也各有侧重,因此,首先了解文献的级别、类型、特点等知识,对进一步做好文献检索工作将有很大的帮助。

文献因载体形式、生产来源、出版发行方式以及特别用途而呈现出多样性。因此,文献根据不同的划分方式又可分为多种类型。

一、依据文献的加工深度划分

依据文献传递知识、信息的质和量的不同以及加工层次的不同,人们将文献分为四个等级,分别称为零次文献、一次文献、二次文献和三次文献。

(一)零次文献

零次文献一般是通过口头交谈、参观展览、参加报告会等途径获取,不仅在内容上有一定的价值,而且能弥补一般公开文献从信息的客观形成到公开传播之间费时甚多的弊病。学术界还常将通过非正常交流渠道获得的、非正式出版物称作灰色文献。

零次文献主要包括两个方面的内容:一是人们的口头交谈,直接作用于人的感觉器官的非文献型的情报信息;二是未公开于社会即未经正式发表的原始的文献,或没正式出版的各种书刊资料,如书信、手稿、记录、笔记,也包括一些内部使用、通过公开正式的订购途径所不能获得的书刊资料。

(二)一次文献

一次文献通常是指原始创作,即作者以本人的研究成果为基本素材而创作(或撰写)的文献。如期刊论文、专利说明书、会议论文、科技报告和学位论文等。也常被称为原始文献,在整个文献系统中是数量最大、种类最多、使用最广、影响最大的文献。其所记载的知识信息比较新颖、具体、详尽。

（三）二次文献

二次文献是指信息工作者对大量分散、零乱、无序的一次文献进行整理、浓缩、提炼，并按照一定的逻辑顺序和科学体系加以编排存储后得到的产物。其主要类型有目录、索引和文摘等。二次文献具有明显的汇集性、系统性和可检索性，它汇集的不是一次文献本身，而是某个特定范围的一次文献线索。它的重要性在于使查找一次文献所花费的时间大大减少。

（四）三次文献

三次文献是选用大量有关的文献，经过综合、分析、研究而编写出来的文献。它通常是围绕某个专题，利用二次文献检索搜集大量相关文献，对其内容进行深度加工而成。属于这类文献的有综述、评论、评述、进展、动态等期刊文献和百科全书、年鉴、手册等参考工具书。这些对现有成果加以评论、综述并预测其发展趋势的文献，具有较高的实用价值。

综述是对原始文献的综合、评价、压缩处理的文献，具有最新情报的报道功能、指导功能和目录功能，属于三次文献范畴。一般由各个专业的著名专家、学者撰写，并附有大量参考文献。综述分评论性综述和叙述性综述两大类型。评论性综述的撰写一般包括对特定领域的所有重要出版物进行详细公正的审查分析，同时结合该领域的进展进行批判性的评价，指示研究的文献和发展趋势的预测；叙述性综述主要是对现有资料的综合性叙述而不是评价。

总之，从零次文献、一次文献、二次文献到三次文献，是一个由分散到集中，由无序到有序，由博而精地对知识信息进行不同层次加工的过程。它们所含信息的质和量是不同的，对于改善人们的知识结构所起到的作用也不同。零次文献和一次文献是最基本的信息源，是文献信息检索和利用的主要对象；二次文献是一次文献的集中提炼和有序化，它是文献信息检索的工具；三次文献是把分散的零次文献、一次文献、二次文献，按照专题或知识的门类进行综合分析加工而成的成果，是高度浓缩的文献信息，它既是文献信息检索和利用的对象，又可作为检索文献信息的工具。

二、依据文献的发布类型划分

（一）图书

图书通常记录一些比较系统、成熟的知识。图书一般分为专著、文集、教科书、丛书、会议论文集和词典、百科全书、指南、手册等参考工具书两大类。正式出版图书的版权页或其他部位标有一个国际标准书号（International Standard Book Number，ISBN），这是国际通行的出版物代码，具有唯一性和专指性，也是一种可利用的检索途径。

（二）期刊

期刊是指具有相对固定的刊名、编辑机构及版式装帧的定期或不定期连续出版物。期刊所记录的知识具有新颖、信息密度大等特点。内容可分为综合性和专科性，一般不包括报纸和多卷图书。国际标准连续出版物编码（International Standard Serial Number，ISSN）是国际上通用的连续出版物国际标准化编码，每一种经过申请的出版物都可得到一个固定的 ISSN 号，用于区别其他不同的出版物。

全世界科学期刊数以万计，并逐年增加。期刊的刊期通常有周刊、旬刊、半月刊、月刊、双月刊、季刊、半年刊、年刊，多数学术性期刊在刊期的基础上，对其划分为卷（Volume）、卷内分期（Number or Issue），也有不分卷，只连续计期的。科技期刊内容专深新颖，出版周期短，传播面广,连续性强,能较快地反映科技发展的水平和动态,是科研工作的主要文献源、信息源、情报源,是科学交流的园地,也是科研过程中最为重要的文献类型。

（三）特种文献

特种文献是指无法归入图书或期刊的文献,例如会议文献、学位论文、专利文献、学术报告、标准文献、政府报告以及 WHO 的出版物等。这种文献的特点是一般不公开出版,普通图书馆也不收藏。但是特种文献反映了许多最新的研究和技术以及国家的法规、标准等不可或缺的信息,也是医学科研的重要的信息源。

三、依据文献的载体形式划分

（一）印 刷 型

以纸质材料为载体,以印刷为记录手段而形成的文献形式,是目前整个文献中的主体,也是有着悠久历史的传统文献形式。它的特点是不需要特殊设备,可以随身携带,随处随时阅读。但存贮密度小,体积大,占据空间大,不便于保存。如传统的图书、期刊等。

（二）缩 微 型

以感光材料为载体,以照相为记录手段而形成的一种文献形式,包括缩微胶卷、缩微平片、缩微卡片等。缩微型文献的优点是体积小,便于收藏和保存等,但阅读需要有较复杂的阅读设备来支持。目前在整个文献中,所占数量较少。

（三）声 像 型

以磁性和感光材料为介质记录声音、图像等信息的一种文献形式。其优点是存取快捷,可闻其声,见其形,易理解。包括录音、录像、幻灯、电影信息等。

（四）机 读 型

又称数字化文献,指通过计算机进行阅读的文献。如电子图书、电子期刊、数据库等。又可分为光盘文献和网络文献。

第二节 文献检索

文献检索是进行科学研究和撰写论文时所必需的一种手段。文献检索的概念有狭义和广义之分:狭义的文献检索是指依据一定的方法,从已经组织好的大量有关文献集合中,查找并获取特定的相关文献的过程。这里所说的文献集合,不是通常所指的文献本身,而是关于文献的信息或文献的线索。广义的检索包括信息的存储和检索两个过程(Storage and Retrieval)。信息存储是将大量无序的信息集中起来,根据信息源的外表特征和内容特征,经过整理、分类、浓缩、标引等处理,使其系统化、有序化,并按一定的技术要求建成一个具有检索功能的数据库或检索系统,供人们检索和利用。而检索是指运用编制好的检索工具或检索系统,查找出满足用户要求的特定信息。

依据检索对象的不同文献检索可分为三种类型:

• 以查找文献线索为对象的文献检索;

• 以查找数值与非数值混合情报为对象的事实检索;

• 以查找数据、公式或图表为对象的数据检索。

一、检索工具及其类型

检索工具是指用来存贮和查找所需情报资料的工具。根据载体的不同,检索工具的形式有书本式、卡片式、缩微式和机读式。其中机读式有磁带、磁盘、光盘和网络数据库等,光盘和网络数据库是目前使用最多的检索工具类型。

按照摘录方式的不同,检索工具可分为以下几种:

(一)目录(Catalogue)

目录是按照某种顺序编制的文献清单或清册,通常以一个完整的出版单位或收藏单位为著录的基本单位。它对文献的描述比较简单,主要记述其外部特征(如图书名称、著者、出版事项和稽核事项等)。目录是手工检索工具中出现最早的一种检索工具类型。目录有很多种,按职能划分:有图书书目、出版社与书店目录、馆藏目录和联合目录以及专题文献目录。图书馆常用的目录有分类、书名、著者和主题目录。

题录式检索工具在名称中常出现"题录"、"索引"或者"目录"字样,如《全国报刊索引》、美国《医学索引》(Index Medicus)、《中文科技资料目录》。题录一般包括文献的题名、作者及其所在单位地址、来源(刊名、年、卷、期、页码)、语种等内容。

(二)文摘(Abstract)

文摘是指对一篇文献(或一个文献单元)的内容所做的简略、准确的描述,通常不包含对原文的补充、解释或评论。1987年美国《Annals of Internal Medicine》(内科纪事)首先推出结构式文摘。结构式文摘是医学论文摘要的新的书写格式,给整个情报界带来了一次革命。要求科技论文文摘按照一定的结构分层次,设四个小标题,便于格式化,给论文撰写者、情报工作者和读者带来极大的便利。

结构式文摘包括:①背景(Background)或对象(Objective);②方法(Methods);③结果(Results)或发现(Findings);④结论(Conclusion)或阐明(Interpretation)。它的优点是具有固定格式,便于撰写,避免内容的疏漏,信息完整集中;其分设层次的结构,便于计算机检索,检索工具的编辑、收录;非英语国家的科技人员,比较容易掌握,便于国际上学术交流,促进文摘编写标准化。

文献式检索工具在名称中通常有"文摘"、Abstracts、Digest等字样,如《中国药学文摘》、《Biological Abstracts》、《Chemical Abstracts》等,相关的文摘型数据库有《中国生物医学文献数据库》、MEDLINE、BIOSIS、Scifinder Scholar等。这些检索工具书或数据库中收录内容是在"题录"基础上增加一段内容文摘,通常采用原文的作者文摘。少量检索工具或数据库采用情报和相关学科专家后加工式的文摘,如《Excerpta Medica》、EMBASE。

二、数据库

数据库是可以共享的某些具有共同的存取方式和一定的组织方式的相关数据的集合。在类型的划分上有多种标准,从不同的角度出发可得出不同的分类,按照媒体信息、信息处理的层次以及服务模式来划分,数据库类型如表1-2-1所示。

表 1-2-1 数据库类型表

分类	类型	说明
按媒体 信息分类	文本数据库	主要是文本信息,如法律数据库、文学数据库等
	数值数据库	主要是数值信息,如实验数据库、统计数据及各类标准等
	声音数据库	主要收集声音信息
	图像数据库	主要是各种类型的图形、图像,如素材数据库等
	视频数据库	主要收集视频信息
	多媒体数据库	提供文本、图像(图表、图画、照片、动画或活动影视)、声音(语言、音乐或其他音响)以及它们的结合等信息
按信息 处理层次 分类	书目数据库	存储对文献信息进行加工后的书目数据,如 OPAC 等,提供查询、检索功能
	题录数据库	存储原文经过提炼后所得的文摘、索引等信息,提供各种检索功能
	全文数据库	存储文献的原文信息,其信息内容在各类数据库中是最完整的,用户通过检索可直接获得原文信息
按服务 模式分类	单机数据库	在单个计算机上提供服务,包括磁带数据库、磁盘数据库、光盘数据库等
	联机数据库	通过专门的通信线路,利用终端进行数据库检索服务。包括美国 Dialog、欧共体 ESA 和德国 STN 等计算机联机服务系统等
	网上数据库	借助网络进行服务的数据库

数据库中存放的是一系列彼此相关的数据,而计算机信息检索系统所用的数据库,其主要部分是各种主文档(或称顺排文档)和索引文档(或称倒排文档)。每个文档都是由许多个记录所组成的,而每一条记录又由不同的数据项(或称字段)组成,每一个字段都有标识符,字段中所含的真实内容叫做数据(或称字段的属性值)。因此可以这样说,多个字段构成一个记录,多个记录构成一个文档,多个文档共同组成计算机信息检索系统完整的数据库。

(一)数据库的记录格式

不同类型的数据库,尽管其标引的内容和形式有很大差别,但它的每一条记录基本上都是由三种字段组成的,即存取号字段、基本索引字段和辅助索引字段。

1.存取号字段(access number)

机检系统为数据库中的每一条记录规定了一个特定的号码,用于识别这条记录。在同一个数据库中,每一条记录只能有一个存取号。一般情况下,存取号出现在记录的开头位置。

2.基本索引字段(basic index)

基本索引字段也称为主题性字段,主要是指那些用来表达文献记录的内容特征的字段。如篇名字段、文摘字段、叙词字段和自由词字段等几种字段,除此之外还有其他字段也属于基本索引字段,如全文数据库的正文字段等。

3.辅助索引字段(additional index)

辅助索引字段也可称为非主题性字段,主要表达文献的外表特征。辅助索引字段一般不单独使用,它们通常与基本索引字段配合使用,起一种限定检索范围的作用。

不同种类的数据库,记录中包含的基本索引字段和辅助索引字段的种类、数量都有很大差别,即使是同一种数据库,比如书目型数据库,也会因不同的数据库而有所不同。

（二）数据库文档结构

文档是数据库中一部分记录的集合。由于分散杂乱的记录是无法检索的，只有对记录进行科学合理的组织，建立起彼此相关的几个文档，构成一个完整的数据库，才能用于检索。一般来说，一个数据库至少包含一个顺排文档和一个倒排文档。

第三节　文献检索语言

一、文献检索语言

文献检索语言就是文献信息检索系统中的标识系统，能提供多种多样的检索点，如著者名、分类号、主题词、关键词等。文献检索语言是人工创制的或者由人工设计并由计算机自动生成的，它可以是从自然语言或专业文献中抽取出来并予以规范化的一套词汇（如主题词表），也可以是遵循某种分类体系的一套分类代码，或者是代表某一类事物的某一方面特征的一套代码（如代表化合物的多种代码）等。它们可用于对文献和网络信息的内容进行逻辑分类、主题标引或特定信息的描述和提示，所以又称为文献存贮与检索语言、标引语言、索引语言等。

文献检索语言在各种文献检索系统中无处不在，它种类繁多，各具特点，各有优势又或多或少存在缺陷。在实际应用中常有两种或多种检索语言用于同一检索系统以供选择使用或者相互取长补短。近年来在强大的计算机信息技术支持下研制开发的新型检索语言集成系统，已使网络文献信息智能化检索初显端倪。用户的检索提问可以用短语甚至句子等自然语言形式输入，系统能够进行自动分析形成检索策略进行检索。检索技术的长足进步，很大程度上得益于检索语言研究成果的应用。

（一）外表特征检索语言

1.文献篇名或题名索引系统

以文献发表时的题目（篇名）、刊名或书名字顺为标识的检索语言，如书名目录（索引）、刊名目录（索引）、篇名索引等。

2.文献著者姓名或团体名称作为标识的字顺索引系统

以文献著者姓名字顺为标识的检索语言。著者包括译者、编者、文摘人、专利权人、学会和机关团体名、学术会议名等。

3.文献序号索引系统

以文献特有的序号为标识的检索语言，如专利号索引、科技报告序号索引、技术标准号、国际标准书号（ISBN）索引等。

4.引文索引系统

以文献所附注的参考文献为检索标识的检索系统。一般这些参考文献指著者在文献末尾附加的用来表明论据或数据来源出处的文献资料，参考文献的书写有一定的格式。利用这种引用与被引用关系建立起来的文献检索系统就称为引文索引。

（二）内容特征检索语言

1.主题检索语言

用于表达文献主题内容的词语标识系统，应用较多的是主题词和关键词。

（1）主题词（subject headings）：又称叙词（discriptor），用于表达文献主要内容的规范化名词术语。其主要特点是采用的词语有较严格的限定,对一个概念的同义词、近义词及拼法变异词等进行"规范",以保证词语与概念的一一对应,是典型的规范化语言。如美国国立医学图书馆编制的《医学主题词表》(MeSH),中国中医药研究院编制的《中医药学主题词表》等(参见本章第四节)。

(2)关键词(keyword):又称自然语言。指出现在文献中,能表达文献主题内容的,或被人们用做检索入口的关键性专业名词术语。由于关键词通常取自原文,不作规范化处理,没有特别的限定,因而能直接取自最新文献,即时反映科学领域的新观点、新方法、新发现以及新的名词术语。但由于一个概念的不同表达多种多样,不加以限制,会使同一类文献分散,如果不能找全同义词,则很容易造成漏检。

2.分类检索语言

一种直接体现文献知识分类等级概念的标识系统,它以科学分类为基础,结合文献特点,采用概念逻辑分类,层层划分,构成具有上、下位隶属关系、同位之间并列的概念等级体系。分类语言的"词语"就是等级体系中的类目及相应的分类号。分类检索语言必须依据某一种分类体系构成其标识系统,如《中国图书馆分类法》、《中国科学院图书馆图书分类法》、美国《国会图书馆分类法》、杜威十进分类法等。

3.代码检索语言

是以文献的某些代码作为标识系统的检索语言。随着计算机网络技术的发展和应用,出现了自然语言与人工语言结合的一体化语言。它体现出了人工语言与自然语言优势互补,既符合自然语言系统的专指性高、词汇量大、使用方便,又很好地利用了人工语言的规范性,避免漏检和误检,使之自动对应转换,达到了系统的智能化,它是网络环境下检索语言的发展趋势。

4.医学信息检索语言

用于记录、存贮、传输临床诊疗过程中产生的文字、图像资料(如卫生统计资料、病案记录、放射影像资料等)的医学信息编码系统。如国际疾病分类法(ICD)、国际系统医学术语集(SNOMED)、一体化医学语言系统(UMLS)、当代操作术语集(CPT)等。

二、《医学主题词表》

美国国立医学图书馆编制的《医学主题词表》(Medical Subject Headings, MeSH)是目前最权威、最常用的标引与检索的标准主题词表。许多著名的数据库(MEDLINE、中国生物医学文献数据库)、医学专业搜索引擎(如 CliniWeb)以及医学杂志的论文标引均采用 MeSH 词规范。MeSH 选用的 19000 余个词和词组,通过注释、参照系统与树形编码表达 MeSH 词的历史变迁,主题词的族性类别、属分关系,揭示主题词之间语义关系,构成一部规范动态词典。

该词表有两种版本:一种是《医学主题词表》(MeSH),是指导用户使用《医学索引》和《医学累积索引》主体部分的工具;另一种是《医学主题词注释字顺表》(Medical Subject Headings Annotated Alphabetic List,简称 MeSHAAL),专供专业情报人员进行标引、编目和联机检索使用。

MeSH 选词范围包括生物医学文献中能表达与医学或生命科学有关的概念、并且有检索意义的词或词组,共分 15 个大类(见本节末附表一)。

(一)MeSH 的编排结构

MeSH 由主题词变更表、字顺表、树状结构表和副主题词表四部分组成,其中字顺表、树状结构表是其主要组成部分。

（二）字顺表（Alphabetical List）

字顺表收录有主题词、款目词、非主题词、特征词和副主题词等，采用按字顺混排的格式。在每个主题词下标有树状结构号、历史注释、参照系统等内容，用来揭示表中词与词之间的关系。

例如：主题词 Gastric Acid（胃酸）在字顺表中的情况如下：

①**Gastric Acid**

②A12.200.307.603

③81；HYDROCHIORIC ACID,GASTRIC was see GASTRIC JUICE 1969-80

④see related

　Achlorhydria

X　Hydrochloric Acid，Gastric

XR Hydrochloric Acid

XR Parietal Cells，Gastric

Gastric Acid/analysis see Gastric Acidity Determination

注释：①主题词，在主题部分可直接用来检索文献，其下通常有副主题词与之配使用；②树状结构号，表示该主题词的属类和它在树状结构中的位置。如该主题词属多个类别，则可给予多个树状结构号。在树状结构号后带有"＋"号时，表示它还有下位主题词；③历史注释，注明该主题词的启用年代及其变化情况。此例"Gastric Acid"是从 1981 年起用做主题词的，1969—1980 年间，欲查该词内容的文献，应使用主题词"Gastric Juice"；④参照系统，在医学词汇中，有不少词汇含义相同或相近，IM 针对这种情况在主题词字顺表中建立了一套完整的参照系统，指引检索者以规范的词汇去进行检索。

在 MeSH 字顺表中，主题词有单词也有词组，词组的排列有顺置（如 Family Planning）和倒置（如 Hypertension，renal；Hypertension，Pregnancy-Induced；Hypertension，Renovascular 等）两种形式。MeSH 采用倒置语序的目的是使同属某一大概念的主题词能相对集中在一起，达到族性检索的目的。

（三）参照系统

MeSH 表的参照系统共有以下四种：

（1）"用代参照"或"等同"参照：参照符号为"see－X"，用于处理词与词之间的同义关系。在 MeSH 表中，对于多个同义词只采用其中一个比较科学而通用的词作为主题词（用于标引和检索），其他词则作为款目词（不用于标引和检索），以"用代参照"将其联系起来，使这些款目词在词表中成为一种起指引作用的导入词，即指引检索者从款目词找到主题词，并用该参照加以联系，以保证最大限度的查全率。

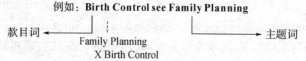

例如： **Birth Control see Family Planning**

款目词　　　　　　　　　　　　　　　　　　　　　　主题词
　　　　　　Family Planning
　　　　　　X Birth Control

此例表示 see 后面的词为主题词，前面的词为款目词，欲查"计划生育"方面的文献，应用 Family Planning 这一主题词。在主题索引部分也可见到这种形式。

本组的逆参照符号为"X"。此例表示"X"前面的词代替其后面的词做主题词。

（2）"相关"参照：参照符号为"see related－XR"，用于处理主题词与主题词之间的相关关系，检索时可以参考使用相关主题词，以扩大检索范围。

例如：**Population Control**

　　　　see related

　　　　　Family Planning

此例表示"see related"前面的词和后面的词都是主题词，而且两个主题词之间有相关关系，要想达到全面检索的目的，还可以参考检索相关主题词下的文献，以扩大检索范围。

本组的逆参照符号为"XR"。

例如：**Family Planning**

　　　　　XR Population Control

（3）"也须"参照：参照符号采用"Consider also"，用于指引与检索词从语言角度有关的其他主题词，可提高查全率。

例如：LUNG

　　　consider also term at PNEUMO-and PULMON-

　　　LUNG/blood supply：consider also PULMONARY CIRCULATION；LUNG/

　　　surg：consider also PNEUMONECTOMY

（4）主题词/副主题词组配（see）参照：它向用户指出不得使用无效的主题词/副主题词组配，而须用先组式主题词来表达这一同义概念。该参照从 1992 年起增设。

例如：Heart/abnormalities see HEART DEFECTS, CONGENITAL

　　　Heart/transplantation see HEART TRANSPLANTION

（四）树状结构表（Tree Structures）

树状结构表又称范畴表或分类表，是将字顺表中的主题词按照每个词的词义范畴及学科属性，分门别类地归入 15 个大类之中，用 A－N 和 Z 等 15 个字母表示（参见本章末的附表一），每个大类根据需要划分为若干一级类目、二级类目、三级类目……最小的类可分至九级。主题词按等级从上位词到下位词，用逐级缩排方式表达逻辑隶属关系。同一级的词按字顺排列，每个词后列出一至多个对应的结构号。一般来说，一个词归入一个类，给一个结构号。有些词具有多学科的性质，如糖尿病既是营养代谢疾病，又是内分泌疾病，故可同时归入两个类，有两个结构号。MeSH 对于那些本类以外的结构号用较小字体印刷，以示区别。

在树状结构表中，主题词严格按照学科体系汇集编排。词与词之间，上位与下位概念等级界限明确，隶属关系清楚，可帮助从学科体系中选择主题词、进行扩检和缩检、确定词的专业范围，特别适合专业人员按照学科体系进行选词。

字顺表与树状结构表的关系：医学主题词表分为字顺表与树状结构表两个部分，它们之间相对独立，又通过树状结构号互相联系。树状结构表揭示了每个主题词的纵向隶属关系，相当于美国《医学索引》(IM) 的主题分类表；字顺表从横向角度反映主题词之间的关系，而两者的联系通过树状结构号得以体现。检索者先在字顺表中找到合适的主题词及树状结构号，按此号查树状结构，再通过对该词的上位词和下位词的比较、分析，便可进行专指或扩展检索。

（五）副主题词表（Subheadings）

副主题词是对主题词进行限定，用于反映主题词的某个方面，使其具有更高专指性的规范化词汇。副主题词对主题词起细分作用或揭示多个主题词之间的关系，目前有 83 个。副主题词没有独立的检索意义，在主题索引中同主题词组配使用，对同一主题词不同研究方面的文献进行限定，其作用是增加主题概念的专指性，提高检索效率。但并非每个副主题词都能同任何主题词进行组配，两者之间要有必然的逻辑关系，必须严格遵循副主题词后括号内所标明的组

配限定及使用范围。(参见本节末附表二、三)

三、《中国中医药学主题词表》

《中国中医药学主题词表》由中国中医研究院于 20 世纪 70 年代开始编写,最终于 1987 年编制完成。1996 年出版修订版。该词表同《MeSH》一样也是一部规范化、动态的检索语言叙词表。该词表具有体系结构完整、收词完备、一表多用等特点,与《MeSH》有很强的兼容性,因此逐渐成为全球范围内医学界进行中医药文献标引的依据。

该词表尽量收全中医药词汇,而对西医药名词一般不予收录。共收录主题词 6938 条,其中正式主题词 5806 条,入口词 1132 条。包括字顺表、树形结构表、副主题词表、出版类型表、附表和索引表六部分。

树形结构表共分 14 个类目 59 个子类目,内容如下:

TA	中医解剖学	TH	自然科学
TB	药用动植物	TI	教育
TC	中医病症	TK	人文科学
TD	中药和方剂	TL	信息科学
TE	中医诊断治疗技术和设备	TM	各种人和各种职业名称
TF	中医精神疾病和心理学	TN	保健
TG	生物科学	TZ	地理名称

《中国中医药学主题词表》设置了 11 个专门用于中医药学的副主题词,并规定了其定义及使用范围(参见本节末附表四)。

附表一　MEDICAL SUBJECT HEADINGS

Categories and Subcategories

(MeSH 树状结构表主要类目)

A　Anatomy　解剖

　　A1　Body Regions 身体各部位

　　A2　Musculoskeletal System 肌肉骨骼系统

　　A3　Digestive System 消化系统

　　A4　Respiratory System 呼吸系统

　　A5　Urogenital System 泌尿系统

　　A6　Endocrine System 内分泌系统

　　A7　Cardiovascular System 心血管系统

　　A8　Nervous System 神经系统

　　A9　Sense Organs 感觉器官

　　A10　Tissues 组织

　　A11　Cells 细胞

　　A12　Fluids & Secretions 体液和分泌液

　　A13　Animal Structures 动物结构

　　A14　Stomatognathic System 口腔颌面系统

　　A15　Hemic Immune Systems 血液与免疫系统

A16　Embryonic Structures 胚胎结构

B　Organisms 生物体

B1　Invertebrates 无脊椎动物

B2　Vertebrates 脊椎动物

B3　Bacteria 细菌

B4　Viruses 病毒

B5　Algae & Fungi 藻类与真菌

B6　Plants 植物

B7　Archaea 原生物

C　Diseases 疾病

C1　Bacterical Infections & Mycoses 细菌感染与真菌病

C2　Virus Diseases 病毒性疾病

C3　Parasitic Dieases 寄生虫病

C4　Neoplasms 肿瘤

C5　Musculoskeletal Diseases 肌肉骨骼疾病

C6　Digestive System Diseases 消化系统疾病

C7　Stomatognathic Diseases 口腔颌面疾病

C8　Respiratory Tract Diseases 呼吸道疾病

C9　Otorhinolaryngologic Diseases 耳鼻咽喉疾病

C10 Nervous System Diseases 精神系统疾病

C11 Eye Diseases 眼疾病

C12 Urologic & Male Genital Diseases 泌尿与男性生殖器疾病

C13 Female Genital Diseases & Pregnancy Complications 女性生殖器疾病和妊娠并发症

C14 Cardiovascular Diseases 心血管系统疾病

C15 Hemic & Lymphatic Diseases 血液与淋巴系统疾病

C16 Neonatal Diseases & Abnomalities 新生儿疾病与畸形

C17 Skin & Connective Tissue Diseaes 皮肤与结缔组织疾病

C18 Nutritional & Metabolic Diseases 营养与代谢疾病

C19 Endocrine Diseases 内分泌系统疾病

C20 Immunologic Diseases 免疫性疾病

C21 Injuries,Poisonings &Occupational Diseases 创伤、中毒与职业病

C22 Animal Diseases 动物疾病

C23 Symptoms & General Pathology 症状与普通病理学

D　Chemicals & Drugs 化学制剂与药品

D1 Inorganic Chemicals 无机化学制剂

D2 Organic Chemicals 有机化学制剂

D3 Heterocyclic Compounds 杂环化合物

D4 Polycyclic Hydrocarbons 多环碳氢化合物

D5 Environmental Pollutants,Noxae & Pesticides 环境污染物、有害物、杀虫剂

D6 Homones,Homone Substitutes & Homone Antagonists 激素、激素代用品与激素拮抗剂

D7 Reproductive Control Agents 生殖控制剂

D8 Enzymes, Coenzymes & Enzyme Inhibitors 酶、辅酶、酶抑制剂

D9 Carbohydrates & Hypoglycemic Agents 碳水化合物和降血糖剂

D10 Lipids & Antilipemic Agents 脂类与降血脂类

D11 Growth Substances, Pigments & Vitamins 促生长素、色素与维生素

D12 Amino Acids, Peptides & Proteins 氨基酸、肽、蛋白质

D13 Nucleic Acids,Nucleotides & Nucleosides 核酸、核苷酸与核苷

D14 Neurotransmitters & Neurotransmitter Agents 神经递质与神经递质药物

D15 Central Nervous System Agents 中枢神经系统药物

D16 Peripheral Nervous System Agents 周围神经系统药物

D17 Anti-Inflammatory Agents，Antirheumatic Agents & Inflammation Mediators 抗炎药、抗风湿药与抗炎症介质

D18 Cardiovascular Agents 心血管系统药物

D19 Hematologic，Gastric，Renal Agents 血液、胃、肾疾病药物

D20 Anti-Infective Agents 抗感染药

D21 Anti-Allergic & Respiratory System Agents 抗过敏与呼吸系统药

D22 Antineoplastic & Immunosuppressive Agents 抗肿瘤药与免疫抑制剂

D23 Dermatologic Agents 皮肤科药物

D24 Immunologic & Biologic Factors 免疫学与生物学制品

D25 Biomedical & Dental Materials 生物医学与牙科材料

D26 Miscellaneous Drugs & Agents 其他药品及制剂

E   Analytical，Diagnostic & Therapeutic Techniques & Equipment 分析、诊断、治疗技术与设备

E1 Diagnosis 诊断

E2 Therapeutics 治疗学

E3 Anesthesia & Analgesia 麻醉与镇痛

E4 Surgical Procedures，Operative 外科手术程序、操作

E5 Investigative Techniques 调查技术

E6 Dentistry 牙科

E7 Equipment & Supplies 设备与材料供应

F   Psychiatry & Psychology 精神病与心理学

F1 Behavior & Behavior Mechanisms 行为与行为机制

F2 Psychological Phenomena & Processes 心理现象与过程

F3 Mental Disorders 精神障碍

F4 Behavioral Disciplines & Activities 行为规范与活动

G   Biological Sciences 生命科学

G1 Biological Sciences 生命科学

G2 Health Occupation 卫生保健工作

G3 Environment & Public Health 环境与公共卫生

G4 Biological Phenomena，Cell Phenomena & Immunity 生物现象、细胞现象与免疫力

G5 Genetics 遗传学

G6 Biochemical Phenomena，Metabolism & Nutrition 生物化学现象、代谢与营养

G7 Physiological Processes 生理过程

G8 Reproductive & Urinary Physiology 生殖与泌尿学

G9 Circulatory & Respiratory Physiology 循环与呼吸生理学

G10 Digestive，Oral & Skin Physiology 消化、口腔与皮肤生理学

G11 Musculoskletal，Neural & Ocular Physiology 肌肉骨骼、神经与眼生理学

G12 Chemical，Pharmacologic Phenomena 化学、药学现象

H   Physical Sciences 物理科学

I   Anthropology，Education，Sociology & Social Phenomena 人类学、教育学、社会学与社会现象

I1 Social Sciences 社会科学

I2 Education 教育

I3 Human Activities 人类活动

J   Technology，Industry，Agriculture 工艺学、工业、农业

J1 Technology，Industry，Agriculture 工艺学、工业、农业

J2 Food & Beverages 食品与饮料

K　Humanities 人文科学

L　Information Science 信息科学

M　Persons 人的称呼

N　Health Care 卫生保健

　　　N1 Population Characteristics 人口特征

　　　N2 Health Care Facilities，Manpower & Services 卫生保健的设备、人力与服务

　　　N3 Health Care Economics & Organizations 卫生保健的经济与组织

　　　N4 Health Services Administration 保健服务管理

　　　N5 Health Care Quality，Access，Evaluation 卫生保健的质量、访问、评价

Z　Geographic Locations 地理名称

附表二　MeSH 副主题词及其使用范围

Abnormalities（AB)畸形（A1～5，A7～10，A13，A14，B2)

　　与器官主题词组配，表明因先天性缺陷引致器官形态学的改变；也用于动物的畸形。

Administration & Dosage(AD)投药和计量（D1～26)

　　与药品主题词组配，表明剂型、投药途径、用药次数和持续时间、计量，以及这些因素的作用。

Adverse Effects（AE）副作用（B6，D1～26，E1，E3，E4，E7，J2)

　　与药品、化学物质、生物制品、物理因素及各种制品主题词组配，表明其在以诊断、治疗、预防或麻醉为目的，正常用量或可接受的剂量情况下所出现的不良反应；也与各种诊断、预防、麻醉、手术或其他技术操作组配，表明因操作而引起的不良反应或并发症。禁忌证除外，禁忌证副主题词"禁忌证(contraindication)"。

Agonists(AG) 激动剂（D1～7，D9～17，D19～23)

　　与化学物质、药物、内源性物质主题词相组配，表明这些物质对受体具有亲和力及内在作用。

Analogs & Derivatives(AD) 类似物和衍生物(D3)

　　与药品及化学物质主题词组配，表明这些物质具有共同的母体分子(官能团)或相似电子结构，但其他原子或分子不同，即增加了原子或分子所取代，主题词表中又无此专指的化学物质主题词或合适的作用基团或同类化学品主题词。

Analysis(AN) 分析（D1～26)

　　用于一种物质的成分或其代谢产物的鉴定或定量测定，包括对空气、水或其他环境媒介物的分析，但不包括对组织、肿瘤、体液、有机体和植物的化学分析。对后者用副主题词"化学(Chemistry)"。本概念适用于方法学和结果。血液、脑脊髓液和尿中物质分析。分别用副主题词"血液(Blood)"、"脑脊髓液(Cerebrospinal Fluid)"和"尿(Urine)"。

Anatomy & Histology(AH) 解剖学和组织学（A1～5，A7～10，A13～14，B2，B6)

　　与器官、部位、组织主题词组配，说明其正常的解剖学及组织学；与动植物主题词组配，说明其正常解剖学及结构。

Antagonists & Inhibitors(AI) 拮抗剂和抑制剂（D1～17，D19～23)

　　与药品、化学物质、内源性物质主题词组配，表明与这些物质在生物效应上有相反作用机制的物质和制剂。

Biosynthesis(BI) 生物合成（D8～9，D11～13，D17，D24)

　　与化学物质主题词组配，表明这些物质在有机体内、活细胞内或亚细胞成分中的合成。

Blood(BL) 血液（B2，C1～23，D1～24，F3)

　　用以表明血中物质的存在或分析血中的物质；也用于疾病时血液中物质的变化及血液检查。但不包括血清诊断及血清学，前者用"诊断"，后者用"免疫学"。

Blood Supply(BS) 血液供应（A1～5，A8～10，A13～14，C4)

　　可与器官或身体部位组配，在需与血管主题词组配时，如无专指的血管主题词时，可与用以表明该器官、部位的动脉、毛细血管及静脉系统组配，表明通过器官内的血液。

Cerebrospinal Fluid(CF) 脑脊髓液(B2，C1～23，D1～24，F3)

　　表明脑脊髓液中物质的存在或分析，也用于疾病状态时，脑脊髓液的检查和变化。

Chemical Synthesis(CS) 化学合成(D2～23，D25～26)

　　与化学物质和药物组配，表明体外分子的化学制备。有机体内、活细胞内或亚细胞成分内化学物质的形成，用副主题词

"生物合成(Biosynthesis)"。

Chemical Induced(CI) 化学诱导(C1～20,C22,C23,F3)

表明因化学化合物引起的人或动物的疾病、综合征、先天性畸形或症状。

Chemistry(CH)(A2～16,B1,B3～7,C4,D1～26)

与化学物质、生物或非生物物质组配,表明其组成、结构、特征和性质:用于器官、组织、肿瘤、体液、有机体和植物组配,表明其化学成分和物质含量。但物质的化学分析和测定、合成、分离和提纯,分别须用副主题词"分析(Analysis)"、"化学合成(Chemical Synthesis)"、"分离和提纯(Isolation & Purification)"。

Classification(CL) 分类(A11,A15,B,C,D,E1～4,E6～7,F3,G1～2,I2～3,J,M,N2～4)

用于分类学或其他体系、等级的分类系统。

Complications(CO) 并发症(C1～23,F3)

与疾病主题词组配,表明两种或两种以上疾病同时存在或相继发生的状况,如并存症、并发症或后遗症。

Congenital(CN) 先天性(C1～12,C14～15,C17,C19～23)

与疾病主题词组配,表明出生时或出生前即存在的疾病。不包括形态学畸形和产伤,后两者分别用副主题词"畸形(Abnormalities)"和"损伤(Injuries)"。

Contraindications(CT) 禁忌证(D1～26,E1,E3,E4,E6,E7)

与药物、化学物质、生物和物理因子组配,表明在疾病或生理状态下,使用这些物质出现的不合适、不需要或不可取;也用于诊断、治疗、预防、麻醉、外科或者其他操作。

Cytology(CY) 细胞学(A2～10,A12～16,B1,B3,B5～7)

用于单细胞或多细胞有机体的正常细胞形态学。

Deficiency(DF) 缺乏(D8,D12)

与内源性和外源性物质主题词组配,表明其缺乏或低于有机体或生物系统的正常需要量。

Diagnosis(DI) 诊断(C1～23,F3)

与疾病主题词组配,表明诊断的各个方面,包括检查、鉴别诊断及预后,不包括普查、放射照相诊断、放射性核素成像、超声诊断。后几种分别用副主题词"预防和控制(Prevention & Control)"、"放射照相术(Radiography)"、"放射性核素成像(Radionuclide Imaging)"、"超声诊断(Ultrasonography)"。

Diagnositic Use(DU) 诊断应用(D1～26)

与化学物质、药物和物理作用剂主题词组配,表明用于对器官的临床功能的研究和人或动物的疾病的诊断。

Diet Therapy(DH) 饮食疗法(C1～23,F3)

与疾病主题词组配,表明疾病时对饮食和营养的安排。但对维生素或矿物质的补充,可用副主题词"药物疗法(Drug Therapy)"。

Drug Effects(DE) 药物作用(A2～16,B1,B3～7,D8,D12,G4～11)

与器官、部位、组织或有机体以及生理和心理过程主题词组配,表明药物和化学物质对其产生的作用。

Drug Therapy(DT) 药物疗法(C1～23,F3)

与疾病主题词组配,表明通过投给药品、化学物质和抗生素治疗疾病。不包括免疫治疗和用生物制品治疗,后者用副主题词"治疗(Therapy)"。对于饮食疗法和放射疗法,分别用"饮食疗法"和"放射疗法"。

Economics(EC) 经济学(C1～23,D1～26,E1～4,E6～7,F3,G1～2,I2～3,J1～2,N2～4)

用于任何主题的经济方面,财务管理的各个方面,包括资金的筹集和提供。

Education(ED) 教育(G1～2,M1)

与学科、技术和人群主题词组配,表明各个领域和学科以及各类人群的教育和培训。

Embryology(EM) 胚胎学(A1～5,A7～10,A13～14,B2,B6,C1～23)

与器官、部位和动物主题词组配,表明其在胚胎或胎儿期的发育;与疾病主题词组配,表明因胚胎因素而引起的出生后疾病。

Enzymology(EN) 酶学(A2～16,B1,B3～7,C1～23,F3)

与有机体(脊椎动物除外)、器官、组织和疾病主题词组配,表明有机体、器官、组织中的酶或疾病过程中的酶,不包括诊断性酶试验,后者用副主题词"诊断(Diagnosis)"。

Epidemiology(EP) 流行病学(C1～23,F3,Z1)

与人类或兽医学疾病主题词组配,表明疾病的分布、致病因素和特定人群的疾病特征,包括发病率、患病率、地方病和流行病暴发流行,包括对地理区域和特殊人群发病率的调查和估计。死亡率除外,死亡率用副主题词"死亡率(Mortality)"。

Ethnology(EH) 人种学(C1~21,C23,F3,Z1)

与疾病和有关主题词组配,表明疾病的人、文化、人类学等方面;与地理主题词组配,表明人群的起源地。

Etiology(ET) 病因学(C1~23,F3)

与疾病组配,表明疾病的致病原因及发病机制,包括引起疾病的微生物、环境因素、社会因素和个人习惯。

Genetics(GE) 遗传学(B1~7,C1~23,D6,D8,D11~13,D17,D24,F3,G4~5,G7~11)

用于正常的及病理状态时的遗传基础,用于遗传机制和有机体的遗传学;也用于内源性化学物质的遗传学方面的研究,包括对遗传物质的生物化学和分子的影响。

Growth & Development(GD) 生长与发育(A1~5,A7~10,A13~14,B1~7)

与微生物、植物及出生后动物主题词组配,表明其生长和发育情况;与器官和解剖部位主题词组配,表明其出生后的生长和发育情况。

History(HI) 历史(C1~23,D1~26,E1~4,E6~7,F3~4,G1~2,I1~3,J1~2,M1,N2~4)

用于任何主题词组配,表明其历史情况,包括简要的历史记载,但不包括病史。

Immunology(IM) 免疫学(A2~16,B1~7,C1~23,D1~24,F3,G4~5,G7~10)

与组织、器官、微生物、真菌、病毒和动物组配,表明对其进行免疫学研究,包括疾病的免疫学等,但不包括用于诊断、预防、或治疗的免疫学操作,这些分别用副主题词"诊断(Diagnosis)"、"预防和控制(Prevention & Control)"、"治疗(Therapy)"。与化学物质主题词组配时,表明抗原和半抗原。

Injuries(IN) 损伤(A1~5,A7~10,A13~14,B2)

与解剖学、动物和运动主题词组配,表明其所受的创伤和损坏。但不包括细胞损坏,对后者用副主题词"病理学(Pathology)"。

Innnervation(IR) 神经支配(A1~5,A7,A9~10,A13~14)

与器官、部位或组织主题词组配,表明其神经支配。

Instrumentation(IS) 仪器设备(E1~4,G1~2)

与诊断或治疗操作、分析技术以及专业或学科主题词组配,表明器械、仪器或设备的研究或改进。

Isolation & Purification(IP) 分离和提纯(B3~5,B7,D1~26)

与细菌、病毒、真菌、原生动物和蠕虫主题词组配,表明对其纯株的获取或通过 DNA 分析、免疫学或其他方法(包括培养技术)表明上述有机体的存在或对其进行鉴定。也与生物物质和化学物质主题词组配,表明对其成分的分离和提纯。

Legislation & Jurisprudence(LJ) 立法和司法(G1~2,I2~3,M1,N2~4)

用于法律、法令、条例或政府法规,也用于法律争议和法庭判决。

Manpower(MA)人力(G1~2)

与学科、项目或计划主题词组配,表明其对人员的需求、提供、分配、招牌和使用。

Metabolism(ME) 代谢(A2~16,B1~7,C1~23,D1~26,F3)

与器官、细胞和亚细胞成分,有机体以及疾病主题词组配,表明其生化改变及代谢情况。也与药品和化学物组配,表明其分解代谢的变化(即复杂分子分解为简单分子)。对于合成代谢的过程(即小分子转变为大分子),则用"生物合成(B)"。酶学、药代动力学和分泌,则分别用副主题词,"酶学(Enzymology)","药代动力学(Pharmacokinetics)","分泌(Secretion)"。

Methods(MT) 方法(E1~4,G1~2)

与技术、操作和规范项目主题词组配,表明其方法。

Microbiology(MI) 微生物学(A1~6,B1~2,B6,C1~23,E7,F3,J2)

用于器官、动物、高等植物和疾病的微生物研究。但对寄生虫用"寄生虫学",对病毒用"病毒学"做副主题词。

Mortality(MO) 死亡率(C1~23,E1,E3~4,F3)

与人类疾病和兽医疾病组配,表明其死亡率的统计。但由于特殊病例引起的死亡率用"致死结果(Fatal outcome)",不用"死亡率"。

Nursing(NU)护理(C1~23,E1,E3~4,F3)

与疾病主题词组配,表明对疾病的护理和护理技术,包括诊断、治疗和预防操作中的护理作用。

Organization & Adminstration(OA) 组织和管理(G1~2,I2,N2)

与机构或卫生保健组织主题词组配,表明行政机构和管理。(1978)

Parasitology(PS) 寄生虫学(A1~16,B1~2,B6,C1~23,E7,F3,J2)

　　与动物、高等植物、器官和疾病主题词组配，以表明寄生虫因素。在疾病诊断过程中，寄生虫因素不明确时，不用此副主题词。

Pathogenicity(PY) 致病力(B1,B3～5,B7)

　　与微生物、病毒和寄生虫主题词组配，表明对其引起人和动物疾病能力的研究。

Pathology(PY) 病理学(A1～11,A13～16,C1～23,F3)

　　与组织、器官及疾病主题词组配，表明疾病状态时，组织、器官及细胞的结构。

Pharmacokinetics(PK) 药代动力学(D1～23,D25～26)

　　与药品和外源性化学物质主题词组配，对其在吸收、生物转化、分布、释放、运转、摄取和排泄的机制和动力学研究。

Pharmacology(PD) 药理学(D1～26)

　　与药品和外源性投给的化学物质主题词组配，表明它们对活组织或有机体的作用，包括对物理及生化过程的催化、抑制，及其他药理作用机制。

Physiology(ph) 生理学(A1～16,B1～7,D8,D11～13,D17,D24,G4～11)

　　与器官、组织和单细胞及多细胞有机体细胞组配，表明其正常功能。也与生化物质、内源性物质组配，表明其生理作用。

Physiopathology(PP) 病理生理学(A1～5,A7～10,A13,A14,C1～23,F3)

　　与器官和疾病主题词组配，表明疾病状态时的功能障碍。

Poisoning(PO) 中毒(B6,D1～26,J2)

　　与药品、化学物质、工业原料等主题词组配，指上述物质引起人或动物急、慢性中毒，包括因意外的、职业性的、自杀性的、误用的及环境污染等原因所致的中毒。

Prevention & Control(PC) 预防和控制(C1～23,F3)

　　与疾病主题词组配，表明增强人和动物的抗病力(如预防接种)，对传播媒介的控制，预防和控制环境有害物质和引起疾病的社会因素，还包括对个体的预防措施。

Psychology(PX) 心理学(C1～23,E1～4,F3,I3,M1)

　　与非精神性疾病、技术及人群主题词组配，表明其心理的、精神性疾病、身心的、社会心理学的、行为的和感情的等方面。也与精神疾病主题词组配，表明其心理方面。与动物主题词组配，表明动物行为和心理学。

Radiation Effects(RE) 辐射作用(A1～16,B1,B3～7,D1～26,G4～11,J2)

　　与活的有机体、器官和组织及其组成部分、生理过程组配，表明电离辐射或非电离辐射对其发生的作用。与药品和化学物质组配，表明辐射对其产生的效应。

Radiography(RA) 放射照相术(A1～16,C1～23,F3)

　　与器官、部位和疾病主题词组配，表明对其进行 X 线检查。但不包括放射性核素成像，对后者用副主题词"放射性核素成像(Radionuclide Imaging)"。

Radionuclide Imaging(RI)放射性核素成像(A1～16,C1～23,F3)

　　与解剖学和疾病主题词组配，表明对任何解剖学的放射性成像以及对疾病的诊断。

Radiotherapy(RT) 放射疗法(C1～23)

　　与疾病主题词组配，表明用电离或非电离辐射治疗疾病，包括发射性核素疗法。

Rehabilitation(RH) 康复(C1～21,C23,E4,F3)

　　与疾病和外科手术操作主题词组配，表明病后或术后个体的功能康复。

Secondary(SC) 继发性(C4)

　　与肿瘤主题词组配，表明肿瘤转移的继发部位。

Secretion(SE) 分泌(A2～16,C4,D6,D8,D11,D13)

　　与器官、组织、腺体、肿瘤和内源性物质组配，表明由于器官、组织或腺体的完整细胞活动而产生的内源性物质，经细胞膜排出进入细胞简隙或管内的过程。

Standards(ST) 标准(D1～23,D25～26,E1～4,E6～7,F4,G1～2,I2,J1～2,N2～4)

　　与设施、人员和规划项目主题词组配，表明对其可行性标准的制度、测试或应用。也与化学物质和药品组配，表明其鉴定标准、质量标准，包括工业或职业中的卫生和安全标准。

Statistics & Numerical Data(SN) 统计和数值数据(E1～4,E6～7,F4,G1～2,I2～3,J1～2,M1,N2～4)

　　与非疾病主题词组配，表明对数值的表达，用来描述特定的数值集合或数值组。不包括人力分配和物质设备等，对后两种情况，分别用副主题词"人力(Manpower)"和"供应和分配(Supply & Distribution)"。

Supply & Distribution(SD) 供应和分配(D1～23,D25～26,E7,J2)

　　与物质、仪器、设备、药品、健康服务设施主题词组配,表明可能获得上述物质或拥有上述设施的数量及其分配情况,但不包括工业和职业性的食品和水的供应。

Surgery(SU) 外科学(A1～5,A7～10,A13～14,B2,C1～23,F3)

　　用以表明对器官、部位或组织进行外科手术以治疗疾病,包括激光切除组织。但不包括移植术,后者用副主题词"移植(Transplantation)"。

Therapeutic Use(TU) 治疗应用(B6,D1～26)

　　与药品、生物制品及生物作用剂主题词组配,表明其在疾病的预防和治疗中的应用,包括兽医用药。

Therapy(TH) 治疗(C1～23,F3)

　　与疾病主题词组配,表明对疾病的治疗,也包括综合治疗。但不用于药物治疗、饮食治疗、放射治疗和外科手术等治疗。

Toxicity(TO) 毒性(B6,D1～26,J2)

　　与药物及化学物质主题词组配,表明其对人体和动物有害作用的实验性研究,包括测定安全界限或测定不同剂量给药产生的不同反应的研究。也用于对接触环境污辱物的实验性研究。

Transmission(TM) 传播(C1～3,C22)

　　与疾病主题词组配,表明对疾病传播方式的研究。

Transplantation(TR) 移植(A2～3,A5～11,A13～16)

　　与器官、组织或细胞主题词组配,表明其在同一个体由一个部位移植于另一部位,或在同种或异种不同个体间的移植,包括激光切除组织。但不包括移植术,对后者用副主题词"移植(Transplantation)"。

Trends(TD) 发展趋势(E1～4,E6～7,G1～2,I2～3,N2～4)

　　用于表明事物随时间的推移而发生质变和量变的方式,包括过去、现在和将来,但不包括对具体患者疾病过程的讨论。

Ultrasonography(US) 超声检查(A1～16,C1～23,F3)

　　与器官、部位主题词组配,表明对其进行超声显像;与疾病主题词组配,表明对疾病进行超声诊断。但不包括超声治疗。

Ultrastructure(UL) 超声结构(A2～11,A13～16,B1,B3～7,C4,D8,D12)

　　与组织和细胞(包括肿瘤)和微生物主题词组配,表明其通常用光学显微镜观察不到的细微解剖结构。

Urine(UR) 尿(B2,C1～23,D1～24,F3)

　　用于尿中物质的存在与分析,也用于各种疾病时尿的变化或检查。

Utilization(UT) 利用(E1～4,E6～7,N2)

　　与设备、设施、规划项目、服务和卫生人员主题词组配,讨论其利用情况(通常用数据),包括讨论利用过度和利用不够。

Veterinary(VE) 兽医学(C1～21,C23,E1,E3～4,E6～7)

　　与疾病主题词组配,表明动物自然发生的疾病。与技术操作主题词组配,表明兽医学中使用的诊断、预防或治疗操作。

Virology(VI) 病毒学(A1～16,B1～3,B5～7,C1～23,E7,F3,J2)

　　用于器官、动物、高等植物以及疾病的病毒学研究,细菌、立克次体属、真菌用"微生物(Microbiology)",寄生虫方面用"寄生虫(Parasitology)"。

附表三　副主题词的树形扩展结构表

分析(AN)

　　血液(BL)

　　脑脊髓液(CF)

　　分离和提纯(IP)

　　尿(UR)

副作用(AE)

　　中毒(PO)

　　毒性(TO)

病因学(ET)

　　化学诱导(CI)

并发症(CO)

继发性(SC)

先天性(CN)

胚胎学(EM)

遗传学(GE)

免疫学(IM)

微生学(MI)

病毒学(VI)

寄生虫学(PS)

传播(TM)

解剖学和组织学(AH)

血液供给(BS)

细胞学(CY)　　　　　　　　　　　病理学 PY

　病理学(PA)　　　　　　　　　　放射照相术 RA

　超微结构(UL)　　　　　　　　　放射性核素成像 RI

胚胎学(EM)　　　　　　　　　　　超声检查 US

　畸形(指器官,注意与先天性区别,后者指疾病)　统计学和数值数据(SN)

(AB)　　　　　　　　　　　　　　流行病学 EP

　神经支配(IR)　　　　　　　　　　人种学 EH

生理学(PH)　　　　　　　　　　　死亡率 MO

　遗传学(GE)　　　　　　　　　　供应和分配 SD

　生长和发育(GD)　　　　　　　　利用 UT

　免疫学(IM)　　　　　　　　　治疗(TH)

　代谢(ME)　　　　　　　　　　饮食疗法 DH

　　生物合成(BI)　　　　　　　　药物疗法 DT

　　血液(BL)　　　　　　　　　　护理 NU

　　脑脊髓液(CF)　　　　　　　　预防和控制 PC

　　缺乏(DF)　　　　　　　　　　放射疗法 RT

　　酶学(EN)　　　　　　　　　　康复 RH

　　药代动力学(PK)　　　　　　　外科手术 SU

　　尿(UR)　　　　　　　　　　　移植 TR

　病理生理学(PP)　　　　　　　药理学(PD)

　分泌(SE)　　　　　　　　　　投药和剂量 AD

组织和管理(OA)　　　　　　　　副作用 AE

　经济学(EC)　　　　　　　　　　中毒 PO

　立法和司法(LJ)　　　　　　　　毒性 TO

　人力(MA)　　　　　　　　　　激动剂 AG

　标准(ST)　　　　　　　　　　拮抗剂和抑制剂 AI

　供应和分配(SD)　　　　　　　　禁忌证 CT

　发展趋势(TD)　　　　　　　　诊断应用 DU

　利用(UT)　　　　　　　　　　药代动力学 PK

化学(CH)　　　　　　　　　　治疗应用(TU)

　激动剂 AG　　　　　　　　　　投药和剂量 AD

　类似物和衍生物 AA　　　　　　副作用 AE

　拮抗剂和抑制剂 AI　　　　　　禁忌证 CT

　化学合成 CS　　　　　　　　　中毒 PO

诊断(DI)

附表四　中医药副主题词及使用范围

中医疗法 /TCM therapy（traditional Chinese medicine therapy）
　　与疾病、症状、征候主题词组配,指以中医基础理论为指导,用诸如正骨、刮搓、割治、刮痧、发泡等治疗,但不包括中药、针灸、穴位、气功、按摩、中西医结合疗法,因已有相应的主题词。该词也用于中医的综合疗法。
中药疗法 /TCD therapy, traditional Chinese drug therapy
　　与疾病、症状、征候等主题词组配,指以中医基础理论为指导,用于中药治疗疾病。
中西医结合疗法 /TCM-WM therapy, integrated Chinese traditional & Western Medicine therapy
　　与疾病、症状、征候主题词组配,指同时采用中西医两法或综合应用中西药物治疗疾病。

按摩疗法 /massage therapy

　　与疾病、症状、征候主题词组配,指用按摩、推拿、捏脊等手法治疗疾病。但穴位按压用/穴位疗法。

针灸疗法 /acup-mox therapy, acupuncture-moxibustion therapy

　　与疾病、症状、征候主题词组配,指按照中医理论及经络学说,用针刺、灸法(电针、耳针、头针、艾卷灸、艾柱灸等)治疗疾病。

气功疗法 /qigong therapy

　　与疾病、症状、征候主题词组配,指使用气功(如外气)或指导病人练功,以达到治疗疾病的目的。

穴位疗法 /acupoint therapy

　　与疾病、症状、征候主题词组配,指在穴位上施用各种刺激,如激光、微波、红外线、指压或药物穴位贴敷、注射、埋线、埋药、磁疗等的物理、化学刺激方法以治疗疾病。

气功效应 /qigong effects

　　与器官、组织、内源性物质、生理或心理过程主题词组配,指气功对其产生的效应。

针灸效应 /acup-mox effects

　　与器官、组织、内源性物质、生理或心理过程主题词组配,指针灸对其产生的效应。

生产和制备 /production & preparation

　　与中草药、中成药、剂型等主题词组配,指其生产、加工、炮制和制备。

中医病机 /pathogenesis(tcm)

　　与脏腑、器官、疾病、症状、征候主题词组配,指按照中医基础理论对其病理生理过程及其机制的认识。

第四节　计算机检索基本知识

　　计算机检索是通过计算机来模拟人的手工检索过程,由计算机来处理检索者的检索提问,将检索者输入检索系统的检索提问(即检索标识),按检索者预先制定的检索策略与系统文档(机读数据库)中的存贮标识进行类比、匹配运算,通过"人机对话"而检索出所需要的文献。目前计算机检索包括光盘数据库、网络数据库检索和互联网信息检索。

一、计算机信息检索系统

　　计算机信息检索系统即完成信息检索的计算机系统,由计算机检索终端、通讯设施、数据库、检索软件及其他应用软件几部分组成。

　　计算机检索系统按照不同的划分标准,可分为不同的类型。

　　(一)按检索系统的功能划分

　　1. 目录检索系统

　　目录检索系统是对出版物进行报道和对图书资料进行科学管理的工具。目前可供计算机检索的电子版目录包括机读目录 MARC(Machine Readable Catalog)和运行于网络上的联机公共检索目录 OPAC(Online Public Access Catalog)。由于计算机网络可以把多个图书馆连接起来,因此使用 OPAC 不但可以查询单个图书馆的馆藏目录,还可同时查询多个图书馆的联合馆藏目录。

　　2. 文献检索系统

　　文献检索系统主要用于文献资料的检索,通过检索得到参考文献的线索,包括论文的题目(title)、作者(author)、出处(source)和文献的摘要(abstract)等。由于该系统不提供原始文献,所以这种检索也称为二次文献检索。目录检索系统和文献检索系统使用的数据库称为参考数据库,或书目数据库,因此也可以把目录检索系统和文献检索系统统称为书目检索系统。

3.事实检索系统

指对事实、数据和全文(full text)的检索。事实检索系统所使用的数据库称源数据库,这种数据库的检索可直接获得具体数据和原始文献。不同的检索系统可从不同的角度、广度和深度揭示检索的信息资料,以满足用户对检索系统的不同要求。

(二)按访问模式划分

1.联机检索系统(online retrieval)

联机检索系统是指用户利用计算机终端设备,通过拨号、电信专线及计算机互联网络,从联机服务中心(国内或国际)的数据库中检索出自己需要的信息的过程。其特点为检索速度快、不受地理位置的限制、实现人机对话、保证检索质量及检索内容新等。联机检索的不足之处是检索费用较高。收费项目包括计算机信息检索系统的机时费、文献记录输出费以及通讯网络使用费等。

2.光盘检索系统

光盘检索系统是指利用计算机设备对只读式光盘数据库(CD-ROM)进行检索。光盘是一种高密度的信息载体,具有容量大、轻便、易保存、无磨损等优点。光盘检索系统的特点是检索速度快、稳定性好、检索费用低廉。与联机检索系统相比,光盘检索系统的数据库更新较慢。

3.网络检索系统

网络信息检索系统是指利用计算机设备和互联网检索网上各服务器站点的信息。互联网提供来自全世界数以千万计的计算机所形成的庞大网络上的丰富资源,具有信息量大、更新速度快以及传输形式多样性等特点。只要用户能够登录互联网,就可以检索网上各种各样的信息。网络检索成为继联机检索和光盘检索之后发展起来的最新的信息检索模式。

二、联机检索系统

(一)DIALOG 系统(http://www.dialog.com/)

DIALOG 系统是目前世界上最大的商业性国际联机检索系统,由美国洛克西德公司建于1964 年,1972 年正式成为向全球提供联机检索服务的系统。DIALOG 系统拥有 450 多个数据库,其收录的文献占世界各联机检索系统数据库文献总量的 50% 以上,内容几乎涉及所有学科领域,所收录的文献类型包括科技文献、公司产品设备、专利和商标、报纸新闻等。其中与医学相关的数据库有:

- International Pharmaceutical Abstrcts (742 文档)国际药学文摘
- CA search:Chemical Abstracts (399,308~314 文档) (美国)化学文摘
- Mental Health Abstracts (86 文档) 精神卫生文摘
- Pharmaceutical News Index (42 文档) 药学新闻索引
- Health Devices Source Book (188 文档) 医疗保健设备目录
- Derwent Biotechnology Abstracts(357 文档)德温特生物技术文摘
- The Meck Index Online(304 文档)默克索引联机版
- Biobussiness(285 文档)生物学商情数据库

DIALOG 系统免费提供蓝页(Bluesheets,http://library.dialog.com/),可查阅数据库目录。

(二)MEDLARS 系统(http://www.nlm.nih.gov/)

MEDLARS 系统(Medical Literature Analysis and Retrieval System)"医学文献分析与检

索系统"由美国国立医学图书馆（National Library of Medicine，NLM）于 1964 年研制成功。它是世界上最大的医学文献数据库联机检索系统。MEDLARS 共有 40 多个联机数据库，其中最著名的是 MEDLINE（MEDLARS Online）"医学文献联机数据库"，它是 MEDLARS 系统中最大的数据库，也是医学界最具权威性的数据库。其内容丰富、收录范围广、更新速度快，在互联网上免费向全球提供大量生物医学信息。

（三）OCLC 系统（http：//www.oclc.org/home/）

OCLC（Online Computer Library Center）"联机计算机图书馆中心"是一个总部设在美国俄亥俄州的大型计算机联机检索系统。OCLC 目前拥有 80 多个数据库，其中最具特色的数据库是联机联合书目数据库，该数据库收录的图书来自全世界 63 个国家的 3 万个图书馆的馆藏，记录超过 5 亿条，因此 OCLC 的最大优势在于向用户提供世界范围的图书馆藏信息，并提供馆际互借及原文传递服务。

三、检索提问式及其实现

使用计算机信息检索系统查找文献，是以一种人机交互的对话方式进行的，与手工检索最大的不同之处在于，用户需将自己的检索需求组织成计算机系统能够识别和处理的检索提问式并输入计算机，这样计算机才能按照用户的意图在数据库中查找符合提问的文献记录。因此正确地构造检索提问式是关键。

（一）检索策略

要完成一个课题的检索，需要分成若干个步骤来进行。通常把对检索步骤的科学安排称作检索策略，它是用户为实现检索目标而制定的总体规划。一般来说，计算机信息检索应包括以下几个步骤。

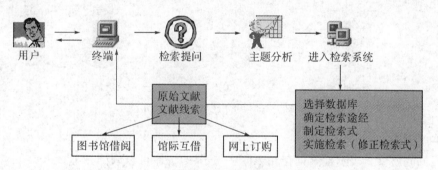

图 1-4-1　检索策略步骤示意图

在图 1-4-1 中所示的各个步骤中，准确分析检索课题，合理选择计算机信息检索系统及数据库，正确编制检索提问式，对检索结果的准确与否起着决定性作用。在选择好检索系统及数据库以后，编制检索提问式就是整个检索策略的具体体现。

（二）检索提问式

与手工检索一样，在计算机信息检索系统中，也有多种检索途径。主要的检索途径有：分类途径、主题途径、著者途径、名称（篇名）途径、号码（序号）途径等。只不过在手工检索中，每次检索只能从一个检索途径出发，而计算机信息检索系统可以适应多途径同时检索。这就需要制定一个计算机可识别的检索方案。

检索提问式就是采用计算机信息检索系统规定使用的组配符号（也称为算符 operator），将反映不同检索途径的检索单元组合在一起而形成的一种逻辑运算表达式。它以计算机系统可以识别和执行的命令形式将检索方案表现出来,表述了各个检索单元之间的逻辑关系、位置关系等。通过这样一个检索提问式,对待查课题所涉及的各个方面及其所包含的多种概念或多种限定都可以实时做出相应的处理,从而通过一次检索,全面体现用户的需求。

1.常用算符

(1)逻辑算符

逻辑算符也称布尔(Boolean)算符,该算符由英国数学家乔治·布尔提出,用来表示两个检索单元(检索项)之间的逻辑关系。常用的逻辑算符有 3 种:AND(逻辑与,可用 * 表示)、OR(逻辑或,可用＋表示)、NOT(逻辑非,可用－表示)。假设有两个检索项 A 和 B,它们的各种逻辑组配关系及检索结果如表 1-4-1 和图 1-4-2 所示(由于不同的检索系统表示逻辑运算的符号可以是不同的,这里以 MEDLARS 系统为例)。

表 1-4-1　布尔逻辑运算符及其意义

逻辑算符	检索式	逻辑关系说明	作用
与(and)	A and B	检出结果同时含有 A 和 B	缩小检索范围
或(or)	A or B	检出结果中含有 A 或含有 B 或两者都含有	扩大检索范围
非(not)	A not B	检出结果中凡含有 A 而不含 B 的记录被检出	缩小检索范围

A and B:表示命中结果是 A 和 B 所相交的部分,使用此算符将使检索范围缩小。

A or B:表示命中结果是 A 和 B 中所有的部分。查找两个或两个以上同义词和近义词,查找两个或两个以上并列概念的检索词可使用此算符,使用此算符检索范围扩大。

A not B:表示命中结果是 A 中不含有 B 的部分,从原检索范围中减去某一部分,所以是缩小检索范围,由于会失去部分信息,此算符在实际计算机检索中很少使用。

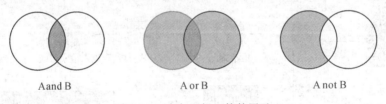

A and B　　　　　　　A or B　　　　　　　A not B

图 1-4-2　布尔逻辑运算符图示

(2)位置算符

near:同句检索。表示检索词存在于同一句子中,词序可以颠倒。

例如 information near retrieval 可检索出含有"information retrieval"和"retrieval of information"的文献。

near＋N:相邻检索。不同的检索系统稍有差别,表示检索词之间最多可插入 N 或 N－1 个词。

例如 acute near 2 infarction 表示两词之间最多可插入两个其他词,可检索出含有"acute infarction"或"acute myocardial infarction"的文献。

with:同字段检索。表示两个检索词存在于同一字段,词序可颠倒,两个检索词之间的位置要比 near 宽泛。例如 women with hepatoma 可检索出该两词同时出现在篇名中,或同时出现在文摘中。

(3)截词符和通配符

以符号取代检索词中某些字母而检索出含某一类检索词的文献。

（4）字段限制符

限定检索字段即是指定检索词出现在记录中的哪一个字段。检索时，机器只在限定字段内进行搜索，这是提高效率的又一措施。如"arthritis in TI"表示检索词 arthritis（关节炎）限定在题名中的文献。

表 1-4-2　截词符、通配符表达方式及检索结果

截词符/通配符	检索提问式	检索结果（含有下列检索词的文献被命中）	说　　明
*	Comput*	compute, computed, computer, computers, computable, computations, computerization 等	无限截断
?	Analy?er	analyzer, analyzer	中间截断
?	Work?	work, works	限定检索词后只能出现一个其他字母

（5）范围算符

范围算符主要用来对检索结果进行时间、内容范围上的限定，及在检索过程中对运算的优先顺序进行限定。

①时间、内容范围上的限定符：主要有"="、">="、"<="、"-"、">"、"<"等。如"PY<=1999"表示检索 1999 年以前的文献。

②优先顺序的运算限定符：主要有"（）"。"（）"的使用（包括多层次的使用）可以改变运算符的优先顺序。在无括号的状态下，不同数据库中各种运算符表示的运算优先顺序不同。上述计算机运算符号在 MEDLINE 检索系统中进行检索时的优先顺序是：（）>NOT>NEAR>WITH>AND>OR。

2.编制检索提问式的注意事项

正确编制检索提问式是非常重要的，但是用户在初次检索时，经常会因为不熟悉检索系统或提问式不恰当而难以找到合适的文献，这时一方面通过查看系统的帮助信息以了解该系统允许的检索提问式的构成规则，另一方面就需要修改自己的检索策略，重新确定新的检索式。编制检索提问式的注意事项有：

（1）正确分析课题，准确提炼代表所检课题内容的主题概念，优先使用词表中的规范词。

（2）不同的检索系统提供的检索途径是不一样的，允许使用的算符也会有所不同，而且会用不同的符号来表示，这一点在检索前应通过查看帮助功能事先了解。

（3）一般情况下，布尔逻辑算符的运算顺序为 NOT、AND、OR（也可以用括号改变）。

（4）同时出现逻辑算符和位置算符时，优先执行位置算符。

第五节　图书馆馆藏资源的获取与利用

馆藏是图书馆文献资源的统称，是指图书馆通过各种方式获得并提供给读者利用的文献资源，按所有方式可以分为实体馆藏和虚拟馆藏。实体馆藏是指图书馆拥有文献资源的物理实体，即拥有所有权和使用权，可以对其更新、修改、利用和支配，包括印刷型文献、缩微型文献、声像型文献和光盘数据库。虚拟馆藏资源是指图书馆并不拥有文献资源的物理实体，只有使用权,读者必须借助于计算机系统、通讯网络等设备才可以利用的文献资源,主要包括电子图书、电子期刊和网络数据库。

一、藏书排架

图书馆馆藏文献数量巨大,形式多种多样,内容丰富,而且涉及的学科门类非常广泛。如此众多的文献资源,如果不加以科学的组织,无论是读者还是馆员都无法及时找到所需要的文献。图书馆工作人员对各类文献经过分类、编目和排架,将数量庞大、形式多样、知识门类广泛的文献资源分门别类、编排组织,构成一个科学的体系结构,组成一个有条理、有系统,具有各种联系的有机的文献整体。

图书馆的藏书通常是根据学科分类,按索书号顺序排架的,读者了解并熟悉分类法和索书号及排架规则,将会大大提高查找文献的效率。

(一)索书号的构成和排列

图书馆的每本藏书都有一个索书号,是藏书排架和读者查找图书的依据。

1.索书号的构成

索书号由分类号和书次号组成。第一部分是分类号,是根据图书的学科主题内容,按照某种图书分类法和一定的文献分类规则所取的号码。第二部分是书次号,书次号是为了区分同类图书使之个别化而编制的号码。书次号有多种取法,主要采用顺序号、著者号或"著者号＋顺序号"三种。顺序号按同类图书到馆先后顺序所取的流水号,如 1,2,3,…;著者号是按照图书作者姓名所编排的号码,可以将同一位作者所著的同一学科主题内容的图书集中在一起;"著者号＋顺序号"便于查找同类书数量较大的图书。另外书次号还包括文种号、卷次号、版本号、复本号或者其他附加号,一般称之为辅助区分号。目前我国高校图书馆大多以著者号＋顺序号作为书次号。

以浙江大学图书馆的索书号 R473.5/CY3-3 为例,"R473.5"是分类号,表示外科护理学,"CY3-3"是书次号,"C"是文种号,表示该书为中文图书,"Y"是作者的拼音首字母,"3"表示该书是图书馆收藏的该类图书中的第 3 种书,"-3"是辅助区分号,在该例中是版本号,表示该书是第三版。

2.索书号的排列

索书号的排列顺序是先比较分类号,按分类号的字母顺序和数字排列,如果分类号相同再比较书次号,也是按字母顺序和数字排列。比较方法有自然顺序法和对位比较法(逐字比较排列),一般分类号采用对位比较法,而书次号采用自然顺序法,字符序列则以 ASCII 字符集为依据。

例如 R473.5/CY3-3、R47/CX2-2、R473.72/CH2/1、R47/CP1 这四个索书号正确的排列顺序应是:R47/CP1、R47/CX2-2、R473.5/CY3-3、R473.72/CH2/1。

需要说明的是,书次号的第二部分的数字排列不采用对位法而是采用自然顺序排列方法,即 1,2,3,…,9,10,11,…,99,100,101,…例如 O13/CC1a、O13/CC16、O13/CC4、O13/CC20 这四个索书号的正确排列顺序应是:O13/CC1a、O13/CC4、O13/CC16、O13/CC20,而如果采用对位法,排列顺序则是:O13/CC1a、O13/CC16、O13/CC20、O13/CC4。

相对图书而言,期刊排架较为简单。过刊一般都装订成册,按刊名字顺排放。现刊一般是按语种、学科分别放在不同的阅览室,如外刊阅览室、中文社科阅览室、中文科技阅览室,然后再按排架号分类排放,将内容相同的期刊和更名后内容不变的期刊集中在一起,便于读者查找。现刊的排架号和索书号类似，是由分类号和刊次号组成，刊次号起到区分同类期刊的作用。

（二）图书分类法

国内外有多种著名的图书分类法，我国常用的有《中国图书馆分类法》（简称《中图法》，CNC）、《中国科学院图书馆图书分类法》（简称《科图法》）、《中国人民大学图书馆图书分类法》（简称《人大法》），国外常用的有《杜威十进分类法》（Dewey Decimal Classification，简称《杜威法》，DC）、《美国国会图书馆图书分类法》（Library of Congress Classification，简称《国会法》，LC）。目前我国使用最广泛是的《中国图书馆分类法（第四版）》。

《中图法》是按照一定的思想观点，以科学分类为基础，结合图书资料的内容和特点，分门别类组成的分类表。它将知识门类分为"哲学"、"社会科学"、"自然科学"三大部类。这三大部类前后分别加上一个马克思主义、列宁主义、毛泽东思想、邓小平理论类和综合性图书类，组成五个基本部类。社会科学部类下分九大类，自然科学部类下分十大类，共二十二个基本大类。此外，在社会科学和自然科学各大类之前，均分别列出"总论"类，这是根据图书资料的特点，按照从总到分、从一般到具体的编制原则编列的，以组成社会科学和自然科学的完整体系。

《中图法》基本类目如下：

马克思主义、列宁主义、毛泽东思想邓小平理论
  A 马克思主义、列宁主义、毛泽东思想、邓小平理论
哲学
  B 哲学
社会科学
  C 社会科学
  D 政治 法律
  E 军事
  F 经济
  G 文化 科学 教育 体育
  H 语言
  I 文学
  J 艺术
  K 历史 地理

自然科学
  N 自然科学总论
  O 数理科学和化学
  P 天文学
  Q 生物科学
  R 医药 卫生
  S 农业科学
  T 工业技术
  U 交通运输
  V 航空 航天
  X 环境科学
综合类
  Z 综合性图书

在《中图法》中与医学关系密切的大类有生物科学（Q 大类）和医药卫生（R 大类），其中"R 医药、卫生"大类又分为 17 个二级类目（表 1-5-1）。

表 1-5-1 医药、卫生大类的二级类目

R1	预防医学、卫生学	R74	神经病学与精神病学
R2	中国医学	R75	皮肤病学与性病学
R3	基础医学	R76	耳鼻咽喉科学
R4	临床医学	R77	眼科学
R5	内科学	R78	口腔科学
R6	外科学	R79	外国民族医学
R71	妇产科学	R8	特种医学
R72	儿科学	R9	药学
R73	肿瘤学		

《中图法》采用汉语拼音字母与阿拉伯数字相结合的混合制标记符号。用一个字母标志一个大类("工业技术"大类的二级类目采用双字母),以字母顺序反映大类的序列。在字母后用数字表示大类下的类目的划分。为了使号码清楚醒目,易于辨认,在分类号码的三位数字后,隔以小圆点"."。

类目按概念之间的逻辑隶属关系,再往下逐级展开,划分出更细、更专指的类目,一般细分至六级或七级类目。如"R473.5 内科护理学"的上位类依次是:

R　　医药、卫生

R4　　临床医学

R47　　护理学

R473　　专科护理学

R473.5　　内科护理学

二、目录查询

馆藏目录是记录、报道和检索图书馆馆藏文献,帮助读者获取和利用馆藏文献的检索工具,通过该目录不仅可以向读者揭示馆藏文献的内容,还可以向读者反映藏书的数量及藏书地点,便于读者查找。

用于检索图书馆馆藏文献的机读目录主要是联机公共检索目录(Online Public Acccss Catalog,简称OPAC)。20世纪90年代初,随着互联网的迅速发展,特别是WWW服务的广泛普及,出现用户界面更加友好的WebPAC,这就是第三代OPAC系统。第三代OPAC系统的服务对象,从单一的馆内读者扩大到全球的网络用户,并能进行跨平台检索,可以同时检索图书和期刊。目前国内外大多数图书馆的OPAC系统都采用这种方式。

WebPAC的基本功能包括:

(1)可为读者提供多种检索途径,包括题名、作者、分类号、主题词、关键词、ISBN/ISSN、丛书名等,并在此基础上支持多种检索策略,如布尔逻辑检索、截词检索和全文检索等,在相同书名很多时可用这种方法,如书名-作者组配;当读者不熟悉分类法或查较小的类目时可采用分类-主题或主题-分类组配。

(2)能够实时显示文献资料的准确信息,如借、还流通情况,馆藏地点等。

(3)具有友好的用户界面,一般采用由简到繁逐步展开的形式显示结果。

(4)能够与本地局域网或广域网相连接。用户检索某馆的OPAC,只需直接登录到这些图书馆的网站,进入"联机公共书目查询"、"馆藏书目"或"书目检索"栏目即可。

下面以浙江大学图书馆的OPAC为例,介绍如何利用OPAC查找书刊资料。

浙江大学图书馆采用HORIZON管理系统开发了联机书目检索数据库IPAC。读者可以在任何时间、校内外任何一台联网计算机上查询浙大各个校区图书馆的馆藏。IPAC书目检索分基本检索、高级检索和多项辅助检索三种检索方式,并可以查看检索史。(图1-5-1)。

(1)IPAC系统提供著者、题名、主题、关键字(词)和书号5大检索途径,题名、题名字顺、著者、著者字顺、主题词、主题词字顺、丛书名、关键词、索书号、ISBN/ISSN、条码号等十几个检索字段。

如查找有关外科护理学方面的资料,可在"查询"选项中按"题名关键词"输入"外科护理学"。

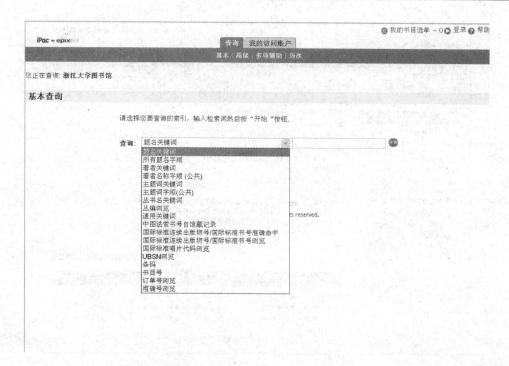

图 1-5-1　浙江大学图书馆 IPAC 主页

（2）单击"开始"系统返回 63 条符合条件的书目记录。如图 1-5-2。

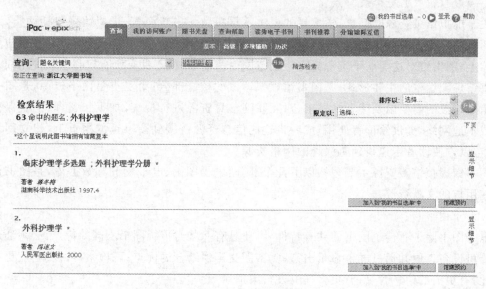

图 1-5-2　检索结果

（3）单击任意一条查阅记录，就可以看到该书的著者、出版社、出版时间、馆藏信息等具体内容（图 1-5-3）。读者只要记住该书的书名、索书号及馆藏地点，就可去相应的地点借阅了。如果是该馆的持证读者，可以点击"预约馆藏"直接在网上办理预约手续。预约读者具有优先借阅权。

（4）如果要借阅特定的某本书，或者想缩小查找范围，可以利用高级检索或多项辅助检索方式，以提高检索结果的精确度。

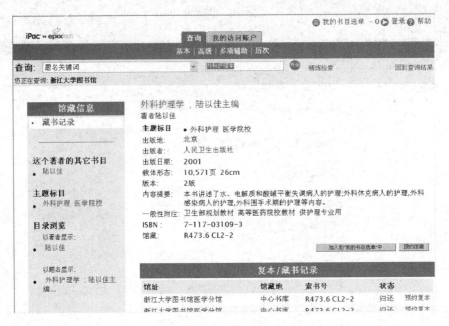

图 1-5-3　图书详细信息

三、虚拟馆藏

（一）虚拟馆藏的概念及特点

关于虚拟馆藏资源的概念，学术界的说法不尽一致。一般而言，虚拟馆藏包括两类，第一类是图书馆购买了使用权的电子资源（如电子期刊、数据库等），这些电子资源存储在供应商的服务器上，图书馆对这类电子资源只有授权范围内的使用权，不具有所有权和永久使用权。这是图书馆虚拟馆藏的主要形式，是图书馆虚拟馆藏的核心部分；第二类是网络资源，是图书馆根据馆藏建设的需要以及读者的需求，对互联网信息资源进行搜集、加工和整理，下载保存到本馆或本地网络，提供给读者使用，或者将这些信息资源链接到图书馆的网页上，建立网络资源导航，以方便读者迅速找到感兴趣的网络资源。

图书馆虚拟馆藏资源主要包括以下几个部分：电子图书、电子期刊和数据库，是图书馆购买了使用权的文献资源。

1. 电子图书

电子图书除了有传统图书的共有特性外，还具有一些与传统图书不同的特点：必须通过电子计算机设备读取并通过屏幕显示出来；具备图文声像结合的优点；可检索；可复制；有更高的性价比；有更大的信息含量；有更多样的发行渠道等等。

电子图书主要有以下几种格式：（1）完全执行文件，这种电子图书一般带有保护性质，适合于内部刊物等。（2）专有格式，这种形式的电子图书需要以某种专门的阅读器阅读，功能比较固定。（3）通用格式，这种形式的电子图书一般以通用的图文混排格式制作，即使没有阅读器，一般用户也可在自己的电脑上阅读，而定制的增强功能的阅读器则可以发挥更高的阅读效率。

2. 电子期刊

电子期刊是指以数字形式发行，以互联网为媒介，定期或不定期连续出版，有连续编号的电子出版品。从出版发行来看电子期刊主要有两种类型，一类是与印刷版本同时出版的，通常为印刷型期刊的电子版本,目前占了绝大部分;另一类是只发行电子版本,是真正意义上的电子出版物。网上的电子期刊有免费和付费两种,大部分学术性较强电子期刊都需收费。

3.数据库

数据库是目前发展最成熟的电子文献之一。近年来,随着互联网的扩展和升级,数据库有了迅猛的发展。数据库具有数据标准、规范、多元和检索功能强大等特点,检索结果的显示与输出灵活、多样。最显著的特点是具有扩展整合功能,能与图书馆馆藏、其他数据库进行链接与整合,还能与原始文献、Internet 信息资源进行链接,已成为数据库的主要形式。数据库绝大部分是收费的,但也有不少免费的数据库,如 MEDLINE 数据库、国际核酸序列数据库(DDBJ、EMBL、GENBANK)等。

(二)虚拟馆藏的使用

图书馆购买的虚拟馆藏,由于信息资源存储在数据库供应商的服务器上,因此使用是有限制的,主要有本地镜像、IP 控制、远程访问三种方式。本地镜像是在图书馆本地服务器上建立镜像,使用较为方便,限制最小;IP 控制是供应商根据图书馆提供的 IP 地址,向这些地址范围内的所有用户开放使用权,只要是这些 IP 地址内的所有机器都可以免费使用;远程访问是供应商向图书馆提供用户名和密码,用户据此登录数据库网站进行检索。远程访问有两种,一种是供应商提供若干密码供作用,另一种是供应商提供一个通用密码,同时根据 IP 地址进行控制,只有认可范围内的计算机才能完全访问使用。远程访问是限制最多的方式。本地镜像和IP 控制方式在本单位的局域网内就可以使用虚拟馆藏,远程访问方式则需要访问 Internet 才能使用。需要注意的是很多数据库都有并发用户数的限制,即允许同时使用的用户数。当用户数量达到这个限制后,其他的用户就不能使用了,等有人退出后才能再访问使用。

四、馆际互借与文献传递

馆际互借和文献传递是资源共享合作中最为有效的服务方式。馆际互借是图书馆之间或图书馆与其他文献情报机构之间相互利用对方的文献资源来满足读者需求的一种服务形式。它打破了区域界限,改变了图书馆靠发展自身馆藏来满足用户所有需求的传统模式,是图书馆文献资源共建共享的一种重要体现形式。文献传递是指由信息提供者将储存信息的实体(不论任何形式)传递给使用者的活动,也就是图书馆通过一定的方式从异地获取用户所需的文献提供给用户的服务。具体讲就是用户对特定的、已确知的文献发出需求申请,由图书馆通过一定的方式,在适当的时间内将读者需要的文献或其替代品以有效的方式与合理的价格,直接或间接地传递给用户的一种服务。随着计算机和网络技术的发展,以 Internet 为依托的联机书目查询以及联机文献传递服务系统的开发促成了文献传递新的实现形式。用户只需在本地的网络终端上就能查到所需文献的收藏地点,并可利用电子邮件、远程登录、邮递等方式来获得原文。

馆际互借与文献传递是双向的,图书馆工作人员除了要为本馆读者利用外馆馆藏服务,还要为馆外与本馆有馆际互借协议的图书馆读者提供文献服务。

(一)服务内容

1.文献复制及文献传递服务

为本馆读者提供向国内外图书馆或文献服务机构请求提供原文文献复制及原文传递服务。复制及传递的文献类型包括期刊论文、会议文献、学位论文、标准、专利、技术报告等文献资料等。

2. 馆际借书服务

馆际借书是馆际互借的一项传统服务，它为本馆读者借阅其他图书馆的图书提供了一个途径。馆际借书主要是为读者提供协作网成员馆之间的馆际互借服务，以及与本馆签有馆际互借协议的图书馆或文献提供机构的馆际互借服务。馆际借书可以由图书馆或文献机构的进行代借代还，也可以由读者到图书馆换取馆际互借证自己借取。

（二）服务范围

馆际互借与文献传递的区域可以分为三个层次：城际、国内、国际。

城际间的馆际互借与文献传递往往是若干个图书馆或文献服务机构组成一个松散的共建共享的协作网，馆际借书证就是一种形式。通常馆际借书证只能在同一城市的协作馆之间使用，即只能在城际范围内使用。国内范围的主要是一些组织性、系统性较强的文献共享中心，如 CALIS 馆际互借系统、中国高校人文社会科学文献中心（CASHL）、国家科技图书文献中心（NSTL）及香港地区的香港高校图书馆联网（港书网，HKALL）等系统。国际间合作一般是各个图书馆根据本校读者的需求，与国外的一些图书馆、文献服务机构进行业务往来，例如浙江大学图书馆与大英图书馆、PQDD 代理商建立了联系，北京大学图书馆与香港大学图书馆、香港科技大学图书馆、匹兹堡大学图书馆、哈佛大学图书馆、美国俄亥俄州的联机图书馆中心（OCLC）、英国不列颠图书馆文献提供中心（BLDSC）、美国 UMI 公司等建立了联系。不过这种关系基本上是单向的，即向国外图书馆或文献服务机构要求原文复制及原文传递服务。

（三）传递方式

电子邮件：文献作为附件直接传递到读者的 E-mail 信箱。这是目前文献传递的主要方式。但读者需注意：接收文献的邮箱最好固定，且容量足够大；电子邮件传递文件的格式主要有 TIFF 和 PDF 两种，用户需具备相应的阅读软件。

WEB 服务器传递：工作人员把电子化后的文献放到 WEB 服务器上，读者根据一定的提示，登录到服务器上，直接下载。与 E-mail 方式比较，具有更好的安全性和灵活性。

FTP 上传：文件所占空间较大可采用此种方式传递

邮寄：采用特快专递或普通邮寄。

（四）国内文献传递系统

1. CALIS 馆际互借与文献传递网

CALIS 馆际互借与文献传递网是中国高等教育文献保障系统（China Academic Library & Information System，CALLS）为 CALIS 面向读者或文献服务机构提供馆际互借与文献传递服务。该文献传递网由众多成员馆组成，包括利用 CALIS 馆际互借与文献传递应用软件提供馆际互借与文献传递的图书馆（简称服务馆）和从服务馆获取馆际互借与文献传递服务的图书馆（简称用户馆）。读者以馆际互借或文献传递的方式通过所在成员馆获取 CALIS 文献传递网成员馆丰富的文献收藏。读者直接通过网上提交馆际互借申请，并且可以实时查询申请处理情况。目前已有服务馆 46 家。

2. 中国高校人文社会科学文献中心

中国高校人文社会科学文献中心（China Academic Humanities and Social Sciences Library，CASHL）由教育部根据高校人文社会科学的发展和文献资源建设的需要而设立，是全国唯一的人文社会科学文献保障体系。借助现代化的网络服务体系，为全国高校、哲学社会科学研究机构和工作者提供综合性文献信息服务。CASHL 目前已拥有 400 多家成员单位，包括高校图书馆和其他人文社会科学研究机构。提供数据库检索和浏览、书刊馆际互借与原文传递、相关咨询服务等。读者可以直接通过网上提交馆际互借申或文献传递申请。

3.国家科技图书文献中心

国家科技图书文献中心(National Science and Technology Library,NSTL)由中国科学院文献情报中心、工程技术图书馆、中国农业科学院图书馆、中国医学科学院图书馆等 7 家单位于 2000 年 6 月组建的一个虚拟科技文献信息服务机构。其目标是采集、收藏和开发理、工、农、医各学科领域的科技文献资源,面向全国开展科技文献信息服务,成为国内科技文献信息资源收藏和服务中心。提供文献检索与原文提供、联机公共目录查询、期刊目次浏览和专家咨询等服务。

4.中国国家图书馆文献提供中心

中国国家图书馆是世界最大的中文文献信息收藏中心,中国最大的外文文献收藏基地,是国家总书库。中国国家图书馆文献提供中心依托国图的丰富馆藏,为国内外用户提供馆际互借、国际互借以及文献传递服务。用户可以直接通过网上填写"文献委托服务申请单"提出申请。

5.香港高校图书馆联网

香港高校图书馆联网(港书网,Hong Kong Academic Library Link,HKALL)于 2005 年 9 月 1 日正式启动,读者只需通过互联网(http://hkall.hku.hk/)就可以预订其他院校的书籍,然后到自己就读的院校图书馆办理借阅手续。

目前,香港由大学教育资助委员会拨款资助的 8 大院校有香港大学、城市大学、浸会大学、岭南大学、中文大学、教育学院、理工大学、科技大学,这些大学的藏书量约为 800 万册。在各大学的 800 万册藏书中,除了参考及特别藏书外,约有 500 万册书可通过高校图书馆联网提供给各校学生预订借阅,其中 100 万册为中文书籍,系统中设有方便用户使用的电脑界面和强大的检索功能检索所需资料。

思考题

1.文献的定义是什么? 按照文献的加工深度,文献一般分成哪几种?

2.什么是文摘? 结构式文摘的组成是什么?

3.代表文献外表特征的检索语言包括哪些? 代表文献内容特征的检索语言有哪些?

4.常见的逻辑运算符有哪些?

5.关键词是什么? 主题词是什么? 各有什么特点?

第二章　文摘型检索工具

第一节　中国生物医学文献数据库

一、中国生物医学文献服务系统

中国生物医学文献服务系统由中国医学科学院医学信息研究所/图书馆开发研制。其涵盖资源丰富，能全面、快速反映国内外生物医学领域研究的新进展；功能强大，是集检索、开放获取、个性化定题服务、全文传递服务于一体的生物医学中外文整合文献服务系统。包含中国生物医学文献数据库（CBM）、中国医学科普文献数据库、北京协和医学院博硕学位论文库。（图 2-1-1）

图 2-1-1　中国生物医学文献服务系统主界面（新版）

中国医学科普文献数据库收录 2000 年以来国内出版的医学科普期刊近百种的题录约 8 万余篇，重点突显养生保健、心理健康、生殖健康、运动健身、医学美容、婚姻家庭、食品营养等与医学健康有关的内容。每月更新。

北京协和医学院博硕学位论文库收录 1981 年以来协和医学院培养的博士、硕士研究生学位论文，学科范围涉及医学、药学各专业领域及其他相关专业，内容前沿、丰富，可在线浏览全文。每季更新。

二、中国生物医学文献数据库概述

中国生物医学文献数据库(China BioMedical literature on disc,CBMdisc),是由中国医学科学院医学信息研究所开发的医学文献书目数据库。CBMdisc 收录 1978 以来 1600 余种中国生物医学期刊、汇编、会议论文的文献题录 530 余万篇,全部题录均进行主题标引和分类标引等规范化加工处理。年增记录 40 余万篇,每月更新。内容涵盖基础医学、临床医学、预防医学、药学、中医学及中药学等生物医学各领域,CBMdisc 是目前收录国内生物医学期刊最全的数据库。(图 2-1-2)

图 2-1-2　中国生物医学文献数据库主界面

CBM 注重数据的规范化处理和知识管理,全部题录均根据美国国立医学图书馆最新版《医学主题词表》、中国中医研究院中医药信息研究所《中国图书馆分类法·医学专业分类表》进行主题标引和分类标引。

CBM 检索系统具有检索入口多、检索方式灵活的特点。它设置了主题、分类、期刊、作者等多种词表辅助查询功能,检索功能完备,定题检索、限定检索、截词检索、通配符检索及各种逻辑组配检索功能大大提高检索效率,可满足简单检索和复杂检索的需求;与 PUBMED 具有良好兼容性,可获得较好的查全率和查准率。

目前 CBM 已经实现了与维普全文数据库的链接功能,可以在检索结果页面直接链接维普全文数据库获取 1989 年以来的全文。

三、CBM 的字段与检索运算符

(一)CBMdisc 的字段

CBMdisc 中的记录共有 30 多个字段,主要字段有:UI(流水号)、TI(中文篇名)、TT(英文题目)、AU(作者)、AB(摘要)、TW(关键词)、AD(著者单位和地址)、TA(期刊名称)、Is(国际标准连续出版物号)、PY(出版年)、VI(卷)、IP(期)、PT(文献类型)、MH(主题词)、MMH(加权主题词、主要主题词)、PS(人名主题词)、CT(特征词)、CN(分类号)等。

（二）运算符

CBM 数据库可使用的运算符主要有布尔逻辑运算符、截词符、通配符、字段限制符和范围运算符等五种。

1.布尔逻辑运算符

布尔逻辑运算符有 AND、OR、NOT 三种。在一个检索式中，可同时使用多个逻辑运算符，构成一个复合检索式。在复合检索式中，其优先级为：NOT＞AND＞OR。可以用"（）"改变运算次序，括号内优先运算。（图 2-1-3）。

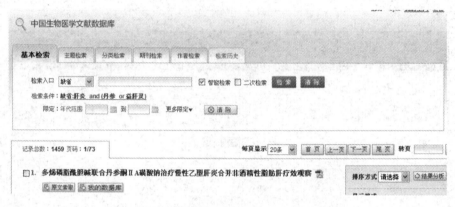

图 2-1-3　CBM 的布尔逻辑运算符

2.截词符

截词符通常用"＊"符号，用于词中或词尾，可代替任意个字符。截词符"＊"的应用，可以减少字符的输入量，扩大检索范围，提高查全率。如检索式"肝炎＊疫苗"，可检索出肝炎疫苗、肝炎病毒基因疫苗、肝炎减毒活疫苗、肝炎灭活疫苗等字符串的文献。

3.通配符

通配符通常用"？"表示，用于词中或词尾，可代替 1 个字符，如检索式"血？动力"，可检索出血液动力、血流动力等字符串的文献；CBMdisc 允许使用多个"？"。如检索式"血？？动力"，可检索出血管光动力、血酶的动力、血浆胃动力、血流的动力、血泵的动力等字符串的文献。通配符？的应用同样可以减少字符的输入量，扩大检索范围，提高查全率。

4.字段限定符

字段限定符 IN，＝，字段标识符可用中文或英文缩写。例：TA＝中国癌症杂志；刊名＝癌症。字段标识符在后，表示对所指定字段的任意片段进行查找，例：癌症 IN TA；癌症 IN 刊名。注意智能检索不支持逻辑组配。

5.范围运算符

范围运算符用于对文献出版年代及流水号进行限定，仅用于数字字段的检索，包括：＝、＜、＞、≤、≥、－，如 UI＝2005106318，表示检索出流水号 2005106318 及之后的文献。如 PY＝2004－2005，表示检索 2004－2005 年之间发表的文献。

四、检索途径及检索实例

CBM 检索系统共有基本检索、主题检索、分类检索、期刊检索、作者检索和索引检索等 6 种检索途径。此外，检索提问框下方还提供限定检索、定题检索 2 种检索方式。

（一）基本检索

基本检索又称自由词检索、文本词检索。基本检索的优点是可以满足任意词的检索提问，灵活方便，易掌握；缺点是查准率低，易漏检。系统默认的检索方式是基本检索的"缺省"检索状态。

1. 检索方法

在检索框内输入检索词，然后选择"检索入口"下拉菜单的相关字段，选择匹配模式，最后回车或点击"检索"按钮完成检索。

检索词可以是单词或词组，包括汉字、数字、检索序号、英文字母、单词等；也可以是包含截词符、通配符、字段限定符、逻辑运算符或范围运算符的检索式。如胃？癌；肝癌 and 预防。注意特殊符号"—"、"("等，用半角引号标识检索词。如 $1,25-(OH)_2D_3$。

2. 检索入口

即检索字段的选择，有以下几种形式：

（1）缺省字段："缺省"字段是题目、主题词、关键词、文摘、刊名内容的组合。表示在中文题目、文摘、关键词、主题词、刊名这些主要字段查找用户输入的检索词。系统默认状态为"缺省"。

（2）全部字段：表示在所有字段（中文题目、英文题目、作者、地址等 13 个）中查找用户输入的检索词。

（3）特定字段：指仅在某一指定字段内检索用户输入的检索词。如选择"地址"字段可检索某单位发表的相关文献，选择"题目"可检索某检索词出现在论文题目中的相关文献。

3. 智能检索

在"缺省"字段，自动实现检索词、检索词对应主题词及该主题词所含下位词的同步检索。如：在"缺省"字段输入"艾滋病"，勾选"智能检索"后点击"检索"按钮，系统自动检出在缺省字段中含"艾滋病"和"获得性免疫缺陷综合征"的所有文献。

4. 二次检索

二次检索是在已有检索结果基础上再检索，逐步缩小检索范围。与上一个检索词之间的关系为"AND"。

限定检索：利用"限定检索"功能，可以使已检出的文献数量有针对性地减少。"限定检索"的选项有：（出版）年代范围、文献类型、年龄组、人类或动物、性别、妊娠状态、是否体外研究、是否属于核心期刊、是否有摘要等。使用"限定检索"，必须在已经得到检索结果时进行。例如，先查出"高血压治疗"方面的文献，然后从"限定检索"中选择"19－80 岁"和"男性"，点击"确定"完成限定检索。

例 2-1　检索"郑树森撰写的有关肝移植方面的综述文献"。

检索步骤：

①检索入口选择"作者"，输入"郑树森"。

②点击"精确"选择框，点击检索，得到检索结果：＃1　551　AU＝郑树森。

③检索入口选择"缺省"，输入"肝移植"；点击"限定检索"，即打开限定检索界面，点击"综述"前的复选框。点击检索，得到检索结果：＃1　1564　肝移植 限定：综述。

④点击检索史，进入检索史检索界面（图 2-1-4）。点击序号 1 和 2 前的复选框，点击"and"，在检索框中出现"＃2 and ＃1"（＃1 或 ＃2 这个序号是对应某个检索表达式的序号，此处仅是举例而已）。点击检索，得到最终检索结果：＃3　29　＃2 and ＃1。

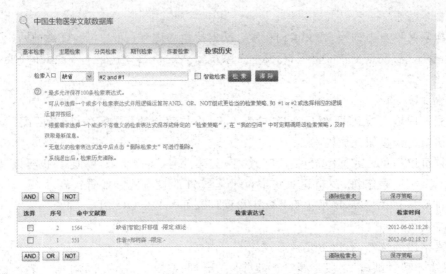

图 2-1-4 检索史界面

（二）主题检索

主题检索是对文献内容的主题概念进行检索，有利于提高查全率和查准率，美国国立医学图书馆《医学主题词表（MeSH）》中译本、《中国中医药学主题词表》是 CBM 进行主题标引和主题检索的依据。

主题检索可用中文主题词、英文主题词进行查找，可浏览主题词注释信息和树形结构，选用主题词的同义词、相关词、上位词、下位词进行查找，也可浏览主题词、副主题词及树状结构号等，帮助确定恰当的主题词。同时，可通过设置是否加权、是否扩展、选择合适的副主题词，使检索结果更符合需求。

例 2-2   检索"肾功能衰竭病因的文献"。

检索步骤：

①点击"主题检索"，选择"中文主题词"，输入"肾功能衰竭"，点击查找（图 2-1-5）；

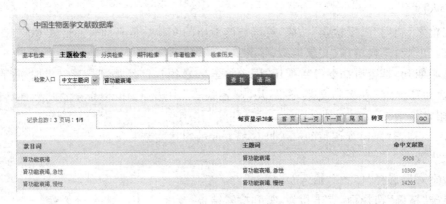

图 2-1-5 主题词列表

②点击主题词"肾功能衰竭"，可看到它的下位主题词（+1 表示还有 1 个下位词），点击复选框"扩展检索（全部树）"；

③选择副主题词"病因学"，并点击"添加"，点击"主题检索"，系统返回检索结果 4156 篇。（图 2-1-6）

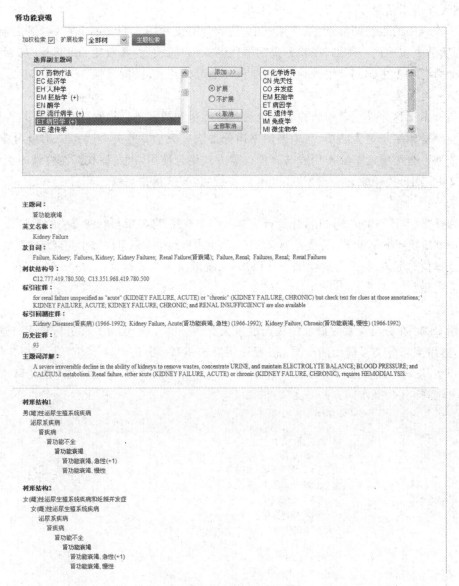

图 2-1-6 选择副主题词

例 2-3 检索"硝苯地平治疗心绞痛"的相关文献。

分析:本课题包含两个主题概念,即硝苯地平和心绞痛,硝苯地平应组配副主题词"治疗应用",心绞痛应组配副主题词"药物疗法",两个主题概念应用"and"组合检索。

检索步骤(图略):

①点击"主题检索",选择"中文主题词",输入"硝苯地平",点击查找;

②点击主题词列表中的"硝苯地平",从副主题词列表框中选择"治疗应用"并点击"添加",点击"主题检索",系统返回检索结果 3700 篇;

③点击"主题检索",选择"中文主题词",输入"心绞痛",点击查找;

④点击主题词列表中的"心绞痛",从副主题词列表框中选择"药物疗法"并点击"添加",点击"主题检索",系统返回检索结果 3850 篇;

⑤点击检索史,点击序号前的复选框,点击"and",在检索框中出现"#2 and #1";点击检

索,得到最终检索结果:♯3 79 ♯2 and ♯1。

基本检索中的主题词检索:基本检索中,输入含有斜线"/"的检索词表示斜线之前是主题词,斜线后是副主题词。例如,在检索提问框内输入:心肌梗死/并发症 and 休克/病因学,表示要检索标引有以上主题词副主题词的"心肌梗死引起休克"方面的文献。

(三)分类检索

分类检索又称分类词表辅助检索。可通过分类号和类名进行检索,通过选择是否扩展、是否复分会使检索结果更为贴切。《中国图书馆分类法·医学专业分类表》是 CBM 分类标引和检索的依据。分类检索单独使用或与其他检索方式组合使用,可发挥其族性检索的优势。

例 2-4 用分类检索途径检索"小儿麻疹流行病学"的相关文献。

方法一:

①选择"分类词",输入"小儿麻疹流行病学",点击查找,即显示与麻疹有关的类名和类号;

②浏览后找到小儿麻疹的分类号为 R725.111,点击后结果显示可以和小儿麻疹组配的复分表;

③选择复分号 01 1 流行病学调查并添加,系统默认为扩展检索,点击"分类检索",即可检索出所需文献。

方法二:

利用 CBM 在分类检索中设立的医药卫生大类的分类导航(图 2-1-7)进行检索。选择 R72 儿科学,然后点击分类号前面的+号,接着逐层点击 R725 小儿内科学、R725.1 小儿传染病、R725.11 小儿病毒性传染病前面的"+"号,R725.111 小儿麻疹,最后点击"小儿麻疹"后,进入分类复选择,其余操作同方法一。

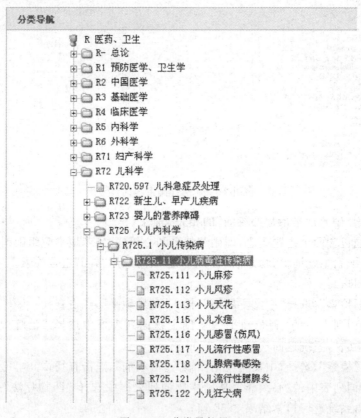

图 2-1-7 分类导航界面

（四）期刊检索

用户可以从检索入口处选择刊名、出版地、出版单位、期刊主题词或者 ISSN 直接查找期刊，也可通过"分类导航"或"首字母导航"逐级查找浏览期刊。通过设置年代及刊期（默认为全部），点击"检索"按钮，即可检索该刊的题录信息。

例 2-5　检索《中国现代应用药学》的期刊详细信息及 2011 年命中文献数。

①选择"刊名"，输入"中国现代应用药学"，点击"查找"；

②系统打开期刊名列表，点击列表中的"中国现代应用药学"；

③系统打开"中国现代应用药学"的期刊详细信息，选择 2011 年，点击"浏览本刊"，可检索得到 2011 年该刊命中文献数 317 篇。

（五）作者检索

在作者检索界面，输入作者姓名或者姓名片断，可通过作者列表选择检索。点击其对应的第一作者图标，可查找该作者作为第一作者发表的文献。通过"作者检索"得到检索结果同基本检索的精确检索。

在基本检索中，也可进行作者检索。基本检索中的著者检索有三种方式：一是在"检索入口"下拉菜单中选择"作者"字段，然后在检索提问框内输入著者姓名；二是直接在检索提问框内输入作者姓名，后加"in au"，不管"检索入口"中的字段指向是什么；三是在检索提问框内输入"au＝"，后跟著者姓名，此为精确检索，适合于检索单名作者。

（六）索引词检索

输入检索词，可通过索引列表选词检索，索引列表为您选择检索词提供线索和帮助。索引词表包括数据库所有可检索字段中的有实际意义的单词和部分词组，以及主题词、期刊名称等词组，并显示其在数据库中的出现数和命中文献数。"出现数"是指文献的各字段中出现该词的次数。"命中文献数"是指所有字段中检出文献的数量。

五、检索结果的处理

（一）显示

每次检索完成后系统返回的检索结果默认格式为题录格式。若需浏览文摘格式，点击下拉菜单选择"文摘格式"，然后点击"显示"按钮即可。若想浏览另外检索命令所对应的文献记录，通过检索历史点击相应的检索表达式即可。

（二）保存

在检索结果显示页面，选择输出栏的下拉菜单"文件保存"，然后点击"输出"按钮，即可进行保存。需注意的是，在文件保存之前检索结果的显示格式必须为你所希望保存的格式，因为文件保存只保存当前的显示格式内容。

（三）打印

在检索结果显示页面，点击工具栏中的打印按钮，系统弹出打印窗口。选择打印参数后，点击确认按钮即可。提示：若在当前图文页面进行打印，系统将按当前页面显示形式打印；因此，最好在打印前，将输出格式选为"文本显示"，在文本显示页面再进行打印才是我们需要的文献记录打印结果。

第二节　Medline 数据库

MEDLINE(Medlars Online,医学文献联机数据库)是美国国立医学图书馆建立的 MED-LARS 系统(医学文献分析与检索系统)中使用频率最高,也是最大的数据库,是当今世界最具权威的综合性生物医学数据库之一。收录内容涉及基础医学、临床医学、护理学、牙科学、兽医学、药物学、营养卫生、卫生管理等,涉及生物学、人文科学、情报科学等领域。收录文献来自 Index Medicus(医学索引),Index to Dental Literature(牙科文献索引),International Nursing Index(国际护理索引)三种检索工具。它收录了 1966 年以来世界上 70 多个国家和地区用 40 多种语言出版的 4800 多种生物医学期刊上的文献,其中我国有 40 多种。年报道量 40 多万条,75% 为英文文献。自 1975 年以后,开始收录文献摘要。网上 Medline 数据每周更新,光盘数据每月更新。

20 世纪 80 年代,Medline 光盘问世。90 年代中期,出现了基于因特网的 Medline 网络检索。由于使用率很高,Medline 见于多种检索系统,如 OVID 系统、Cambridge 系统、Diaog 系统、EBSCO 系统等。1997 年 6 月 26 日,Medline 的网络版 PubMed 开始向因特网用户免费开放,使医学信息资源在全球范围内共享迈出了实质性的一步。

一、检索运算符

该数据库可使用的运算符主要有布尔逻辑运算符、位置运算符、截词符、通配符、字段限制符和范围运算符等六种。

(1)布尔逻辑运算符:有 AND、OR、NOT 三种,使用方法同 CBM。

(2)位置运算符:有 with 和 near 两种,使用方法、含义及其作用见表 2-2-1。

表 2-2-1　位置运算符一览表

名称	运算符	表达式	含义	作用	举例
同字段检索	with	A with B	检索词 A 和 B 出现在同一字段中的文献		Cough with asthma 表示 cough 和 asthma 出现在同一字段中即为命中文献
同句检索	near	A near B	检索词 A 和 B 出现在同一句子中,且两词之间可能有 1 个或多个其他词	缩小检索范围,提高查准率	Gastric cancer near endoscopy 表示要求检出 Gastric cancer 与 endoscopy 出现在同一句子中,在两词之间可能有 1 个或多个其他词
同句相邻词检索	near N (N 表示常数)	A near N B	检索词 A 和 B 出现在同一句子中,且两词之间最多相隔 N−1 个单词		Diagnosis near 3 virus 表示凡在同一句子中有 Diagnosis 与 virus 之间最多相隔两个单词的文献

(3)截词符:通常用"＊"号,用于词中或词尾,可代替任意个字符。截词符 ＊ 的应用,可以减少单词的输入量,扩大检索范围,提高查全率。例如 Digest ＊:可检出 digest、digestive、digestion 等词的文献。

（4）通配符：通常用"?"表示，用于词中或词尾，可代替 1 个或 0 个字符，例如 m? n：mn、man、men、min、Jung－Min－Whang 等词均可能被检出；WinSPIRS 允许在一个单词中使用多个"?"。如 Work? ?：work、works、worked、worker 等词均可能被检出。通配符？的应用同样可以减少单词的输入量，扩大检索范围，提高查全率。

（5）字段限定符：用 in 将检索词限定在某个字段，如 Smith in AU。能缩小检索范围，提高查准率。

（6）范围运算符：包括＞、＝、＞＝、＜＝、＜和—。用于对文献出版年代及数据库更新代码进行限定，方法同 CBM。

二、MEDLINE-ISI 检索平台

MEDLINE－ISI 检索平台（图 2-2-1，http://isiknowledge.com/medline）提供普通检索（General Search）和高级检索（Advanced Search）两种检索途径。普通检索界面有关键词（TOPIC）、主题词（MeSH HEADING）、作者（AUTHOR）、刊名（SOURCE TITLE）、出版年（PUBLICATION YEAR）、作者地址（ADDRESS）、化学物质名称或登记号（CHEMICAL）、文献号（IDENTIFICATION CODE）等检索入口，其中关键词和主题词途径可实现主题词检索及主题词扩展功能。高级检索界面可采用检索词结合逻辑检索符号的方式编写检索策略实现一步式检索，也可通过检索史（search history）的历次检索式采用逻辑组配的方式进行检索。

图 2-2-1　MEDLINE－ISI 检索平台

例 2-6　检索 2005 年以来 Bioorganic Medicinal Chemitry 中有关多烯紫杉醇（docetaxel）的文献。

检索步骤：

①在第一条检索框中输入"docetaxel"，检索范围选择"主题－添加 MeSH"；

②在第二条检索框中输入"Bioorganic Medicinal Chemitry"，检索范围选择"出版物名称"；

③在"当前限制"的"时间跨度"中选择"从 2005 至 2012"；

④点击检索，得到最终检索结果 6 篇。

图 2-2-2   检索结果

第三节   PubMed 数据库

一、PubMed 的概况

PubMed(图 2-3-1，http://www.ncbi.nlm.nih.gov/pubmed)是由美国国立医学图书馆国家生物技术信息中心(National Center for Biotechnology Information，NCBI)开发研制的基于 Web 的网上医学文献检索系统。NCBI 成立于 1988 年，主要从事生物信息学研究，先后开发了一系列分子生物学数据库、基因组数据分析软件和生物医学信息检索平台——Entrez。PubMed 就是 Entrez 检索平台的重要组成部分之一。

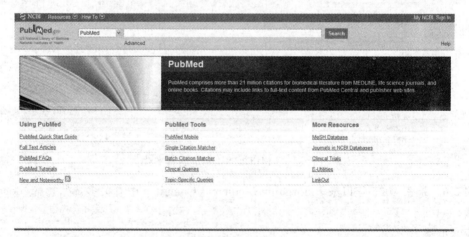

图 2-3-1   PubMed 主页

PubMed 检索系统具有强大的检索和链接功能，是目前世界上查找医学文献利用率最高的网上免费数据库。它收录了世界上 70 多个国家和地区的 4600 多种重要生物医学期刊的摘要和部分全文，其中 80% 以上的文献有英文文摘或全文链接，5% 左右可以免费查看全文。数据库每日更新。PubMed 收录的文献包括 Medline、PreMedline 和出版商直接提供的文献数据库。PREMEDLINE 数据库的记录均带有"PubMed-in process"标记，是由正在加工处理中的文献记录组成的数据库;出版商直接提供的文献记录均带有"PubMed－as Supplied by Publisher"标记,该库中的记录每天都在不停地向 PREMEDLINE 传送,一旦被 PreMedline 收录,则改为"PubMed-in process"标记,经标引后转入 Medline。

目前,从收录范围来看,PubMed 检索系统涵盖了 Medline 光盘数据库的全部内容,而且还包括 1948—1965 年的生物医学数据、预处理数据和出版商数据。从报道时差上看,PubMed 检索系统比 Medline 光盘数据库短得多。Medline 光盘数据库的报道时差为 2~3 个月,而 PubMed 中的数据是每周更新。因此,PubMed 的报道速度要比 Medline 光盘数据库快 2~3 个月。从费用上看,Medline 光盘数据库每年需要 1 万元人民币左右,而 PubMed 检索系统是免费的。

此外,PubMed 检索系统还具有 MEDLINE 光盘数据库所不具备的强大的一体化医学语言系统(u-nified Medical Language System, UMLS)、补充概念(物质)名称表[Supplementary Concept (Substance) Names],以及检索词自动转换功能和自动定题检索等功能,并具有直接获取部分文献全文的优势。当然,Medline 光盘数据库也具有自己特点,例如具有横向检索的功能等。但是从总体上看,PubMed 检索系统从多个方面明显优于 Medline 光盘数据库。因此,本教材不再讲解 Medline 光盘数据库的检索。

二、PubMed 的主要功能

(一)词汇自动转换功能

词汇自动转换功能是 PubMed 中最令人称道的功能。当一个未加任何限定的检索词被输入到检索提问框后,会被自动地按照一定的顺序核对、转换、匹配和检索。其转换匹配的顺序为:

1. MeSH 转换表

包括 MeSH 词表中的医学主题词、款目词(关键词)、副主题词等。当检索词和 MeSH 表中的词汇相匹配,这个词就以主题词和文本词原形各检索一次,并将两个检索结果用逻辑运算符"OR"组配检索。当在此表中找不到相匹配的词时,就接着在第二个表中查找。

2. 刊名转换表

包括 PubMed 收录期刊的三种表达形式:刊名全称、刊名缩写和国际标准刊号。该转换表能把键入的刊名全称自动转换成系统认可的刊名缩写后再检索。

3. 短语表

短语表中的短语来自 MeSH 词、含有同义词或不同英文词汇书写形式的统一医学语言系和补充概念名称表。当在前两个表中均找不到相匹配的词时,PubMed 将自动到短语表中查找。

4. 作者索引

如果键入的词语在上述三表中均找不到匹配词,或者键入的词是一个单词后面跟有 1~2 个字母的短语,系统就会直接到著者索引中去查找。

如果按上述步骤找不到匹配词,系统就会将短语拆开,按单个词再重复以上顺序分别查找,直到找到相匹配的词。如果仍然没有匹配词,系统则将检索词拆开成若干个单词,用逻辑运算符,AND组配后在全部字段中检索。如果想要将短语作为一个词组检索,需用双引号表达。

（二）完整的 Limits 功能

可将检索结果限定于指定的年限、语种、年龄组、研究对象、性别、文献类型等，以使检索结果更精确。

（三）丰富的资源链接

（1）链接到相关文献：在检索结果显示时，每条记录的右边均有"Related Articles"超链接，这对于那些检出文献量很少的课题非常有用；

（2）链接到 NCBI 的其他数据库：PubMed 主页上有链向 NCBI 其他 10 余种数据库的超链接，如：Nucleotide(核酸序列)，Protein Sequences(蛋白质序列)，Genome(基因组序列)，Structure(分子结构模型)，OMIM(人类孟德尔遗传学在线数据库)等；

（3）链接到外部资源：通过"LinkOut"链向期刊出版商、部分期刊全文、各种生物学数据库等资源站点；

（4）链接到免费的期刊全文和图书摘要：PubMed 还与 PMC (PubMed Central)、网上免费电子期刊和 NCBI 的 BookShelf(电子书库)建立了超链接，可免费获得一部分期刊的全文和相关书籍中的文摘页。

三、检索途径及检索实例

（一）基本检索（Search）

由于 PubMed 系统具有词汇转换匹配功能，因此用户在检索时，不用考虑词汇的类型，如主题词、人名、刊名或者期刊的 ISSN 号，只要是具有实质意义的词或数字都可以进行检索。如键入"SARS"，系统会将 SARS 分别在主题词检索字段和文本词检索字段检索后，再用逻辑符 OR 相加得出检索结果。Search detail 显示：SARS [All Fields]

检索方法：在输入框中输入检索词，然后点击 Search 按钮即可。Clear 用于清除检索框内的检索命令。

例 2-7 用基本检索查找"甲型 H1N1 流感诊断方面的相关文献"。

①输入网址：http://www.ncbi.nlm.nih.gov/pubmed/，进入基本检索界面（图 2-3-1）。

②在检索词输入框中输入检索式"(h1n1 or influenza a) AND diagnosis"，点击"search"。系统返回检索结果 20527 篇（图 2-3-2）。

图 2-3-2　检索结果显示页面

　　检索结果页面的左侧部分为检出的相关文献题录，按出版时间顺序由新到旧的顺序排列，系统默认每页显示 20 条题录。检索结果左上角的 Display Settings 用于设定显示格式（题录或摘要格式、每页显示记录数和排列顺序），点击该链接会弹出小窗口供用户选择（图 2-3-3）。

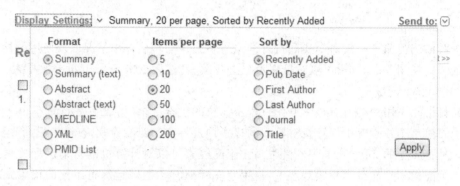

图 2-3-3　Display Settings 展开页面

　　检索结果的右上角还有一个 Sent to 链接，点击该链接可以进行以下操作（图 2-3-4）。

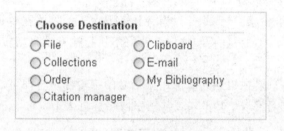

图 2-3-4　Sent to 展开页面

● File：保存记录，用户只要选择好文件格式和文献排列顺序，然后点击 Create File。

● Clipboard：保存记录至粘贴板，多次检索后保存至粘贴板的文献记录可以集中进行保存、发送至邮件等处理。

● E-mail：将检索结果发送某个邮箱。

● Collection：检索记录保存至 PubMed My NCBI 的存储架，用户可以在今后再次访问时浏览这些保存在存储架上的文献记录。

● Order：订购所选记录的全文，文献传递由美国国立医学图书馆提供服务，用户需付费。

　　检索结果页面的右侧提供了有关当前检索事件的相关信息，详细说明如下：

● Results Year

显示每个年份检出的结果

● Titles with your search terms

检出文献的题目中有检索词的相关文献列表。一般来说，题目中出现检索词说明该文与检索命令的相关程度非常高，可能比看左侧的所有题录来得更有参考价值，并且能够节约大量筛选相关文献的时间。因此，在检出结果比较多的情况下，选择先浏览该部分文献是比较明智的一种选择。

● ＊＊＊ free full text articles in PubMed Central

PubMed Central 收录的免费全文文献。该栏目提供的文献全部来自 PubMed Central，均可免费阅读和下载。

● Find Related Data

查找 ENTREZ 检索系统中所有数据库中有关当前检索命令的相关文献或数据。只要点击下拉菜单,选择你希望了解的数据库中有关当前检索命令的相关文献,然后点击 Find Items 即可。

● Search Details

系统对你当前输入检索命令实际执行的检索系统自动转换详细情况以及使用的检索规则和检索语法。使用 Details 键可以对检索策略进行编辑,然后点击 Search 再一次检索。

● Recent Activity

该栏目记录了用户的所有检索操作过程及每次的检索结果(用数字表示)。

由于简单基本检索是由计算机对输入的检索词进行自动匹配检索,查全率很高,但是经常会检出大量不相关的文献,查准率不是很高。组配检索可以对计算机的自动匹配检索进行人工控制。组配检索是在基本检索状态下,将用字段标识符和逻辑运算符组配的检索式直接输入到检索提问框,由检索系统执行检索。但要注意以下几点:

(1)布尔逻辑运算符:系统支持布尔逻辑运算符(AND、OR、NOT),这些运算符大小写都可以,可以用"( )"改变运算顺序。

(2)截词检索和短语检索:PubMed 只有无限截词符" * ",放在单词后面,可以提高查全率。短语检索则是将词组加上双引号,这样系统将不执行检索词自动转换功能,将引号内的词组作为一个短语检索。

(3)限定字段检索:只要在检索词后加用方括号的字段标识符即可。如 SARS［ti］表示将检索词 SARS 限定在题名字段。PubMed 常用字段名称见表 2-3-1。

表 2-3-1　PubMed 数据库可检索字段一览表

字段标识	字段名称	说明	字段标识	字段名称	说明
AB	Abstract	文摘	LID	Location	出版号
AD	Affiliation	单位和地址	MHDA	MeSH Date	主题词标引日
AID	Article Identifier	文献标识符	MAJR	MeSH Major Topic	主要主题词
ALL	All Fields	所有字段	SH	MeSH Subheadings	副主题词
AU	Author	作者	MH	MeSH	MeSH 词
CN	Corporate Author	团体作者	JID	NLM Unique	NLM 流水号
1AU	First Author Name	第一作者	PG	Pagination	文献首页页码
FAU	Full Author Name	作者全称	PS	Personal Name as Subject	人物姓名主题词
CRDT	Create Date	记录创建日期	PA	Pharmacological Action MeSH Terms	药理作用主题词
RN	EC/RN Number	酶/注册号	PL	Place of Publication	出版地
FIR	Full Investigator Name	研究者姓名全称	DP	Publication Date	出版日期
GR	Grant Number	基金资助号	PT	Publication Type	出版类型
IR	Investigator	研究人员	SB	Subset	数据库子集
IP	Issue	期号	NM	Substance Name	化学物质名称
TA	Journal Title	刊名	TW	Text Words	关键词
LA	Language	语种	TI	Title	题名
LASTAU	Last Author	末位作者	VI	Volume	卷号

（二）高级检索（Advanced Search）

点击基本检索界面检索词输入框上方的 Advanced Search 进入，在高级检索界面集合了检索史、多字段组合检索、Limit 限定检索、关键词索引检索、其他资源链接等检索功能。

例 2-8　用高级检索"肾移植临床路径管理方面的相关文献"。

①点击 Advanced Search 进入高级检索界面；

②两条检索框分别输入"Kidney transplantation"和"critical pathway of clinical pathway"，点击 Search（图 2-3-5）；

③系统返回检索结果 58 篇。（图 2-3-6）。

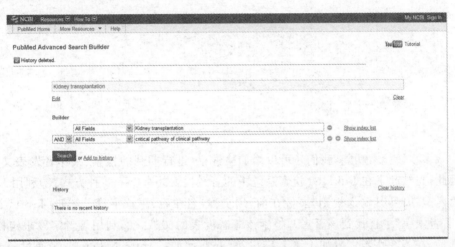

图 2-3-5　高级检索界面

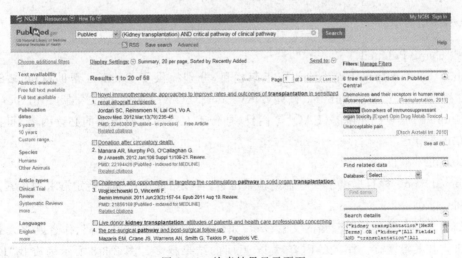

图 2-3-6　检索结果显示页面

例 2-9　用主题词检索途径查找"淋巴瘤流行病学方面的中文文献"。

找到高级检索界面的第二部分"Search by Author, Journal, Publication Date, and more"，该部分相当于多字段检索（图 2-3-7）。

①在第一条检索栏选择"MeSH Terms"字段，在检索框中输入"lymphoma"；点击"show Index list"按钮，系统即可在该检索栏下方将提供一个索引词列表，在列表中列出了所有与输

入词有关的检索词及相关文献结果数量。本题选择 lymphoma/epidemiology。（图 2-3-7）

②在第二条检索栏选择 Languages，在检索框中输入"Chinese"。

③点击 Search 按钮，得到检索结果 77 篇。

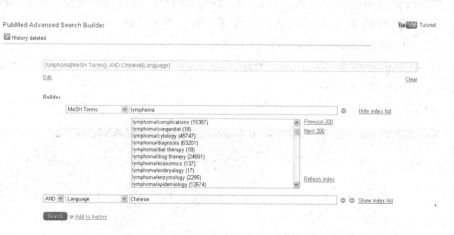

图 2-3-7　索引词列表

利用该多字段检索功能，我们还可以增加检索栏，进行期刊的检索、某作者发表文献的检索等。因此，总结起来在 PubMed 检索系统中的著者检索共有以下 3 种方式：①利用 PubMed 自动词语匹配功能，其输入规则是：姓在前，用全称，名在后，用首字母。例如：Trotta N，系统自动到"著者索引"中查找到该著者并检索该著者发表的文献。②利用著者字段限定检索，其输入规则是：在著者姓名之后加上著者字段符[au]，例如：Trotta N [au]。③通过 Advanced search 的"Search by Author"，可以检索著者发表的文献。

四、相关功能模块

（一）Using Pubmed

Using Puhmed 是 Pubmed 的使用指南栏目，分别提供了 Pubmed 帮助（Quick Start）、Pubmed 教程（Tutorials），Pubmed 新闻（News and NoteWorthy）、全文文献（Full Text Articles）和 Pubmed 常见问题解答（FAQ）等栏目，是新手上路初次使用者的必读内容，可以达到事半功倍的效果。

（二）Pubmed Tools

Pubmed Tools 栏目提供了一些辅助检索工具，可以帮助用户进行特定需求的检索。

1. Single Citation Matcher

单篇引文匹配器可根据已知的文献线索，如刊名、出版年、卷期、页码、作者姓名及题名关键词等来查找某篇文献。输入的内容越少，返回的结果越多。图 2-3-8 所示为查找"Li J"在 2010 年"Journal of medicinal chemistry"杂志发表的文献的检索过程。结果显示共有 3 篇。

2. Batch Citation Matcher

批量引文匹配器可以同时查找一批文献，输入格式为：刊名|出版年|卷|起始页|作者　姓名|用户自定义标签|。一批文献可以在检索界面安上述格式逐条输入，也可直接导入一个 TXT 文本。除了刊名是必须提供的项目之外，其余项目均可不填，但不能忽略"|"。例如："Journal of medicinal chemistry|2010|Li J|"。

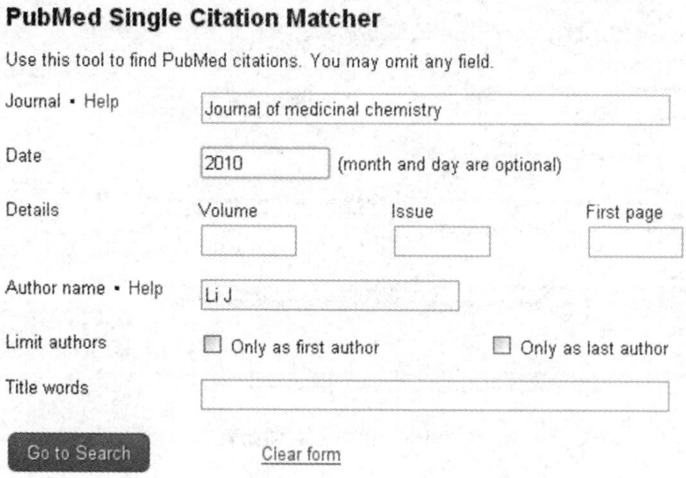

PubMed Single Citation Matcher

Use this tool to find PubMed citations. You may omit any field.

Journal · Help	Journal of medicinal chemistry

Date	2010　(month and day are optional)

Details　　　Volume　　　　　　Issue　　　　　　　First page

Author name · Help　Li J

Limit authors　☐ Only as first author　　☐ Only as last author

Title words

[Go to Search]　　[Clear form]

图 2-3-8　单篇引文匹配器检索示例

3. Clinical Queries

Clinical Queries 是 PubMed 专门为临床医生提供的临床医学文献检索服务平台,包括以下三种检索方式:

(1) Search by Clinical Study Category 是为了满足临床医务人员快速检索的需要而设置的。系统通过内置过滤的方式将检索到的文献限定在临床疾病的病因学、诊断、治疗、预后与临床指南 5 个方面,并设定了查全和查准两个选项。

(2) Find Systematic Reviews 用于检索循证医学实践、循证医学研究和循证医学证据等,文献内容包括系统评价、meta-分析,临床试验研究评述、循证医学、共识发展会议录及指南。

(3) Medical Genetics Searches 用于查找医学遗传学文献。检出文献可以限定在诊断、鉴别诊断、临床描述、管理、遗传咨询、分子遗传学和遗传学检测等。

4. Topic-Specific Queries

Topic-Specific Queries 汇总了 PubMed 检索系统不同分类形式的各类数据库目录,内容包括临床医学文献检索服务平台、不同专题数据库(AIDS、BIOTHJCS、CANCER 等)、其他检索系统、期刊列表(核心医学期刊、口腔及护理类刊物)等。

(三)More Resources

1. MeSH Databases (主题词检索)

在“MeSH Database”检索提问框内输入检索词后系统将自动与主题词表进行匹配检索,有的非主题词将转换为主题词,可浏览主题词的定义、浏览树状结构并进行选择,并能提供可供组配的副主题词进行检索,还提供是否只针对主要主题词检索及是否进行扩展检索等功能。

以例 2-9 的淋巴瘤流行病学为例,在 MeSH Databases 检索提问框输入“lymnphoma”,点击“Go”,系统显示主题词列表(图 2-3-9)

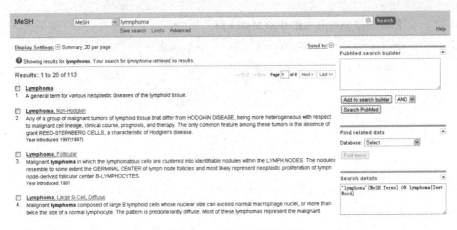

图 2-3-9　相关主题词此表

主题词列表说明：系统将所要查找的结果按主题词字顺排列，但是如果要查找的词正好是一个主题词则会排在最前边。点击主题词链接或利用 Display 下拉菜单中的 Full 选项显示选择主题词的详细信息（图 2-3-10）。

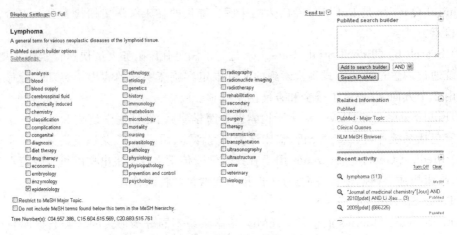

图 2-3-10　主题词详细信息页面

如图 2-3-10 所示的主题词淋巴瘤（lymphoma）详细信息页面，选择主题词 lymphoma（打钩即可）和副主题词 epidemiology。选择左栏"Add to search builder AND"，选中的主题词、副主题词"Lymphoma/epidemiology"，MESH 就保存在检索式显示框中；点击检索框下方的"Search PubMed"按钮，系统执行检索命令返回淋巴瘤流行病学方面的相关文献 11363 篇。

说明：Add to search builder AND 之外，还有 Add to search builder OR，Add to search builder NOT 两个选项可用于确定多个主题词之间的逻辑组配关系，依次重复以上步骤最后点击"Search PubMed"即可。

2. Journals Databases（期刊检索）

期刊检索可按主题、刊名、ISSN 号或 MEDLINE 缩写刊名检索期刊，也可按学科主题浏览期刊。该数据库不仅提供 PubMed 每一种期刊的详细信息，而且提供期刊的链接，包括期刊全文的链接（主要是同各数据库的链接，如 Springer、EBSCO 和 ProQuest 等）、免费全文的链接等。

提示：PubMed 总结起来共有 4 种期刊检索方式。①利用 PubMed 自动词语匹能,其输入规则是:期刊全名、Medline 期刊的缩写名、JSSN 号(例如 1671—3982)三种形式中的任何一种形式均能认可。例如:J Cell Biol,系统自动到"刊名转换表"中查找到该刊并检索出该刊发表的文献。如果期刊刊名正好与 MeSH 词相同,例如 Cell、Science、Diabetes,PubMed 将这些词当作 MeSH 词检索,因为 MeSH 转换表的匹配检索优先于刊名转换表的匹配检索。②利用期刊字段限定检索,其输入规则是:在刊名之后加上刊名字段符,例如:Diabetes[ta]。③通过"Limits"的"Search by Journal",可以检索该刊发表的文献。④通过"Journals Database",查找到该刊后,再选定该刊,发送到检索框进行期刊检索。

3. Clinical Trials(临床试验研究检索)

Clinical Trials 提供了美国及世界上由政府和私人支持的经注册的临床试验研究信息,信息内容包括试验的目的、参加成员、地点、联系电话等。

4. E-Utilities

E-Utilities 提供了在常规网络检索界面之外使用 Ezntrez 数据资源所需的相关程序、软件,有助于用户在各种网络环境下检索 Entrez 系统的文献信息。

5. LinkOut

该栏目能够帮助用户得到 PubMed 以外的与检出文献有关的更多信息资源,这些信息基本来自 Entrez 系列数据库,链接到期刊全文、相关的生物数据库、相关的研究资料、能够提供全文文献的图书馆链接等。每次检出相关文献记录后,要了解某篇文献的其他相关资源,只需点击该题目进入该文的摘要页,在摘要的下方有＋LinkOut－more resources,点击＋号即可展开所有相关链接(图 2-3-11),Full Text Sources 提供该文的所有全文数据库链接。

图 2-3-11　LinkOut

五、检索结果处理

(一)显示

系统提供了多种显示格式,包括 Summary、Brief、Abstracts、Citation 和 MEDLINE 等。方法是在"Display"的下拉菜单中选择某种格式。系统默认为 Summary,显示文献的作者、题目以及出处等信息。

每页显示的记录数也可以更改,分别提供 5、10、20 等多项选择,最多可以显示 500 条记录。方法是在"Show"的下拉菜单中选择。

对检索结果提供按出版日期、作者姓名、刊名等多种排序方式,系统默认为按出版日期排序。操作方法是在"Sort by"的下拉菜单中选择(图2-3-3)。

(二)保存

系统提供了 Text、File、Printer、Clipboard、E－mail、RSS Feed 和 Order 多种保存文献的方式,分别提供文本格式、打印、发送邮件、RSS(定题检索服务)以及订购的方式。选择"Send to"的下拉菜单某一选项即可(图2-3-4)。

(三)链接

1. 与相关文献链接

PubMed 中的文献记录都提供相关文献链接(Related Articles)点击此链接可检索到与原文内容相关度很大的一系列文献。

2. 与期刊全文提供者的链接

在检索结果的文摘记录下方,点击"LINK Out"显示与图书和期刊的链接。其中"Link Out"又包括与"Full Text Sources"、"Libraries"、"Medical"的链接。"Full Text Sources"主要是与各期刊全文数据库的链接,包括 Springer、Elesiver Science、EBSCO 等的链接,但要注册收费。"Libraries"提供与各图书馆的链接。"Medical"则提供互联网上免费期刊全文的链接。

3. 个性化服务

在检索主页的右上角,点击 My NCBI 即可。PubMED 的"个性化服务"功能为读者提供用于保存检索式、邮件提醒、定题服务、保存成批处理结果等资料的个人文件夹。

使用"个性化服务"前,先要申请"个人账户"(MyNCBI)。点击检索主页右上角的 Register,根据提示输入用户名和密码以及常用的电子邮箱,即可成功建立个人账户。利用该用户名和密码可在任何一台能上网的计算机上查阅个人账户中的信息,也可以进行定题跟踪服务。

第四节　(美国)化学文摘(CA)网络版

——SciFinder Scholar 数据库

(美国)化学文摘(Chemical Abstracts,CA)报道了世界上 150 多个国家、56 种文字出版的 20000 多种科技期刊、科技报告、会议论文、学位论文、资料汇编、技术报告、新书及视听资料,摘录了世界范围约 98% 的化学化工文献,所报道的内容几乎涉及化学家感兴趣的所有领域。

CA 网络版 SciFinder Scholar 是美国化学学会所属的化学文摘服务社 CAS(Chemical-Abstract Service)出版的化学资料电子数据库学术版。它是全世界最大、最全面的化学和科学信息数据库(图2-4-1)。

SciFinder Scholar 整合了 Medline 医学数据库、欧洲和美国等 30 多家专利机构的全文专利资料、以及化学文摘 1907 年至今的所有内容。涵盖的学科包括应用化学、化学工程、普通化学、物理、生物学、生命科学、医学、聚合体学、材料学、地质学、食品科学和农学等诸多领域。

SciFinder Scholar 收集的数据库可分为以下几种类型:

(1)Reference Databases(文献数据库):CAplus,MEDLINE

CAplus 包含来自 150 多个国家、9000 多种期刊的文献,覆盖 1907 年到现在的所有文献以及部分 1907 年以前的文献,包括有期刊、专利、会议录、论文、技术报告、书等,涵盖化学、生

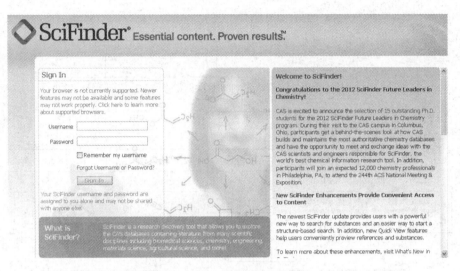

图 2-4-1　SciFinder Scholar 主页

化、化学工程以及相关学科,还有尚未完全编目收录的最新文献。目前有 2430 余万条参考书目记录,每天更新 3000 条以上。

(2)Structure Database(结构数据库):REGISTRY

REGISTRY 涵盖从 1957 年到现在的特定的化学物质,包括有机化合物、生物序列、配位化合物、聚合物、合金、片状无机物。REGISTRY 包括了在 CASM 中引用的物质以及特定的注册。例如:管制化学品列表如 TSCA 和 EINECS 中的注册。目前有 7400 余万条物质记录,每天更新约 7 万条,每种化学物质有唯一对应的 CAS 注册号。

(3)Reaction Database(反应数据库):HCASREACT

CASREACT 包括从 1907 年到现在的单步或多步反应信息。CASREACT 中的反应包括 CAS 编目的反应以及下列来源:ZIC/VINITI 数据库(1974—1991,InfoChem GmbH),INPI (Institut National de la Propriete Insutrielle,法国)1986 年以前的数据,以及由教授 KlaUsKieslich 博士指导编辑的生物转化数据库。目前有 800 余万条反应记录和 403000 条文献记录,每周更新约 700~1300 条。

(4)Commercial Sources Database(商业来源数据库):CHEMCATS

CHEMCATS 化学品的来源信息,包括化学品目录手册以及图书馆等在内的供应商的地址、价格等信息。目前有 740 余万条商业化学物质记录,采目 655 家供应商的 793 种目录。

(5)Regulatory Database(管制数据库):CHEMLIST

CHEMLIST 收录了 1979 年到现在的管制化学品的信息,包括物质的特征、详细目录、来源以及许可信息等。目前有 22.8 余万种化合物的详细清单,来自 13 个国家和国际性组织,每周更新 50 条新纪录。

一、检索方法

SciFinder Scholar 提供层级式菜单检索:即通过一层一层点开菜单,选择相应的检索入口和检索点进行检索。图 2-4-1 是 SciFinder Scholar 的检索流程,图中斜体字是相应检索入口提供的检索点。

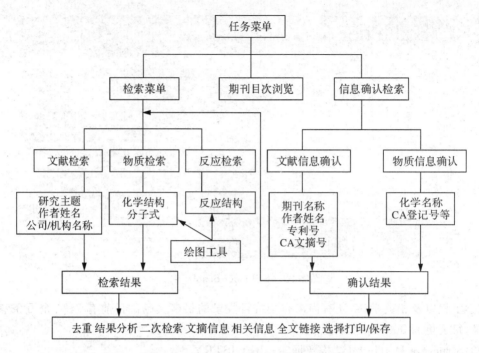

图 2-4-1 SciFinder Scholar 的检索流程

　　首先,需要下载检索软件进行安装。安装后在 Windows 桌面会生成一个"SciFinder-Scholar"图标,双击 SciFinder Scholar 图标,在 License Agreement 的弹出窗口中,用户选择 Accept 按钮,关掉 Message of day 的弹出窗口,就进入了 SciFinder Scholar 主检索界面,见图 2-4-2。工具条包括常用的功能:新任务,后退,向前,打印,保存,全文获取,参数设置,数据库,历史记录,网址,帮助,退出。点击工具栏的第一个图标 New task,弹出检索方式选择界面,见图 2-4-2。SciFinder Scholar 提供三种检索方式:Explore、Locate 和 Browse。

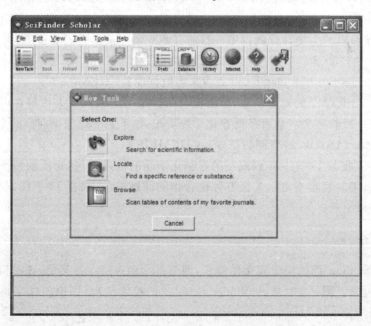

图 2-4-2 SciFinder Scholar 主检索界面

（一）Explore 检索

点击 Explore，进入 Explore 检索主界面，见图 2-4-3。

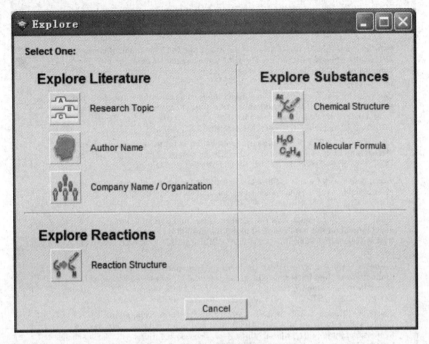

图 2-4-3　Explore 检索主界面

1. Explore Literature(检索文献)

可以从以下 3 个途径检索文献：

（1）Research Topic（按研究主题搜索）：在 Describe your topic. using a phrase 检索框中输入关键词、短语或句子搜索研究领域，例如：the effect of antibiotic residues on dairy products。可通过 Filters（过滤器）选项，通过限定出版年份、文档类型、语言种类、作者姓名、公司名称等筛选检索结果数量，见图 2-4-4。可以根据记录内术语的关系选择相关候选参考资料。单击"Get References"得到所选的参考文献。

Analyze/Refine 按钮，可以 Analyze——对所选文献按照年、机构来源、著者等进行分析得到直方图（histogram）；或者 Refine 从研究主题、机构名称、著者名称、出版年、文献类型、语种、数据库、是否可获取全文 8 个方面对已有的结果进行二次检索。

Get Related 可以查看相关信息：所选文献引用的文献（Cited Reference），引用所选文献的文献（Citing Reference），所选文献中的物质（Substance），所选文献中的反应（Reactions），选 eScience，可以将您的检索扩展到整个网络。

（2）Author Name（根据著者姓名查找）：输入有关此姓名尽可能多的信息，如姓、名（或缩写）、中间名等。根据需要输入空格、连字符和省略符。使用相当的字符来替代特殊字符，如使用 a 或 ae 来替代？选择"查找"以了解姓氏的其他拼写方式，从而识别姓名的变更及印刷上的区别。对于复杂的姓名，使用多种搜寻方法并选择最佳结果。

（3）Company Name/Organization（按公司名称/组织搜索）：查找与特定公司、学术机构或政府组织相关的信息。一次仅输入一个组织。要查看 SciFinder Scholar 所收录的名称变体：单击分析/精化→单击分析→选择公司/组织→单击确定。然后您可选择相关的变体。单击

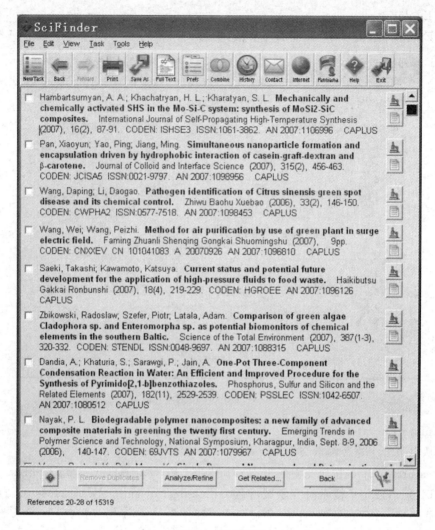

图 2-4-4　检索结果

"Get References（获取参考文献）"，仅检索选定的参考文献。

2．Explore Substances（检索物质）

可以从化学结构和分子式两个方面进行检索：

（1）Chemical Structure（化学结构检索）：通过 SciFinder 的结构绘图工具，您可绘制化学结构，然后找出与此结构相匹配的特殊物质或物质组。实际搜索结果可能包括：您已绘制的结构、立体异构术、互变体（包括酮烯醇）、配位化合物、带电荷化合物、自由基或基离子、同位素、聚合体、混合物和盐。

在"结构绘图"窗口中，使用工具从左下边至底部绘制您的结构。单击"GetSubstances（获取物质）"。要进行结果筛选时选择精确搜索，指定想要应用于搜索中的任何 Filter（过滤器）。单击确定。

（2）Molecular Formula（分子式检索）：输入分子式检索相匹配的文献和物质信息。

3．Explore Reactions（反应检索）

通过 SciFinder Scholar 的结构绘图工具绘制化学反应式，然后找出与此反应相关的文献和物质信息。

（二）查找（Locate）

可以查找特定参考文献和特定物质。

1. 查找特定参考文献（Locate Literature）

可以根据书目信息或文献标识符查找。

（1）根据书目信息查找文献（ Bibliographic Information）：通过输入所需的书目信息，SciFinder 可帮助您查找特定的期刊或专利参考文献。

查找期刊文献时，选择 Journal Reference，输入相关的期刊参考文献信息。

查找专利参考文献时，选择 Patent Reference，输入相关的专利参考文献信息如专利号、专利申请号、优先顺序申请号等，还可选择高级选项 More，输入发明家或专利权人。

（2）根据文献标识符查找文献（Document Identrner）：键入专利号或 CAS 物质登记号进行查找。每行输入一个标识符，一次可搜索 25 个标识符。或者单击从文件中读取可以导入标识符列表。

2. 查找物质（Locate Substances）

使用"物质标识符"及化学名称或 CAS 登记号查找特定物质或物质组。可以快速查找和验证化学名称、CAS 登记号、分子式和其他物质信息；获取计算和实验属性数据；识别商业来源；检索法规遵循信息；获取该物质的文章和专利。

键入化学名称、商标名称或 CAS 登记号进行查找。每行输入一个标识符，一次可搜索 25 个标识符。或者单击从文件中读取可以导入标识符列表。单击确定，得到检索结果。

要查看记录的属性数据，请单击"显微镜"图标以显示物质详情。如果属性信息可用，则提供链接。属性值来源显示于右侧列和脚注区域中。

（三）浏览目录（Browse Table of Contents）

从 1700 多种期刊按字母顺序的列表中查找选择您需要的期刊，单击"View"。也可通过 Edit 菜单→Find，查找所需期刊，注意名称必须完全匹配，一次只能查看一种期刊。默认显示的是最新一期的目录，Previous、Next、Select 可以浏览其他期的目录内容。单击"Select Issue（选择期刊）"，可选择卷号和期号。浏览期刊的标题，查找相关文章。要查看书目详情和文章摘要，请单击"显微镜"图标。查看文章全文的电子版，单击"电脑"图标。

二、检索结果输出

SciFinder Scholar 结果输出有打印和存盘两种形式。

（1）打印：选择想要打印的结果，选中对应条目前的方框。选择打印格式，然后选择文件（File）→打印（Print）。如未选择特定的结果，SciFinder Scholar 将打印所有的结果。

（2）存盘：选择想要保存的结果，然后选择文件（File）→ 另存为（Save As）。SciFinder Scholar 将保存所有的结果。用 . Rtf 或 . Txt 格式至多可保存 500 个结果。

第五节　引文数据库

引文（Citation）一般是指被引用的文献（Cited Paper），即一篇文献末尾著者列出的参考文献（References），有时也指引用文献和被引用文献的统称。附有参考文献的文献本身称为来源文献（Source Paper）或引用文献（Citing Paper）。由此对应产生引文著者（Cited Author）、引文出处/出版物(Cited Publication)、来源著者(Citing Author)、来源出处/出版物(Citing Publication)等一系列概念。引文索引(Citation Index)是根据文献之间的引证关系按一定的规则组织起来的一种检索系统。

引文数据库:记录内容包括被收录论文的书目信息、作者摘要及其所引用的所有参考文献列表。检索途径除著者姓名、地址、研究主题、期刊刊名等外,参考文献也可作为检索项。

引文数据库的作用在于帮助研究者揭示:

(1)某一观点或某一发现的发展过程;

(2)这些观点和发现有没有被人应用过、修正过、实行过;

(3)某一学科,或某一技术发展进程;

(4)作者的著作被引用次数和持续时间,以估计这些著作的影响。

一、ISI Web of Knowledge 检索平台

2001 年 5 月美国科学信息研究所(ISI)采用新的技术,通过统一的检索平台,建立了具有跨库检索功能的 ISI Web of Knowledge 学术信息资源体系,其有效地整合了学术期刊、技术专利、会议录、化学反应、Internet 资源等各种信息资源。

ISI 平台上的所有数据库可分为四大类:

(1)核心数据库:由 lSI 和 Derwent Information 建立,包括 Web of Science(科学引文数据库)、ISI Proceedings(国际会议数据库)、Derwent Innovation Index(德温特世界专利索引数据库)、ISI Chemistry(化学反应/化合物数据库)和 Current Contents Connect(现刊目次数据库)

(2)分析性数据库:与科学计量学工具结合的具有分析功能的数据库,包括 Journal Citation Reports(期刊引用报告数据库)、Essential Science Indicators(基本科学指标数据库)。

(3)"托管"数据库:与其他出版机构合作的专业数据库,包括 BIOSIS Previews(生物学文摘)、INSPEC(科学文摘)。

(4)外部数据库:ISI 以外的数据库及网络资源,包括 PubMed、循证医学图书馆(The Cochrane Library)、预印本等学术信息。

本节主要介绍 ISI 的引文数据库——Web of Science 及 ISI 的两个重要评价数据库——Journal Citation Reports 和 Essential Science Indicators。

(一) 系统特点

1. ISI Web of Knowledge 的内容收录特点

- 8700 多种多学科、高影响、国际性、权威性的学术期刊;
- 超过 16000 种学术期刊;
- 每年 1.2 万多种学术会议录;
- 1840 年以来的化学结构与反应信息(1993 年以来的化合物信息);
- 4 千多万件专利全文及连接;
- 科研分析资源和信息分析工具:JCR,ESI,RefViz,Derwent Analytics;
- 4500 个严格评估的学科网站标引与导航,超过 45 万篇网站文献;
- 全球高引用科学家专家库:ISIHighlyCited. Com。

2. ISI Web of Knowledge 的开放连接特点

- 用户可直接从检索结果链接到由主要出版商提供的全文或联机编目信息系统等;
- 不同数据库间的链接帮助用户迅速找到与其研究相关的文献信息;

- 引文信息的链接；
- 与图书馆馆藏资源及信息的链接（包括 OPAC 系统、联合编目系统）；
- 与免费资源的链接（如 NCBI GenBank⑩DNA 和蛋白质序列数据库）。

（二）跨库检索

进入 ISI Web of Knowledge 首页（图 2-5-1），可以看到其提供的一些典型服务的入口（图 2-6-1），包括个性化定制体验、引文跟踪服务、所有数据库检索（即跨库检索）等。其中跨库检索允许用户在一个界面中查找多个数据库中的资源，提高检索效率和查全率。

跨库检索的检索规则及检索结果的输出与 Web of Science 相似，可以参见本节的相关内容，在此不赘述。

图 2-5-1　ISI Web of Knowledge 主页界面

二、Web of Science 数据库

Web of Science 是美国科学情报研究所（ISI）三大引文数据库的 Web 版，每周更新。它们分别是：①Science Citation Index Expanded（SCI-Expanded），②Social Sciences Citation Index（SSCI），③Arts&. Humanities Citation Index（A& HCI）。

目前，在 Web of Science 平台中，浙江大学校园网用户除了可以检索已订购的 Science Citation Index Expanded（简称 SCI）数据库外，还可以检索两个会议录数据库（CPCI-S 和 CPCI-SSH）及两个化学数据库（Index Chemicus，检索新化合物和 Current Chemical Reactions，检索新奇的化学反应），它们提供了从 1985 年开始的 75 万个化学反应检索，每月更新。

（一）数据库结构

字段中文名	字段英文名	注释
标题	Title	论文的完整标题。
作者	Author	包含作者的姓和不超过五位的名字的首字母。所有的作者姓名都被索引并可检索。作者超链接连接到相同作者名发表的其他文献记录上。
文献标题	Source Title	是论文发表的期刊的名称，同时含有卷、期和页码信息。

续表

字段中文名	字段英文名	注释
标题	Title	论文的完整标题。
参考文献	Cited References	包含作者在其发表论文的参考文献列表中列出的文献目录。在某种程度上正是这些文献对作者的论文产生了某些影响。
被引次数	Times Cited	指该论文自发表以来被数据库收录的其他论文的引用次数。
相关记录	Related Records	指数据库中的与您正在浏览的记录共同引用了一篇或多篇相同参考文献的那些文章。
摘要	Abstracts	如果文章存在作者提供的英文摘要,则摘要被数据库索引。
作者关键词	Author Keywords	指由作者提供的关键词。
扩展关键词	Keywords Plus	指从文章的参考文献的标题中提取的关键词。
作者地址	Address	所有的作者地址都被索引。文章责任人地址被列在最前面,随后是研究人员地址。注意除文章责任人以外,其他作者姓名顺序与作者地址不一一对应。
作者邮件地址	Author Email Address	是否在记录中出现取决于论文原文中是否给出了邮件地址。
学科分类	Subject Category	指的是期刊的学科分类而不是文章的学科分类。这里所提供的学科分类与 Journal Citation reports 的分类完全相同。

Web of Science 对有些字段的检索用词进行了规范标引,如果对所输词拼写没有把握,可以浏览对应字段的词表获得 SC1 的规范用词。词表包括 Author Index(著者索引)、GroupAuthor Index(团体著者索引)、Full Source Title List(刊名全称列表)、Abbreviations Help(地址缩写列表)、Cited Author Index(被引作者索引)、Cited Work Index(ISI 来源所有类型文献索引)和 Thomson ISI list of journal abbreviations(ISI 来源期刊的缩写形式列表),化学方面列表有 Biological Activity List(生物活性列表)、Terms List(术语列表)、Keyphrase List(关键词列表)。

(二) 检索规则

1. 逻辑算符

Web of Science 的逻辑算符有 AND、OR、NOT、SAME、SENT。其中 AND 表示概念间的交叉关系,OR 表示概念间的并列关系,NOT 表示概念间的排除关系。SAME 和 SENT 表示连续的两个概念必须出现在同一个句子或同一个地址中。

Same:如 breast same cancer 表示要求检出 breast 和 cancer 这两个词出现在同一个句子中的文献记录。

Sent:如 Zhejiang Univ sent Med Coll 表示 Zhejiang Univ 和 Med Coll 这两个词出现在同一个地址中的文献记录。

这几种运算符执行的顺序为:SAME/SENT、NOT、AND、OR,如要改变运算的先后顺序,用圆括号"()"将一组概念词括起来,这组词作为一个单元优先处理。

2. 通配符

Web of Science 有两个通配符," * "代表零或多个字符,"?"表示一个字符。这两个通配符可进行中截或前截检索,如:"teach * "、"colo? R"。

3.禁用词

禁用词是指在 Web of Science 中出现次数太多的某些词。可以是名词(如在"address-field"中的 LAB、MED、UNIV)、冠词(如 a、an、the)、介词(如 of、in)、代词(如 it、their、his)和某些词(如 do、put)。

4.检索词输入技巧

- 联单检索词可任意选用大写或小写,如:PCR＝pcr。
- 短语检索时不用加括号或引号,直接用短语检索即可,如:liver disease。
- 在同一字段可以用逻辑运算符 AND 或 OR 扩大或缩小检索范围。
- 数据库同时在不同字段间进行检索时自动进行"AND"运算。
- 如果 SAME、SENT 等五个逻辑算符不做运算符时,要用双引号引起来。

(三)检索方法

Web of Science 的检索方式包括检索、被引参考文献检索、高级检索、化学结构检索,也可以调用"检索历史"(以前保存的检索策略)进行检索(图 2-5-2)。

图 2-5-2　Web of Science 检索主页面

检索前,先选择数据库,并限定检索的时间(文献被数据库收录的时间)。时间可限定为最近 1 周、2 周、4 周上载的数据或本单位所订购的该数据库的全部年限的数据,也可选具体某个年份或时间段。

1.检索

普通检索是常规检索方法之一,用户可通过主题、标题、著者、团体作者、编者、出版物名称、出版年、地址等字段检索被 SCI 收录的某主题文献或某个研究人员的文献、已知题录信息的某篇文献。

例 2-10　检索有关利用干细胞进行肝病治疗的文献。

检索步骤:

(1)选择"主题"字段,输入"stem cell AND hepat＊";

(2)点击"检索"按钮检索。

引申思考:同样,我们也可以通过进一步的字段限定查某位专家某段时间在这方面的研究文献或综述。

例 2-11 检索浙江大学附属第一医院郑树森院士发表的被 SCI 收录的论文。

检索步骤(图 2-5-3):

图 2-5-3　Web of Science 普通检索之作者检索

(1)选择"地址"字段,输入"Zhejiang Univ same hosp 1",机构名称采用缩写格式,也可通过"查看缩写列表"查找准确的机构名称;

(2)选择"作者"字段,输入"zheng ss"(郑树森的英文缩写,为查全也可采用 zheng ss or zheng s or ss zheng or shusen zheng);

(3)点击"检索"按钮,即可获检索结果(图 2-5-4)。

图 2-5-4　检索结果

2.作者甄别

例 2-11 还可以通过作者甄别工具进一步确定作者的学术领域及工作单位,得到和上述方法一致的检索结果。此外,作者检索一般以姓在前名在后,姓全称名缩写,但该数据库在中国作者的处理上存在某些错误,如有时会出现姓缩写名全称和姓名都用全称的情况,因此用户需采用多种方式检索以提高查全率。如:检索潘云鹤教授的 SCI 文章可以在作者限定输入"Pan yh OR Pan y OR Yunhe P OR Yunhe Pan"。

3. 被引参考文献检索

如果知道与检索课题相关的一篇（或数篇）重要文献，但还要获得与之有关的更多更新的相关文献（比如想了解某一理论有没有得到进一步的证实、某项研究的最新进展和延伸、某个方法有没有得到改进、某个老化合物有没有新的合成方法、某种药物有没有临床试验、某个概念是如何提出来的等等）用这种方法最为适宜。另外若想了解或评价某学者的学术水平、科研成果、在某学科上所作的贡献及在国际上的知名度，也可通过此途径查该学者论文被何人何刊所引用，从而作出客观的评价。

引文检索可通过被引著者、被引著作（即被引文献的出版物名称，包括刊名缩写、书名缩写、专利号）、被引年份三个检索字段检索文献被引情况，所有检索字段都可使用布尔运算符 OR。

例 2-12　检索胡永洲在 2005 年 BIOORGANIC MEDICINAL CHEMISTRY 上发表的文献被引用情况。

检索步骤（图 2-5-5）：

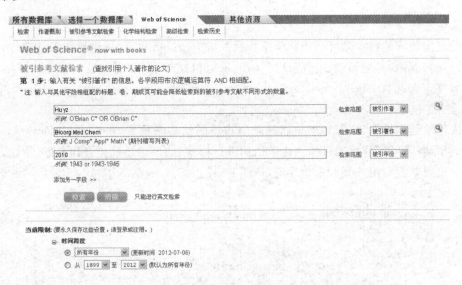

图 2-5-5　被引参考文献检索

（1）被引作者：输入"Hu yz"。

（2）被引著作：输入"Bioorg Med Chem"；注意此处的刊名只能输入缩写（与 PubMED 的刊名缩写不同），可以根据"期刊缩写列表"查找正确的缩写形式。

（3）被引年份：输入"2010—2012"。

（4）点击 Search 按钮，即可获得检索结果（图 2-5-6）。可看到这篇文献被引用 4 次（"施引文献"栏），点击查看记录可看这篇文献的摘要信息及被引用情况。在该文献记录左侧的方框内打钩，点击"完成检索"可得到引用胡永洲发表在 Bioorg Med Chem 中的文章的所有相关文献记录。

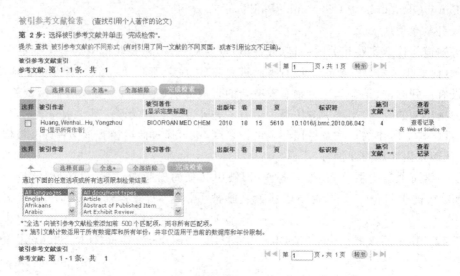

被引参考文献检索 (查找引用个人著作的论文)

第 2 步：选择被引参考文献并单击"完成检索"。

提示：查找 被引参考文献的不同形式 (有时引用了同一文献的不同页面，或者引用论文不正确)。

被引参考文献索引
参考文献: 第 1-1 条, 共 1　　　　　　　　第 1 页, 共1页 转至

选择页面　全选▲　全部清除　完成检索

选择	被引作者	被引著作 [显示完整标题]	出版年	卷	期	页	标识符	施引 文献**	查看 记录
☐	Huang, Wenhai...Hu, Yongzhou 田·[显示所有作者]	BIOORGAN MED CHEM	2010	18	15	5610	10.1016/j.bmc.2010.06.042	4	查看记录 在 Web of Science 中

选择	被引作者	被引著作	出版年	卷	期	页	标识符	施引 文献**	查看 记录

选择页面　全选▲　全部清除　完成检索

通过下面的任意选项或所有选项限制检索结果:

All languages / English / Afrikaans / Arabic

All document types / Article / Abstract of Published Item / Art Exhibit Review

*"全选" 向被引参考文献检索添加前 500 个匹配项，而非所有匹配项。

** 施引文献计数适用于所有数据库和所有年份，并非仅适用于当前的数据库和年份限制。

被引参考文献索引
参考文献: 第 1-1 条, 共 1　　　　　　　　第 1 页, 共1页 转至

图 2-5-6　被引参考文献检索结果

4. 化学结构检索

化学结构检索的特点是可利用化学结构及反应类型进行检索，提供绘图工具软件，便于研究人员设计合成路线、选择最佳反应试剂、研究反应机制等，但绘制和显示反应式或结构式都需要下载并安装插件 Chemistry Plugin（http://mail. lib. tsinghua. edu. cnsoftisi/32plugin. exe）。

进入化学结构检索界面，如果想通过化学物质的结构来检索，可以点击"Draw Query"按钮，在"化学结构绘图"界面通过描画化学结构进行检索；如果想通过化合物名称、特性，化学反应数据等检索就要利用一些检索条件限定（图 2-5-7）。

化学结构检索

输入化学结构绘图和/或任何所需的数据。然后单击"检索"按钮进行检索。该检索即被添加到检索历史中。
查看化学结构检索教程

检索　清除　只能进行英文检索

化学结构绘图

单击化学结构绘图选项，创建化学结构并将其插入到下面的 "检索式"框中。然后选择检索模式。

○ 子结构

⦿ 精确匹配

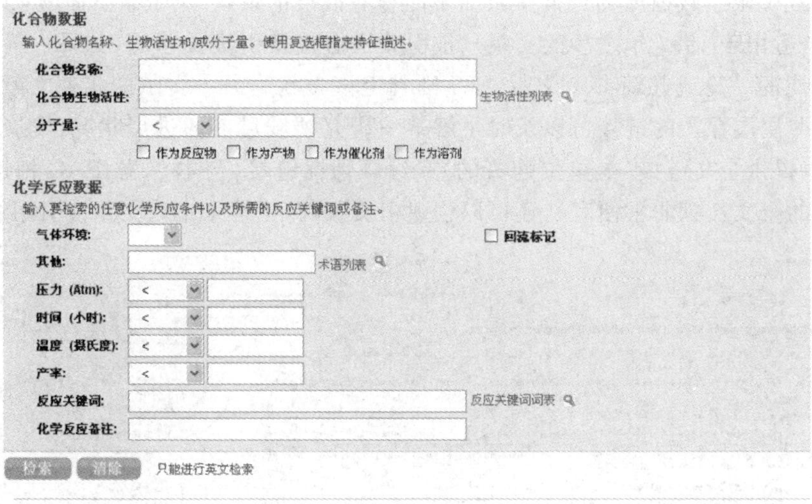

图 2-5-7　化学结构检索

5. 高级检索

高级检索页面可以进行功能更强大的检索,通过输入组合好的检索表达式进行复合检索。其基本检索单元表达为:字段标识码＝检索词,然后用逻辑算符组配若干个基本检索单元进行检索。常用的字段标识码如下:TS＝Topic,TI＝Title,AU＝Author,GP＝Group Author,SO＝Source,AD＝Address,OG＝Organization。逻辑运算符包括 AND,NOT,OR,SAME。此外,也可采用检索式序号进行复合检索如:♯1 NOT ♯2,但要注意检索式序号不能与字段标识码同时使用。

例 2-13　检索发表在 Energy 或者 Energy Policy 期刊上有关减少二氧化碳排放的文献。

其检索表达式可以写为:"TS＝《Carbon Dioxide or CO_2》　same emlssion＊　and (reduc＊ or mitigate＊ or abat＊)　and SO＝(energy or energy policy)"。

6. 检索历史

在一次检索完成后,系统会自动将检索式添加到检索历史窗口,并可以保存起来,以备后用。策略可存储在用户本地的硬盘或可移动存储器上,用户可以指定文件目录。

7. 检索结果的显示、标记和输出

(1)题录格式(图 2-5-4)

除被引文献检索外,其他检索方式检索结果都以题录格式显示所有命中记录,包括文献前三位著者、文献题目、来源出版物名称、卷、期、页码、被引频次等。

在结果显示界面左侧为用户提供了"分析检索结果"的功能,其有助于从宏观上把握所检出文献的情况,并且将需要的文献按作者、文献类型、机构名称、语种、出版年、来源刊名、主题内容进行归类、统计和排序。Web of Science 这种强大的分析功能非常实用,它有助于让用户知道引用了自己所选定论文的文献主要以什么文献类型进行发表、哪一个机构最经常引用自己感兴趣的研究论文、所选定文章被引用的时间趋势、所选定的文献经常被哪些杂志所引用,以便选择未来发表论文的投稿方向、了解所选定论文被不同领域的研究论文引用的状况,从而了解该课题研究的学科交叉趋势等。

(2)文摘格式

点击题录格式的论文标题可打开该文的全记录页面(如无链接,则表示该文献为书籍或未被 SCI 收录或受限于数据库的定购年限而不能查看该条记录）。全记录页面（图 2-5-8)提供参考文献链接（适用于 1997 年之后的文献）、被引频次链接及引证关系图（如果一篇文献与另一献引用了相同的一篇或几篇参考文献，SCI 则判定该文献为另一文献的相关文献）链接，研究人员通过这些层层深入的链接可以及时了解某一研究领域目前的进展状况、发展历史和进展方向；同时也提供全文链接（本单位购买的）或馆藏情况链接（与本单位 iPAC 相连，对于查找没有电子版的全文文献非常便利），还可以创建引文跟踪，了解未来该文章被引用情况。

图 2-5-8　Cited Reference Search 检索结果全记录格式

（3）记录标记与输出

①选择与标记记录：在以题录格式显示的检索结果列表页面，在每条记录左侧的多选框内勾选，或点击"页面上的所有记录"选择该页所有记录，或在记录□至□的方框中输入选择记录的起始序号。

②选择记录输入格式：有简要格式（包含作者、标题、来源出版物可加包括摘要）和全记录两种格式可供选择。

③记录输出：点击图 2-6-9 中的"更多选项"，即显示图 2-5-9。经选择的记录可直接打印和转发到电子邮件，也可以保存到某个特定的参考文献管理软件中。

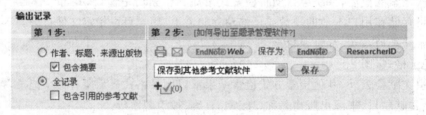

图 2-5-9　输出界面（输出格式设置）

三、期刊引用报告（JCR）

ISI Citation Report（Journal Citation Report，JCR）是由美国科学情报研究所(lSI)编辑出版的一种用于期刊评价的工具书。它对于期刊进行评价的数据源取自目前世界上 60 多个国家和地区的 3300 余家出版商出版的 7500 余种学术期刊论文的被引用信息。JCR 按学科范围划分为科技版（JCR SCIENCE EDITION）和社科版（SSCI）两种。科技版收录科学技术领域6592 种期刊的评估信息；社科版收录社会科学领域 1933 种期刊的评估信息。本节主要介绍

JCR Web 版本的使用。

JCR 提供按类检索(View a group of journals)、按刊名检索(Search for a specific journal)和浏览所有期刊(View all journals)三种检索途径(图 2-5-10)。

(一) 检索步骤

点击 ISI 平台中的"其他资源",可显示分析工具,包括 Journal Citation Reports,点击进入。在 JCR 主页左下方的 Select a JCR edition and year 表格选择框内选择数据库的版本和年份。

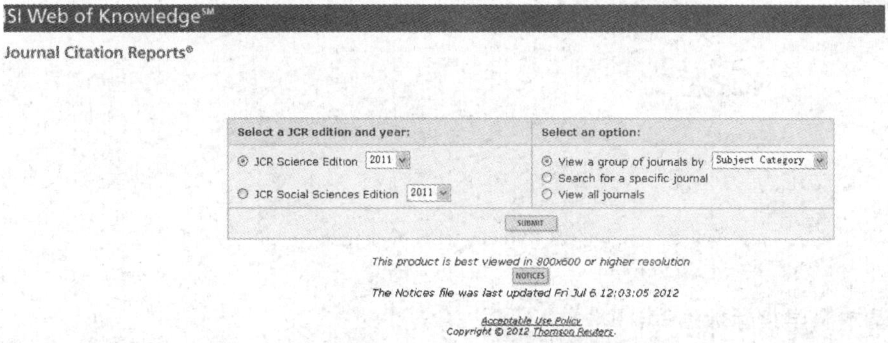

图 2-5-10 JCR 主页

(二)选择检索模式

1.按类检索

首先选择你想要查的某一个学科类别、某一个出版社或某一个国家,也可以分别选择你想要查的某几个学科类别、某几个出版社或某几个国家(先按下"Ctrl"键,再选择其他学科类别、其他出版社或其他国家);然后选择检索结果排序方式有 Journal Title(刊名)、Total Cites(被引用总次数)、Impact Factor(影响因子)、Immediacy Index(即时指数)、Articles(文献总数)、Cited Half-life(被引半衰期)可供选择;最后按下"SUBMIT"索,就可以得到您想要查的某一个(或几个)学科类别、某一个(或几个)出版社或某一个(或几个)国家的期刊。

在检索框处根据需要输入相应的期刊名全称、缩写、题名关键词或 ISSN,点击"Search"开始检索。

2.浏览全部期刊

3.选择"View all journals",然后按下"SUBMIT"键提交检索。

(三)浏览检索结果(图 2-5-11)

检索结果除提供期刊详细信息外,重要的是它提供了几个评价期刊的基本指标,包括:

1. 影响因子(Impact Factor,IF)

影响因子是一个国际上通行的期刊评价指标,由 E.加菲尔德于 1972 年提出,是对文献或文献集合获得客观响应,反映其重要性的宏观度量。由于它是一个相对统计量,所以可公平地评价和处理各类期刊。通常影响因子越大,它的学术影响力和作用也越大。具体算法为:影响因子=(该刊前两年发表论文在统计当年被引用的总次数)/该刊前两年发表论文总数。

2. 即时指数(Immediacy Index)

即该刊于 JCR 出版当年发表的论文被引用的次数/该刊于 JCR 出版当年刊载论文的篇数。

3. 引用半衰期（Citing Half-life）

将某一期刊在某一时段时间（通常是某一年）内所引用的全部参考文献依出版日期先后次序降序排列，前 50% 的论文出版年限即为引用半衰期。

4. 被引半衰期（Cited Half-life）

将某一期刊在某一时段（通常是某一年）内被引用的全部论文依出版日期先后次序降序排列，前 50% 的论文出版时间即为该期刊的被引半衰期。

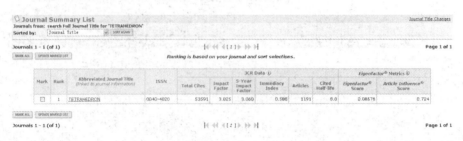

图 2-5-11　JCR 检索结果

四、基本科学指标数据库（ESI）

ESI 数据库是由世界上著名的学术信息出版机构 ISI（美国科技信息所）于 2001 年推出的衡量科学研究绩效、跟踪科学发展趋势的基本分析评价工具，是基于 ISI 引文索引数据库 SCI 和 SSCI 所收录的全球 8500 多种学术期刊的 900 万多条文献记录而建立的计量分析数据库。

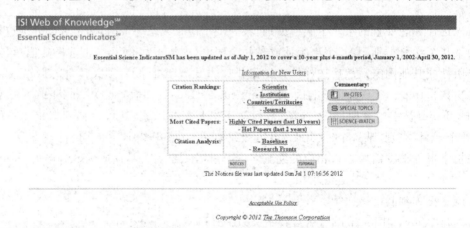

图 2-5-12　ESI 首页各检索项功能解析

ESI 从引文分析的角度，针对 22 个专业领域，分别对国家、研究机构、期刊、论文以及科学家进行统计分析和排序，主要指标包括：论文数、引文数、篇均被引频次。用户可以从该数据库了解在一定排名范围内的科学家、研究机构（大学）、国家（城市）和学术期刊在某一学科领域的发展和影响力，确定关键的科学发现，评估研究绩效，掌握科学发展的趋势和动向。ESI 中的数据包括高被引率作者的排名、论文排名（前 1%）、国家排名（前 50%）和期刊排名（50%），并有简要的说明指导用户如何进行数据分析，所有图表带有解释性的链接页面。ESI 的另一个独特之处是提供被称为研究前沿的专业领域列表，该列表反映了当前正深入研究的和有突破性进展的科学领域。ESI 进行数据统计的范围仅限于 ISI 中做了索引的期刊的文章，不包括图书及其章节或 ISI 中未做索引的期刊中刊登的文章，也不对其出版数量和引文数量进行统计(图 2-5-12)。

思考题

1. 请利用 CBM 从不同的检索途径检索 2005—2012 年出版的有关食道癌的基因治疗方面的相关文献,并比较检出的结果。

2. 根据 PubMed 的检索词转换匹配原理,在基本检索界面进行作者、刊名及关键词的检索,体会其中原理。

3. PubMed 数据库收录的文献记录有哪几种类型? 各自的标记特点是什么?

4. ISI Web of Knowledge 检索平台包括哪些数据库?

(杜文婷)

第三章 全文数据库

第一节 中国知识基础设施工程

国家知识基础设施(National Knowledge Infrastructure,CNKI)是以实现全社会知识信息资源共享为目标的国家信息化重点工程,由清华大学发起,同方知网产业集团承担建设,被国家科技部等五部委确定为"国家级重点新产品重中之重"项目。CNKI工程于1995年立项,经过十多年努力,采用自主开发并具有国际领先水平的数字图书馆技术,目前已建设成为世界上全文信息量规模最大的"CNKI数字图书馆",深度集成整合了期刊、博硕士论文、会议、报纸、年鉴、工具书等各种文献资源,并以"中国知网"为网络出版与知识服务平台,为全社会知识资源高效共享提供最丰富的知识信息资源和最有效的知识传播与数字化学习服务。

该平台有《中国学术期刊网络出版总库》、《中国学术辑刊全文数据库》、《中国博士学位论文全文数据库》、《中国优秀硕士学位论文全文数据库》、《中国重要会议论文全文数据库》、《国际会议论文全文数据库》、《中国重要报纸全文数据库》等数据库;涵盖理工、社会科学、电子信息技术、农业、医学等广泛学科范围。登录 http://www.cnki.net ,或在百度中输入"中国知网"即可进入中国知网的首页,见图3-1-1。

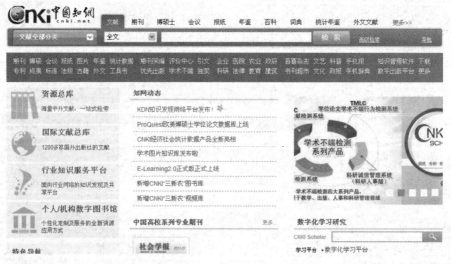

图 3-1-1 中国知网首页

一、中国学术期刊网络出版总库

中国学术期刊网络出版总库(China Academic Journal Network Publishing Database,简称 CAJD)(见图3-1-2)是世界上最大的连续动态更新的中国学术期刊全文数据库,是"十一五"国家重大网络出版工程的子项目,是《国家"十一五"时期文化发展规划纲要》中国家"知识资源数据库"出版工程的重要组成部分。CAJD内容覆盖自然科学、工程技术、农业、哲学、医学、人文社会科学等各个领域,按学科领域分为10大专辑和168个专题分类。截至2012年6月,收录国内学术期刊7900多种,全文文献总量3400多万篇。收录年限自1915年至今出版的期刊,部分期刊回溯至创刊。CAJD提供了两种检索途径:文献检索和导航检索。

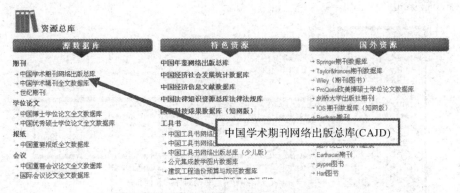

图 3-1-2　中国学术期刊网络出版总库

（一）检索方式

CAJD的"文献检索"提供了检索、标准检索、专业检索、作者发文检索、科研基金检索、句子检索、来源期刊检索等七种检索方式的按钮。点击其中任一按钮即可进入该种检索方式。见图3-1-3。

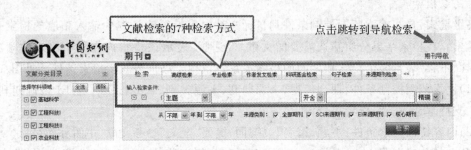

图 3-1-3　中国学术期刊网络出版总库检索界面

1. 检索

检索:提供了比搜索稍微复杂,比高级检索稍微简单的检索方式,最多可支持9个检索字段进行检索,其中"、"用于添加或减少检索条件,最后的下拉框可用进行精确检索和模糊检索的设置。

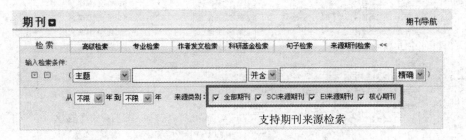

图 3-1-4　检索界面

　　例如:检索入口选择关键词,在检索输入框中输入"挥发油"后,输入框下会有联想的相关检索词出现,直接选择挥发油,点击检索按钮,共检索出 9838 条记录,在其检索结果中可从学科类别、发表年度、基金、研究层次、文献作者、作者单位等文献分组选择、浏览文献,也可使用主题排序、发表时间、被引频次、下载频次等文献排序浏览文献。见图 3-1-5。另外在检索结果页面的检索输入框中再次输入其他的检索词然后点击按钮可进行二次检索,在第一次的检索结果中缩小检索范围。

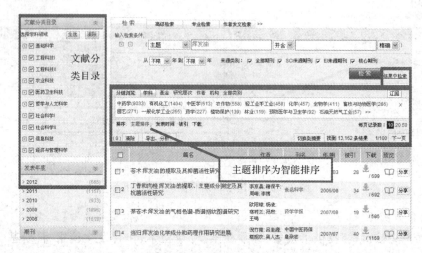

图 3-1-5　快速检索结果界面

2.高级检索

　　高级检索:是在检索范围控制条件和目标文献内容特征输入框中输入相应的检索条件进行的检索。在检索结果分组筛选需要的文献。"词频"表示该检索词在文中出现的频次,"并含、或含、不含"表示多个检索项之间的检索关系,"、"用于添加或减少检索条件。见图 3-1-6。

　　(1)检索范围控制条件:期刊年期、来源期刊、来源类别(SCI 来源期刊、EI 来源期刊、核心期刊)、支持基金、作者、作者单位等。

　　(2)内容特征检索条件:主题、篇名、关键词、摘要、全文、参考文献、中图分类号。

　　(3)文献分组浏览方式:对检出文献很多时其分组浏览的方式如下:学科类别、发表年度、基金、研究层次、文献作者、作者单位等。

　　(4)文献排序方式:对检出文献可使用主题排序、发表时间、被引频次、下载频次等文献排序浏览文献。

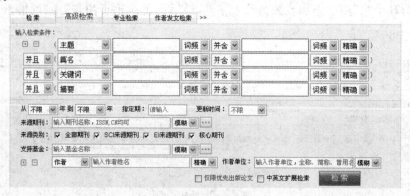

图 3-1-6　高级检索界面

点击 ▦ 图标对期刊、支持基金进行选择。

例如：要查找 2007 年至 2012 年发表在核心期刊上有关基因治疗方面的文献。首先在检索控制条件期刊年限选择"2007 年到 2012 年"，然后在来源类别选择"核心期刊"，再在内容检索条件主题输入"基因治疗"后点击检索按钮，检索结果为 2940 条记录。

3.专业检索

专业检索：在检索框中可使用逻辑运算符和关键词构成检索式进行文献检索。点击"检索表达式语法"，可以查看专业检索语法表。数据库中可检索字段有：SU(主题),TI(题名),KY(关键词),AB(摘要),FT(全文),AU(作者),FI(第一作者),AF(作者单位),JN(期刊名称),RF(参考文献),RT(更新时间),YE(期刊年),FU(基金),CLC(中图分类号),SN(ISSN),CN(CN 号),CF(被引频次),SI(SCI 收录刊),EI(EI 收录刊),HX(核心期刊)。

可使用运算符构造表达式：①可使用布尔逻辑运算符(and、*,or,+,not,-)。②位置检索：同段检索，表达式为 A/SEN N B,表示 A、B 两个词按顺序出现在同一段中，中间间隔小于 N 句；同句检索，表达式为 A/NEAR N B,表示 A、B 两个词出现在同一句中，中间间隔小于 N 个词；表达式为 A/PREV N B,则表示 A、B 两个词按词序出现在同一句中，中间间隔小于 N 个词；表达式为 A/AFT N B,则表示 A、B 两个词按词序出现在同一句中，中间间隔大于 N 个词；表达式为 A/PEG N B,则表示 A、B 两个词中间间隔小于 N 段。③书写中应该注意所有的符号、英文字母、括号都必须用英文的半角格式；逻辑运算符前后要空一格字节。

例如使用专业检索方式查找篇名包括"糖尿病"并且关键词包括"瘦素"的文献。其检索步骤首先在检索输入框中输入检索表达式 TI='糖尿病' and KY='瘦素',然后点击检索按钮，检索结果为 466 条记录,结果界面见图 3-1-7。

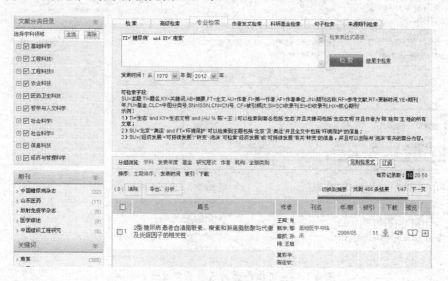

图 3-1-7　专业检索结果界面

4.作者发文检索

作者发文检索是通过填写作者姓名、第一作者姓名、作者单位等信息，再点击"检索文献"按钮，查找该作者发表的全部文献以及文献被引及下载情况。还可以通过对检索出文献分组筛选，可全方位了解作者的主要研究领域、研究成果等情况，见图 3-1-8。

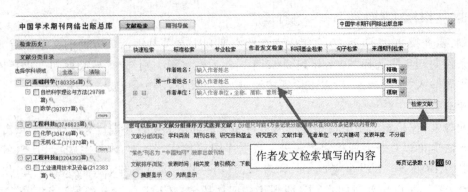

图 3-1-8　作者发文检索界面

5. 科研基金检索

直接在检索输入框中输入基金名称,查找科研基金资助的文献,见图 3-1-9。也可点击检索输入框后的图标对支持基金进行相应基金名称的选择,在该显示页面中也可进行基金名称和管理机构的检索,见图 3-1-10。

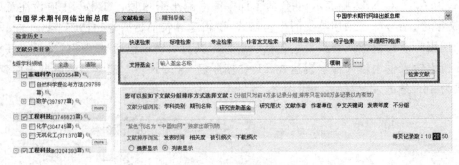

图 3-1-9　科研基金检索界面

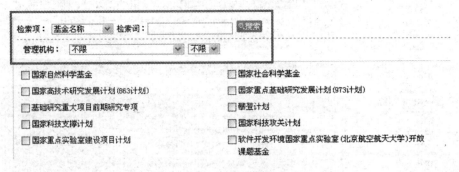

图 3-1-10　可供选择的科研基金及检索界面

6. 句子检索

句子检索是通过用户输入的两个关键词,查找同时包含这两个词的句子。可在全文的同一句话或同一段中进行检索。同句指两个标点符号之间,同段指 5 句之内。点击图标增加逻辑检索行,点击 回 图标减少逻辑检索行,每个检索项之间可以进行三种组合:并且、或者、不包含。例如:要查找全文中在同一句话中出现"基因治疗"和"基因转移载体"的文献。我们在全文后面的选择框中选择"同一句话"在输入框中输入"基因治疗"和"基因转移载体"然后点击 检索 按钮,检索结果为312条记录,见图3-1-11。

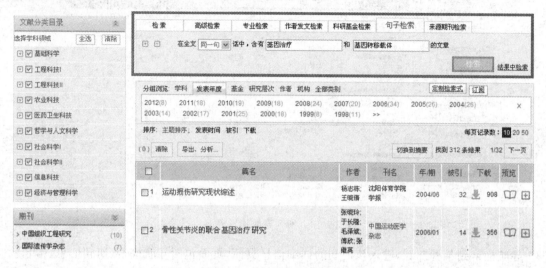

图 3-1-11 句子检索界面

7. 来源期刊检索

根据期刊所属类别,选择全部期刊、SCI来源期刊、EI来源期刊或者核心期刊,默认为"全部期刊"。通过输入来源期刊的名称、类别和年期等信息,可查找包含相关信息的期刊。见图3-1-12。

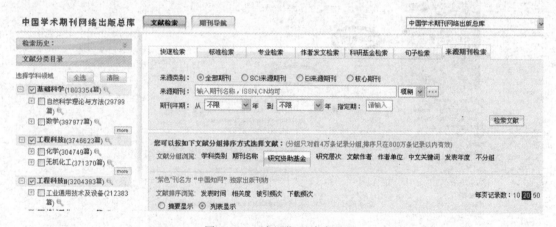

图 3-1-12 来源期刊检索界面

(二)期刊导航

在图3-1-3中国学术文献网络出版总库检索界面上方,点击"期刊导航"按钮,进入"期刊导航"界面,见图3-1-13。期刊导航按期刊的不同属性对期刊分类,包括如下分类导航:首字母导航、专辑导航、优先出版期刊导航、世纪期刊导航、核心期刊导航、数据库刊源导航、期刊荣誉榜导航、中国高校精品科技期刊导航、刊期导航、出版地导航、主办单位导航、发行系统导航。

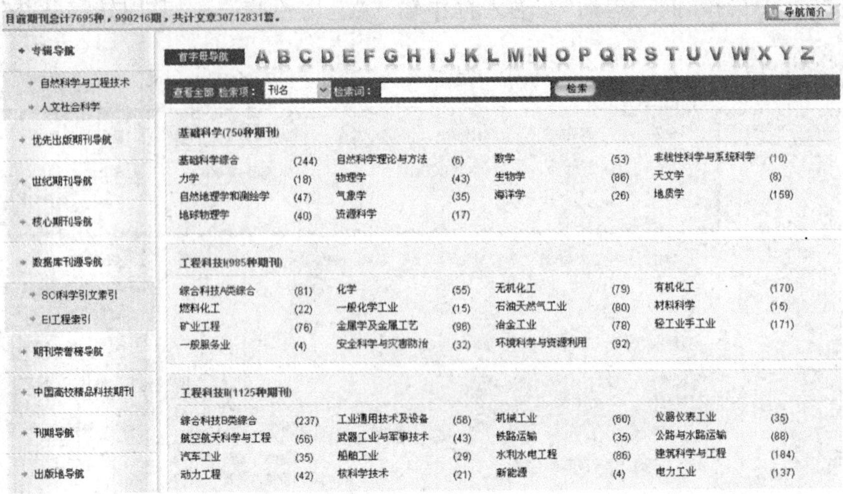

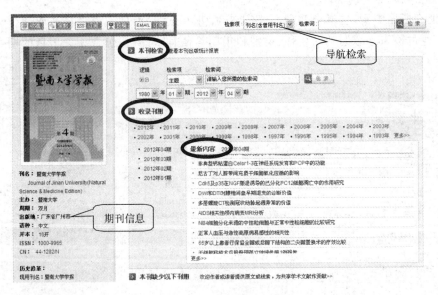

图 3-1-13　期刊导航检索界面

导航检索到某种期刊，进入该期刊的详细信息页面，页面包括导航检索、期刊信息、本刊检索、收录刊期、同类期刊、最新内容等。另外可以进行期刊的收藏、定制、RSS 订阅及投稿，见图 3-1-14。

图 3-1-14　期刊信息界面

当我们要查找医学方面的期刊，可在期刊导航页面中找到医药卫生科技期刊共有 1148 种，可在相应的学科分类中选择自己所需期刊，见图 3-1-15。

图 3-1-15　医学卫生科技期刊界面

（三）文献知网节

知网节是知识网络节点的简称，它不仅包含了单篇文献的详细信息，还是各种扩展信息的入口汇集点。在检索结果页面上点击每一文献题名，即进入知网节，可获得文献的详细内容和相关文献信息链接。节点文献信息包括：篇名（中文/英文）、作者、作者单位、摘要（中文/英文）、关键词（中文/英文）、基金、文献出处、DOI、节点文献全文搜索、知网节下载，其中文献出处显示内容为：刊名（中文/英文）、编辑部邮箱、年期。这些扩展信息通过概念相关、事实相关等方法提示知识之间的关联关系，达到知识扩展的目的，有助于新知识的学习和发现，帮助实现知识获取、知识发现。见图 3-1-16。

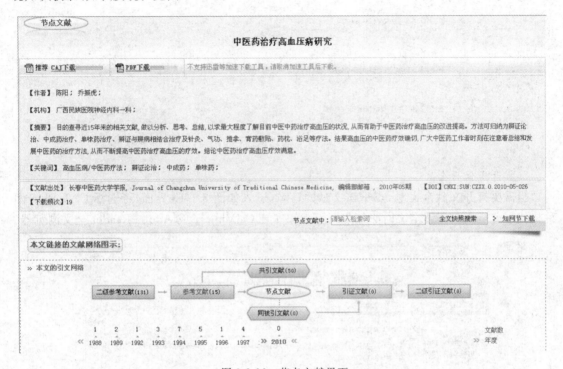

图 3-1-16　节点文献界面

（四）检索结果处理

1. 浏览或保存题录

检索结果有摘要显示和列表显示两种形式，可通过"切换到摘要"按钮切换。可通过点击首页、上页、下页、末页选择检索结果页面或者直接输入页码的页数跳转页面来浏览检索到的所有文献，并可在文献序号前的小方框中打钩，选择需要的文献，所标记的文献数可在工具栏显示；点击▢▢可以在线浏览，一般可以免费浏览文献内容的 10％；点击⬇可以直接下载，点击⊞可以分享到人人网、开心网和新浪、腾讯、网易的微博。具体见图 3-1-17。

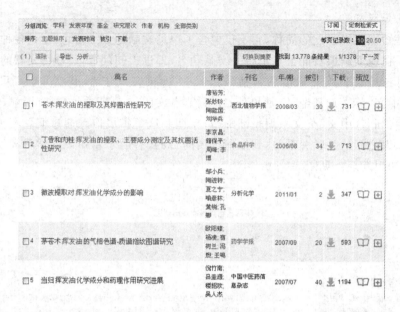

图 3-1-17　检索结果显示界面

2.打开或保存全文

当需要打开文献全文时,点击该文献的篇名,进入如图 3-1-18 界面,可选择 CAJ、PDF 两种格式下载全文。阅读全文时必须先要下载和安装 CajViewer 或 Adobe Reader 全文浏览器。

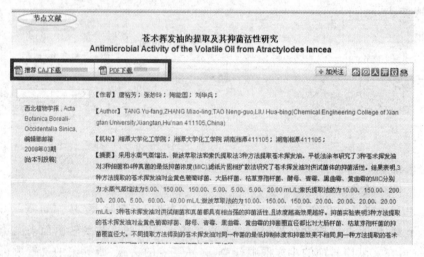

图 3-1-18　检索结果显示

二、中国辑刊全文数据库

（一）概况

中国辑刊全文数据库是目前国内唯一的学术辑刊全文数据库,收录国内 320 多种重要学术辑刊。辑刊是指学术机构定期或不定期出版的成套论文集,其中的论文质量好,专业特色强,具有较强的学术辐射力和带动效应。全文文献总量 11 多万篇。

中国辑刊全文数据库分基础科学、工程科技Ⅰ、工程科技Ⅱ（工业技术）、农业科技、医药卫生科技、哲学与人文科技、社会科学Ⅰ、社会科学Ⅱ、信息科技、经济与管理科学十大专辑，168个专题文献数据库。

直接在中国知网首页的资源总库进入，在源数据库中期刊下即可进入数据库检索界面，可下载、查看文献全文，见图 3-1-19。

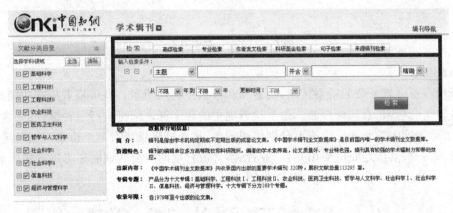

图 3-1-19　中国辑刊全文数据库界面

（二）检索方式

中国期刊全文数据库提供检索、高级检索、专业检索、作者发文检索、科研基金检索、句子检索、来源辑刊检索，见图 3-1-19。

1. 辑刊导航

读者可从起始页面的右上角进入辑刊导航，可以通过专辑导航、核心辑刊导航、主办单位导航或参看全部直接浏览期刊基本信息，按期查找期刊文章。或者通过辑刊首字母导航及辑刊名称、国际连续出版物编号和国内连续出版物编号进行辑刊检索。界面见图 3-1-20。

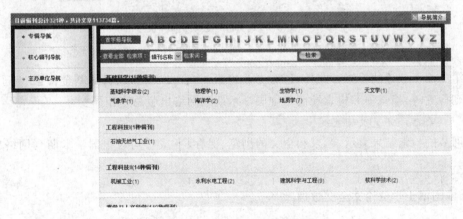

图 3-1-20　期刊导航检索界面

2. 检索

初级检索具有多种功能，如简单检索、多项单词或检索词逻辑组合检索、匹配度控制等。通过选择同一检索项中的"并含"、"或含"、"不含"可选择同一检索入口中多个检索词进行逻辑组配，也可对不同检索入口的检索项进行项间逻辑组合检索。检索项中有篇名、主题、关键词、作者、刊名、参考文献、基金等16项选择。结合二次检索可满足一般需求。见图 3-1-21。

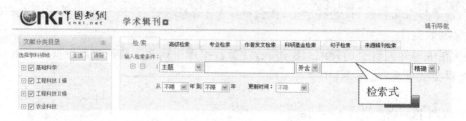

图 3-1-21　初级检索界面

3.高级检索

高级检索适合较复杂的检索需求,检索项和检索控制同检索。高级检索特有功能如下:多项双词逻辑组合检索、双词频控制。每个检索项中的两个词之间可进行三种组合:并含、或含、不含,每个检索项中的两个检索词可分别使用词频;每个检索项可对两个检索词同时进行匹配度的选择;每一检索项之间可使用并且、或者、不含进行项间组合。同时还可进行辑刊名称、支持基金、作者及作者单位进行检索,具体见图 3-1-22。

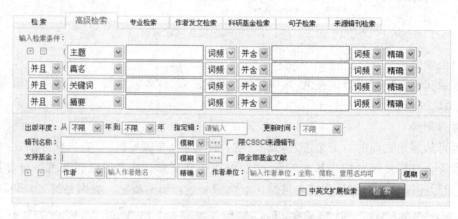

图 3-1-22　高级检索界面

4.其他检索

除了上面所叙述的检索方式外,还有专业检索、作者发文检索、科研基金检索、句子检索、来源辑刊检索等,检索项和检索控制与中国学术期刊网络出版总库相同。

(三)检索结果浏览及输出

知网节的检索结果显示、题录和全文的浏览、保存、下载等均与中国学术期刊网络出版总库相同。

三、中国博士学位论文全文数据库

(一)数据库概况

中国博士学位论文全文数据库(China Doctoral Dissertations Full-text Database,简称CDFD),收录了全国"985"、"211"工程等重点高校,中国科学院、社会科学院等研究院所的博士学位论文。收录 1984 年至今的博士学位论文,分为十大专辑:基础科学、工程科技Ⅰ、工程科技Ⅱ、农业科技、医药卫生科技、哲学与人文科学、社会科学Ⅰ、社会科学Ⅱ、信息科技、经济与管理科学。十大专辑下分为 168 个专题。截止 2012 年 10 月,收录来自 404 家培养单位的博士学位论文 18 万多篇。

（二）检索方式

博士学位论文全文数据库，根据学位论文检索的需求，提供了检索、高级检索、专业检索、科研基金检索、句子检索五种面向不同需要的检索方式，同时有学位授予单位导航和博士学位论文电子期刊导航。具体见图 3-1-23。

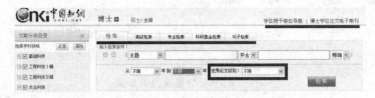

图 3-1-23　学位论文数据库检索界面

1. 检索

检索提供了类似搜索引擎的检索方式，用户只需要输入所要找的关键词，就查到相关的学位论文文献。并能通过对优秀论文级别的选择进行限定检查。具体见图 3-1-23。

2. 高级检索

检索控制条件包括输入发表时间、学位单位、学位年度、支持基金、优秀论文级别、作者、作者单位等检索控制条件，通过对检索范围的限定，准确控制检索的目标结果。具体见图 3-1-24。

图 3-1-24　高级检索界面

3. 专业检索

可用主题、题名（篇名）、关键词、目录、摘要、全文、作者、导师、导师单位、学位授予单位、参考文献、发表时间、学位授予年度、基金、中图分类号和被引频次 15 个检索字段构成检索表达式。见图 3-1-25。

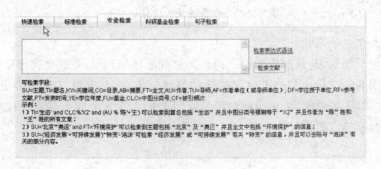

图 3-1-25　专业检索界面

4. 科研基金检索

科研基金检索是通过在检索框中输入科研基金名称,查找科研基金资助的文献。对检索结果的分组筛选,还可全面了解科研基金资助学科范围,科研主题领域等信息。见图 3-1-26。

图 3-1-26 科研基金检索界面

5. 句子检索

句子检索是通过用户输入的两个关键词,查找同时包含这两个词的句子。可在全文的同一段或同一句话中进行检索。见图 3-1-27。

图 3-1-27 句子检索界面

(三)学位授予单位导航

根据学位论文的特点,CDFD 在文献检索平台的基础上,提供了基于学科授予单位分类检索的学科授予单位导航,学科授予单位导航细分为地域导航和学科专业导航,通过此导航可直接检索浏览所需文献。

图 3-1-28 学位授予单位导航界面

(四)学位论文电子期刊

学位论文电子期刊,是目前我国唯一拥有国家批准标准刊号,正式全文出版学位论文的国家级学术电子期刊。学位论文电子期刊按学科领域分为 10 个专辑、168 个专题,出版发表清华大学、北京大学、中国科学院、中国社会科学院等全国 420 多个博士培养单位的博士学位论文 8 万余篇。检索方式有初级检索和高级检索两种。

图 3-1-29　博士学位论文电子期刊检索界面

四、中国优秀硕士学位论文全文数据库

中国优秀硕士学位论文全文数据库(China Doctoral Dissertations Full-text Database,简称 CMFD),是国内内容全、质量高、出版周期短、数据规范、实用的硕士学位论文全文数据库。收录了从 1984 年至今的硕士学位论文,覆盖基础科学、工程技术、农业、哲学、医学、哲学、人文、社会科学等各个领域。截止至 2012 年 10 月,收录来自 621 家培养单位的优秀硕士学位论文 150 多万篇。重点收录"985"、"211"高校、中国科学院、社会科学院等重点院校高校的优秀硕士论文、重要特色学科如通信、军事学、中医药等专业的优秀硕士论文。

检索方式与 CDFD 相同,有检索、高级检索、专业检索、科研基金检索、句子检索和学位授予单位导航检索;也包括硕士学位论文电子期刊。

五、其他数据库

(一)中国重要报纸论文全文数据库

《中国重要报纸论文全文数据库》是我国第一个收录重要报纸的时事新闻、学术性、资料性文献的连续动态更新的报纸全文数据库,收录了 2000 年以来我国公开发行的 500 多种党委机关报和行业专业报上的重要文献,至 2012 年 10 月已经累计收录了 1000 多万篇。所收载的文献也分为十大专辑和 168 个专题。

检索方式包括检索、高级检索、专业检索、句子检索和来源报纸检索,检索项和检索控制与前面的数据库相同。同时拥有报纸导航可以直接浏览报纸的基本信息和查阅文献。

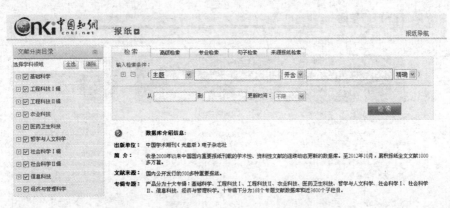

图 3-1-30　中国重要报纸论文全文数据库检索界面

(二)中国重要会议论文全文数据库

《中国重要会议论文全文数据库》收录了国内重要会议会议主办单位或会议论文汇编单位

书面授权的,由"中国知网"数字出版的会议论文,是国家级的连续电子出版物。其中收录了自1999 年开始的重要会议上发表的论文,截止 2012 年 10 月,以累计收载了 1.2 万多次国内重要会议的 140 多万篇的论文。收载的论文同样分成 10 个专辑 168 个专题。

此数据库的检索方式有检索、高级检索、专业检索、作者发文检索、科研基金检索、句子检索和来源会议检索,还有会议导航、论文集导航和主办单位导航,检索项和检索控制与前面的数据库相同。

思考题

1. 如何检索查找 2007 年至 2012 年发表在中华外科杂志上的有关器官移植方面的综述类文献?
2. 如何检索论文引用情况?
3. 在哪个数据库中可实现多个数据库的跨库检索?

第二节 万方数据资源系统

万方数据资源系统是由中国科技信息研究所以万方数据公司为基础,联合北京、山西、四川的四个公司组成的高新技术有限公司研制开发,以信息服务为核心的股份制高新技术企业产品在互联网领域提供集信息资源产品、信息增值服务方案为一体的高水平的综合信息服务系统。该系统有网络版(Web 版)和光盘版(镜像版)。

一、万方数据知识服务平台

输入域名 www.wanfangdata.com.cn 进入该平台,主要包括学术论文、期刊论文、学位论文、会议论文、外文文献、学者、专利技术、中外标准、科技成果、图书、政策法规、机构、科技专家等资源类型,同时有知识脉络分析、学术统计分析、论文相似度检测及科技文献分析等。见图 3-2-1。

图 3-2-1 万方数据知识服务平台首页

二、万方学术期刊数据库

（一）简介

万方学术期刊数据库是常用中文全文型数据库之一，收录自 1998 年以来国内出版的各类期刊 7 千余种，其中核心期刊 2800 余种，论文总数量达 2 千余万篇，每年约增加 200 多万篇，每周两次更新。

（二）检索方式

包括基本检索（见图 3-2-2）、分类检索（见图 3-2-2）和高级检索（见图 3-2-3），其中基本检索又分为论文检索和刊名检索。

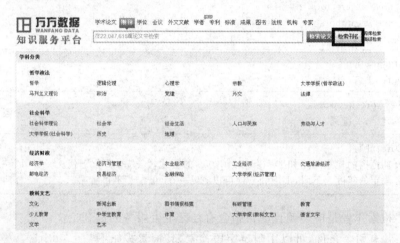

图 3-2-2　万方学术期刊数据库基本检索和分类检索界面

（三）检索技术与举例

1.布尔逻辑运算符

and 表示逻辑与，如：肺癌 and 治疗

or 表示逻辑或，如：艾滋病 or AIDS

not 表示逻辑非，如：心绞痛 not 心肌梗死

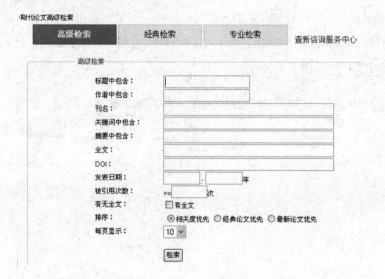

图 3-2-3　万方学术期刊数据库高级检索界面

2.限定字段检索

用 PQ 表达式(pair query)实现,每个 PQ 表达式由多个空格分隔的部分组成,每个部分称为一个 Pair,每个 Pair 由冒号分隔符":"分隔为左右两部分,":"左侧为限定的检索字段,右侧为要检索的词或短语。常用检索字段见表 3-2-1。

表 3-2-1　万方常用字段名称表

字段名称	可用表达字段	例子
标题	t、title、titles 题、标题、题目、题名、篇名	题目:肺癌
责任者	a、creator 、creators author、authors 人、作者、著者	作者:夏家辉
机构	organization 机构、单位	机构:北京大学医学部
关键词	Keyword、keywords 关键字、关键词	关键词:肺癌
日期	Date、日期 日期范围的检索采用如 Date:1999—2009 的形式,"—"前后分别代表限定的年度上下限,上限和下限可以省略一个,但"—"不可省略。	Date:1999—2011 Date:—2011 日期:1999—

例 3-1　检索作者是申笑颜且题目中含有社区卫生服务的期刊论文。

分析:该题有两个条件,可以用限定字段检索,其检索式如下:

作者:申笑颜 AND 题目:社区卫生服务

例 3-2　检索 2009 年关于全科医学的期刊论文。

方法一:分析:该题有两个条件,可以用限定字段检索,其检索式如下:

Date:2009—2009 AND 全科医学

方法二:

检索步骤:

(1)输入全科医学,点击 检索 ,见图 3-2-4。

(2)在全科医学检索结果中采用二次检索缩小检索范围,将年份限定为 2009—2009 年,点击 在结果中检索 即可,见图 3-2-5:

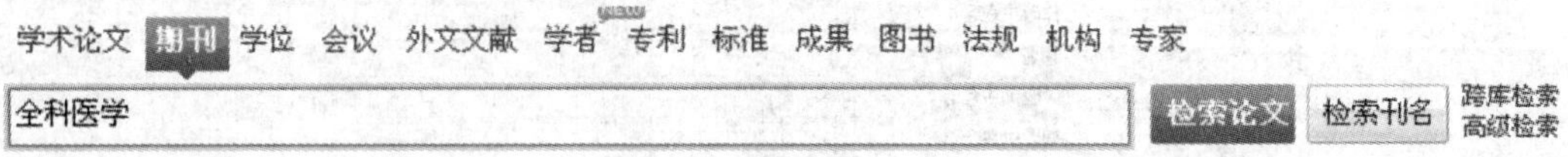

学术论文 **期刊** 学位 会议 外文文献 学者 专利 标准 成果 图书 法规 机构 专家

全科医学　　　　　　　　　　　　　　　　　检索论文　检索刊名　跨库检索 高级检索

图 3-2-4　输入"全科医学"

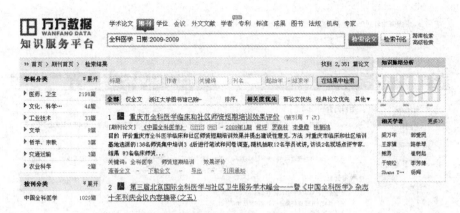

图 3-2-5 检索结果页面

例 3-3 检索刊名中含有外科的刊物有几种？写出有关《中华实用外科杂志》的信息。（主管单位、主办单位、主编、ISSN、CN、地址、邮政编码、电话、Email）

分析：该题选择基本检索界面的刊名检索

检索步骤：

(1)选择刊名检索，输入外科，点击 检索刊名 ，见图 3-2-6；

(2)显示刊名中含有外科的检索结果，见图 3-2-7；

(3)点击《中华外科杂志》，查看期刊信息，见图 3-2-8。

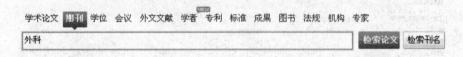

图 3-2-6 输入外科，选择刊名检索

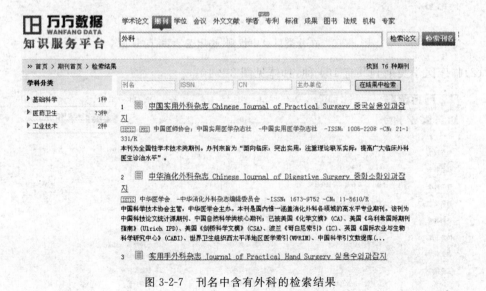

图 3-2-7 刊名中含有外科的检索结果

图 3-2-8 《中华实用外科杂志》的具体信息

例 3-4 检索临床医学类期刊有多少种？（分类检索）

检索步骤：

（1）在分类目录中找到"临床医学"并点击进入，见图 3-2-9；

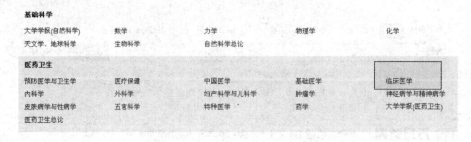

图 3-2-9 在分类目录中找到"临床医学"并点击进入

（2）临床医学类期刊共有 104 种，具体见图 3-2-10；

图 3-2-10 临床医学类期刊检索结果

3.知识脉络

万方知识脉络能通过研究知识点的发展趋势、各年度相关热点和多知识点比较分析,进而有助于把握研究方向,见图 3-2-11。

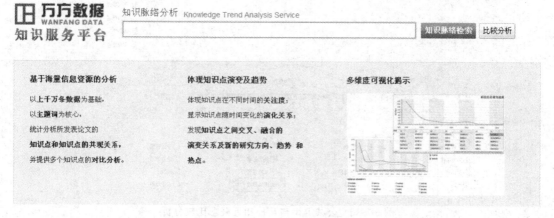

图 3-2-11　万方知识脉络

例 3-5　检索 2004—2010 年公共卫生的研究趋势,并与突发事件、传染病、疾病控制、流行病学、应急反应等相关词进行比较分析。

检索步骤:

(1)输入公共卫生,点击 知识脉络 检索,见图 3-2-12。

(2)选中相近概念突发事件、传染病、疾病控制、流行病学、应急反应,点击 比较分析 ,见图 3-2-13。

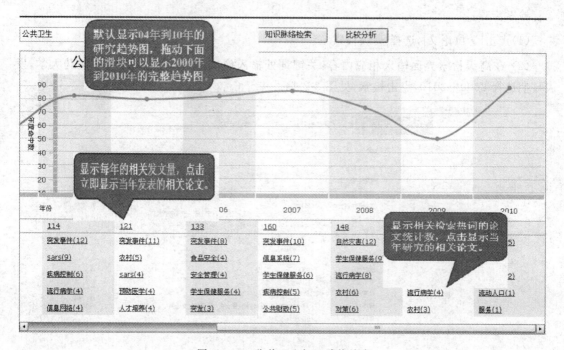

图 3-2-12　公共卫生知识脉络检索

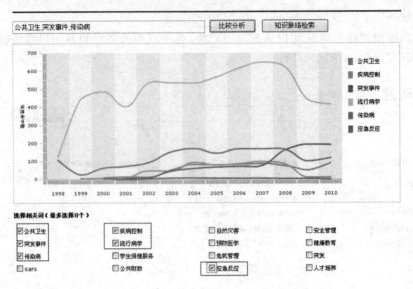

图 3-2-13　公共卫生与其他相近概念比较分析

三、万方学位论文数据库

万方学位论文数据库收录自 1980 年以来我国自然科学领域各高等院校、研究生院以及研究所的硕士、博士以及博士后论文共计 150 万余篇。其中 211 高校论文收录量占总量的 70%以上,论文总量达 231 余万篇,每年增加约 30 万篇。检索技术与期刊论文数据库相同,在此不赘述。

例 3-6　检索 2000—2010 年上海中医药大学有关痛风的学位论文。(高级检索)

检索步骤:

(1)点击 学位论文 ,选择 高级检索 。

(2) 在高级检索界面输入相应内容:关键词处输入痛风,学校处输入上海中医药大学,发表日期选择 2000—2010,点击检索,见图 3-2-14。

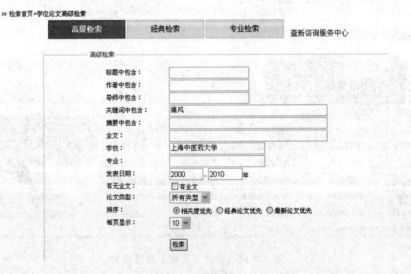

图 3-2-14　高级检索界面输入相应内容

（3）结果为 13 篇学位论文,见图 3-2-15。

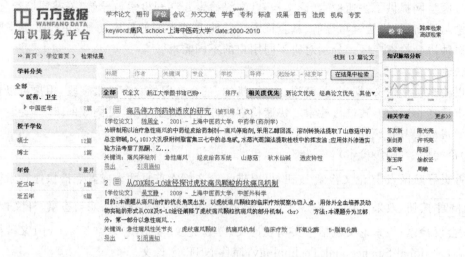

图 3-2-15　高级检索界面例 3-6 检索结果

四、万方医学网

（一）简介

万方医学网（http://med.wanfangdata.com.cn/）是万方数据联合国内医学权威机构、医学期刊编辑部、医学专家推出的,面向广大医院、医学院校、科研机构、药械企业及医疗卫生从业人员的医学信息整合服务平台,为用户提供论文、信息检索功能,并提供在线支持服务。

图 3-2-16　万方医学网首页

万方医学网拥有 220 多种中文独家医学期刊全文、1000 多种中文医学期刊全文、4100 多种国外医学期刊文摘（全文以电子邮件原文传递方式获得,核心期刊全部收齐）。该网是获得中华医学会 115 种医学学术期刊、中国医师协会期刊等众多高品质期刊电子版全文的唯一途径。见图 3-2-16。

（二）检索方式

万方医学网提供了快速检索、论文检索（高级检索）、期刊检索与导航、关键词检索与导航、作者检索与导航、机构检索与导航、基金检索与导航七种类型的检索功能，并提供中华医学会和中国医师协会检索专区。分别对应不同用户的不同需求。

1. 快速检索

可以检索包括论文、期刊、关键词、作者、机构、基金在内的六个检索字段，用户可以根据自己的需求选择相应的方式进行检索。快速检索区位于首页正中央，见图 3-2-16。

2. 常用检索与导航

（1）论文检索（高级检索）

在首页导航区点击 论文检索 按钮，可以进入论文检索首页面。或者点击快速检索框右边的 高级检索 按钮，效果一样，见图 3-2-17。论文检索可分为跨库检索、期刊检索、外文检索、学位检索、会议检索，检索论文包括中文期刊论文、学位论文、会议论文和 NSTL（国家科技图书文献中心，National Science and Technology，简称 NSTL）论文。

图 3-2-17　高级检索界面

高级检索除了能对检索字段、检索年份、排序方式进行限定外，还可以进行科室限定、分类限定、文献类型限定、全文限定、期刊类型限定，能查看并收藏检索历史，见图 3-2-18。

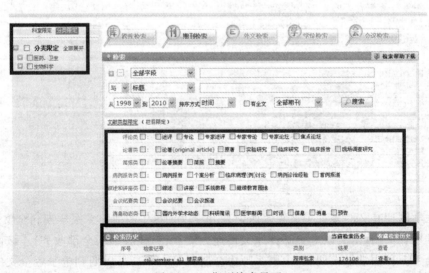

图 3-2-18　期刊检索界面

（2）期刊导航与检索

　　点击导航栏内的 期刊导航 ，进入期刊导航界面，见图 3-2-19。期刊检索可以通过检索框，也可以通过点击导航条上的各种分类进入相应类别下的期刊。

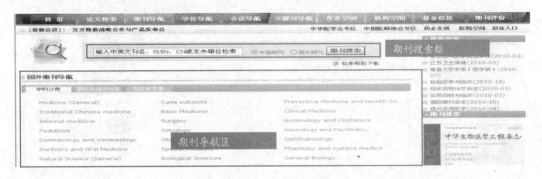

图 3-2-19　期刊导航界面

（3）学位导航与检索

　　点击导航栏内的 学位导航 ，进入学位导航界面，见图 3-2-20。可以通过检索框搜索学位论文，输入检索词检索即可。也可以通过导航功能来检索学位论文。学位论文导航分为三种：论文学科导航、院校所在地导航、机构类别导航。

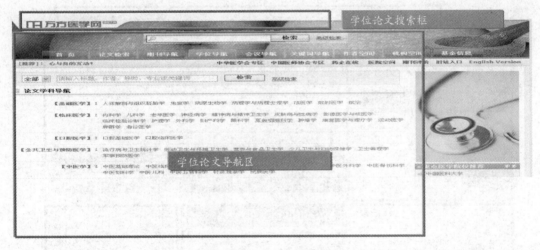

图 3-2-20　学位导航界面

（4）会议导航与检索

　　点击导航栏内的 会议导航 ，进入会议导航界面，见图 3-2-21。可以通过检索框搜索会议论文，输入检索词检索即可。也可以通过导航功能来检索会议论文。会议导航分三种：会议主办单位、会议时间、会议地点。

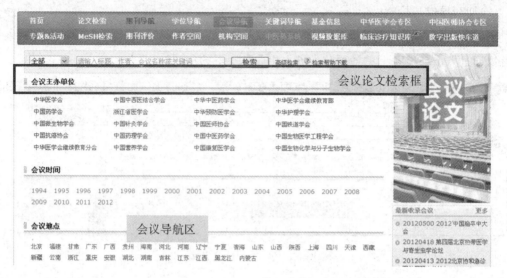

图 3-2-21　会议导航界面

（5）关键词导航与检索

点击导航栏内的 关键词导航 ，进入关键词导航的首页，见图 3-2-22。关键词检索可以通过点击首页上的关键词来检索，也可以通过检索框检索。

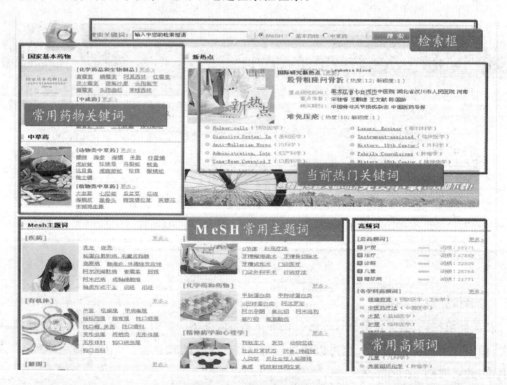

图 3-2-22　关键词导航界面

（6）作者导航与检索

点击导航栏内的 作者空间 ，进入作者导航首页，见图 3-2-23。作者检索可使用检索框检索,也可通过直接点击首页面作者姓名进入或者是通过姓名导航进入。

图 3-2-23 作者导航界面

（7）机构导航与检索

机构检索主要供用户检索某一机构下属成员所发表论文检索功能,同时也可以让机构用户展示自己机构的科研成果和专家力量。点击导航栏内的 机构空间 ,进入机构导航首页,见图 3-2-24。

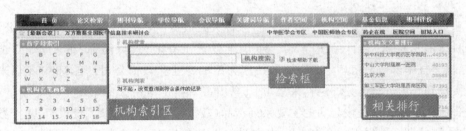

图 3-2-24 机构导航界面

（8）基金导航与检索

基金检索主要供用户检索包括 973 项目基金、863 项目基金、自然科学基金项目、社会科学项目基金和其他基金项目等基金相关论文成果查询服务。点击导航栏内的 基金信息 ,进入基金导航的首页,见图 3-2-25。

图 3-2-25 基金导航界面

思考题

1. 医疗保健类的刊物有哪几种？（分类途径）

2. 查刊名中含有癌症的刊物有哪些？并查出有关《中国癌症杂志》的信息。（基本检索途径）

3. 分析检索 2004—2010 年医学教育的研究趋势，并与教学改革、教学质量、教学方法等相关词进行比较分析。

4. 利用快速检索方式检索刊名为《医学信息学》的期刊。

5. 利用期刊检索方式检索解放军总医院近 5 年发表的有关"肝炎"的病例报告。

6. 利用学位导航检索中南大学 2008 年神经病学科的博士论文。

（浙江医学高等专科学校　方雅青）

第三节　维普信息资源系统

一、概况

维普资讯网（http://2010.cqvip.com），原称天元数据网，是重庆维普资讯有限公司建立的一个科技信息资源网站，见图 3-3-1。重庆维普资讯有限公司（简称"维普公司"或称"维普"），是科学技术部西南信息中心下属的一家大型的专业化数据公司。自 1989 年以来，一直对中外文报刊数据进行研究、分析，采集、加工等开发和推广应用。

维普信息资源系统是该公司的主要系列产品（数据库）的总称。该系统设有 11 个数据库，包括《中文科技期刊数据库》（全文版）、中文科技期刊数据库（引文版）、中国科学指标数据库 CSI、中文科技期刊评价报告、外文科技期刊数据库、中国基础教育信息服务平台、维普资源考试系统、文献共享服务平台等。

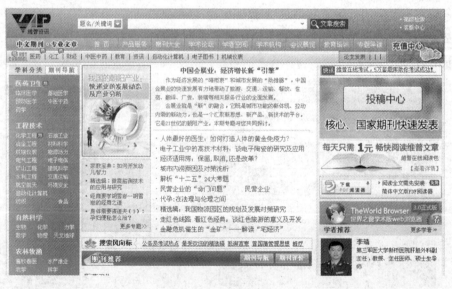

图 3-3-1　维普首页

二、《中文科技期刊数据库全文版》(本地镜像)

《中文科技期刊数据库全文版》(以下简称《中刊库》),是中文全文型数据库,主要提供本地镜像、远程包库、网上检索流量计费下载、单篇支付、手机支付等多种使用方式,供用户单位和个人选择。《中刊库》包含了 1989 年以来的自然科学、工程技术、农业、医药卫生、经济、教育科学和图书情报等学科 12000 余种期刊,其中核心期刊 1810 种,文献总量达 2400 余万篇,并以每年 300 余万篇左右的速度递增,中心网站每日进行更新,文献格式为 PDF 格式。输入相应的域名,进入《中刊库》本地镜像的首页界面,见图 3-3-2。

图 3-3-2　维普本地镜像检索首页

(一)检索方式

《中刊库》主要包括以下五种检索方式:快速检索、传统检索、高级检索、分类检索和期刊导航。

1. 快速检索

(1)快速检索的概念

指直接在首页界面的检索词输入框内输入检索词,并点击 搜索 键进行的检索,也称简单检索,曾称"傻瓜检索"。

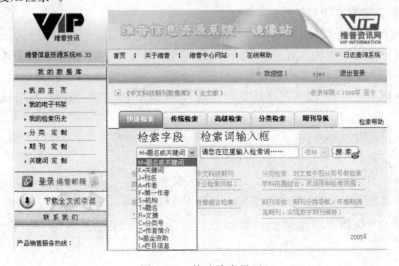

图 3-3-3　快速检索界面

（2）快速检索的组成

快速检索由检索字段、检索词输入框和搜索键三部分组成,见图 3-3-3。

①检索字段:又称检索项或检索入口,列于"字段下拉菜单"中,包括:M＝题名或关键词、K＝关键词、J＝刊名、A＝作者、F＝第一作者、S＝机构、T＝题名、R＝文摘、C＝分类号、Z＝作者简介、I＝基金资助、L＝栏目信息等 12 个字段,默认字段为"M＝题名或关键词"。选择好字段,系统会将键入的检索词在相应字段中进行匹配检索。

②检索词输入框:位于网页正中央"请您在这里输入检索词"方框内,在输入框中可输入简单检索式或布尔逻辑复合检索式。

③搜索:在默认情况下输入检索词后,点击 搜索 按钮,检出的初步结果是"M＝题名或关键词"字段的全部有关文献题录。题录的项目包括:标记框、序号、标题（即题名）、作者、刊名、出版年份、卷号、期号、页码及购物车图标,见图 3-3-4:

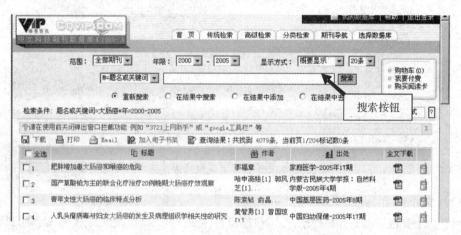

图 3-3-4　快速检索结果的界面

（3）二次检索

在快速检索取得的初步结果中可能文献太多或太少,或需用其他条件加以限定,可通过二次检索进行调整。二次检索是在上一次检索结果的基础上选择新的检索条件进行的再次检索,可反复进行。步骤如下:

①在字段下拉菜单选择相应字段;

②在检索词输入框中输入另一检索式,检索式可以是单词、词组或复合检索式;

③在范围、年限、显示方式的下拉菜单中进行选定;

④在输入框下面"重新搜索""在结果中搜索"、"在结果中添加"、"在结果中去除"等单选框中进行选择:

重新搜索:后面的检索与前面的检索没有任何关系;

在结果中搜索:后面的检索与前面的检索用 AND 连接;

在结果中添加:后面的检索与前面的检索用 OR 连接;

在结果中去除:后面的检索与前面的检索用 NOT 连接;

⑤点击 搜索 ,从而获得期望的检索结果。二次检索结果的格式与初步检索结果格式相同。

下面对二次检索的各种条件限制详加说明：

检索字段：同上。

范围限制：全部期刊、重要期刊、核心期刊、EI 来源期刊、SCI 来源期刊、CA 来源期刊、CSCD 来源期刊、CSSCI 来源期刊八项可供选择，默认为全部期刊。

年限限制：可限定某年，或某若干年，默认为从 1989-当前年。

最近更新：全部数据、最近一周、最近半月、最近一月、最近三月、最近半年，默认为全部数据。

显示方式：概要显示、文摘显示、全记录显示，即检出的文献全部都以题录、文摘、或全记录的方式显示出来，默认为概要显示。

每页显示的篇数：20 条、50 条，默认为 20 条。

例 3-7　检索作者姓名中含有郑树且关于大肠癌的文献。

检索步骤：

①选择字段"A＝作者"，输入姓名郑树，见图 3-3-5：

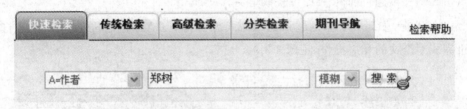

图 3-3-5　选择字段"A＝作者"，输入郑树

②结果显示 1702 条，见图 3-3-6：

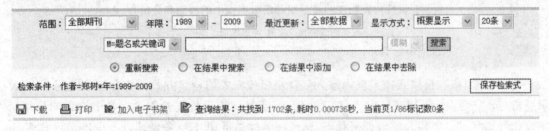

图 3-3-6　选择字段"A＝作者"，输入郑树的检索结果

③在上一步检索结果中，输入大肠癌并选择在结果中检索，点击搜索，见图 3-3-7：

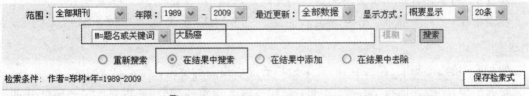

图 3-3-7　输入大肠癌并选择"在结果中检索"

④结果显示 89 条，见图 3-3-8：

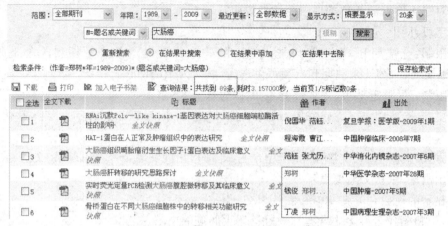

图 3-3-8　输入大肠癌二次检索的结果

(4)获取全文

①点击每篇文献题目前的 📄 即可获取全文。

② 先点击文献题目,在文献的题录细阅格式界面再点击 📄 全文下载、"下载"、"打印"等链接即可完成对全文的相应操作,见图 3-3-9:

图 3-3-9　获取全文界面

(5)复合检索

复合检索,指在检索式输入框内输入复合逻辑检索式的检索方式。复合检索式用"＊"表示逻辑与,"＋"表示逻辑或,"－",表示逻辑非,括号()表示优先检索。在各个检索词前须用字段代号加"＝"。字段及字段代号如下:M＝题名或关键词、K＝关键词、J＝刊名、A＝作者、F＝第一作者、S＝机构、T＝题名、R＝文摘、C＝分类号、Z＝作者简介、I＝基金资助、L＝栏目信息等 12 个字段,默认为 M＝题名或关键词。

例 3-8　检索作者是郑树关于大肠癌的文献。

检索步骤:字段处选择"M＝题名或关键词",输入检索式 A＝郑树＊M＝大肠癌,点击 搜索 。

例 3-9　检索心得安、硝酸甘油、硝苯地平治疗心绞痛的文献。

检索步骤:字段处选择"M＝题名或关键词",输入检索式(M＝心得安＋M＝硝酸甘油＋M＝硝苯地平)＊M＝心绞痛,点击 搜索 。

2.传统检索

传统检索的入口位于首页(见图 3-3-3) 快速检索 的右边。点击 传统检索 ,即进入传统检索主界面,见图 3-3-10。所谓传统检索是指 2004 年以前所采用的检索方式。这种方式目前仍旧可用。

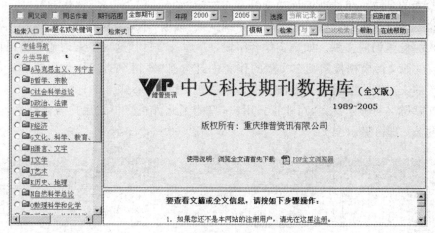

图 3-3-10　传统检索主页界面

　　传统检索主界面设有：字段检索区、导航检索区、显示检出文献题录的概览区和显示文摘的细览区。

　　（1）初步检索　刚进入传统检索界面时在字段检索区进行的字段检索称初步检索，方法与快速检索中的二次检索相似，如：

　　①字段选择：在检索入口下拉菜单 14 个字段中选定某个字段，默认为题名或关键词。现选"题名"。

　　②输入检索词：在字段检索区的检索式输入框中输入检索词，例如"大肠癌"。

　　③期刊范围选择：有全部期刊、重要期刊、核心期刊，认为全部期刊。

　　④年限选择：可选某年或若干年，默认为 1998-当前。

　　⑤同义词检索功能：同义词检索功能只有在选择了关键词检索入口时才生效。默认为关闭。点击复选框小窗口，立即打钩，表示要显示同义词供你确定，并点击 检索 ，立即显示有关的同义词"大肠肿瘤"，再在复选中打钩，再点击 确定 按钮，即会显示含有同义词的检索结果。用同义词检出 4278 条，未用同义词仅检出 4079 条。

　　⑥在概览区显示有关文献题录：默认每页显示 10 条，见图 3-3-11：

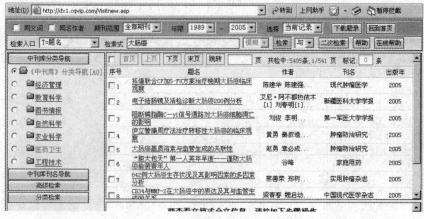

图 3-3-11　字段检索的初步检索结果

（2）模糊和精确检索功能　　在初步检索结果基础上，在检索式输入框的右侧提供了"模糊"和"精确"检索的下拉菜单选项。该功能只有在选定"关键词"、"刊名"、"作者"、"第一作者"和"分类号"这五个字段进行检索时才生效。系统默认"模糊"检索。精确检索只能检出所选字段里含有输入的检索词的文献。如选定作者字段，并输入"郑树"这一检索词就只检出以郑树为作者的所有文献，而模糊检索则在文献的作者中凡含有"郑树"的作者，包括郑树森、郑树明、郑树清等等的文献都会被检出。点击二次检索按钮，显示结果见图 3-3-12。

点击文献题名可显示文摘，对非正式用户，只能到此为止。正式用户若需全文，只要点击文摘中的题名，即可显示全文。

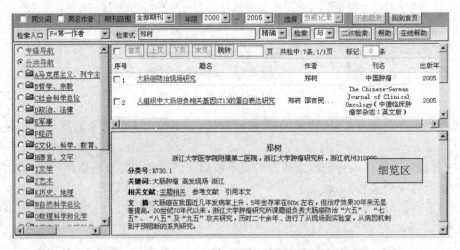

图 3-3-12　二次检索结果及显示文摘

（3）复合检索　　与快速检索界面的复合检索相同。

（4）同义词　　由于学术用语的多样化造成作者在发表论文提取关键词时不会完全统一一致。这种情形会导致如果仅输入一个关键词进行检索，会造成漏检。《中刊库》以《汉语主题词表》为基础，参考各个学科的主题词表，编制了规范的同义词库，实现同义词检索，提高查全率。

例 3-10　检索 CAD 的相关文献（考虑其同义词）。

检索步骤：选中同义词前的复选框，输入"CAD"并点击检索按钮，可查看到"CAD"的同义词，选中 CAD 的同义词，并点击检索按钮，即可得到"关键词＝CAD＋cad 技术＋CAD 系统＋辅助设计"的检索结果，见图 3-3-13：

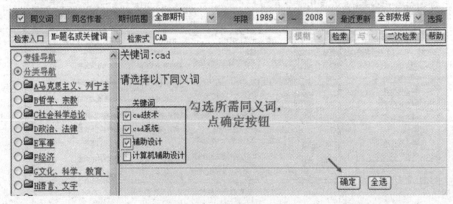

图 3-3-13　CAD 及其同义词检索

3.高级检索

高级检索入口位于首页 传统检索 的右侧,是指在已设定的高级检索窗口中运用逻辑组配关系,查找同时满足多个检索条件的数据,在一个检索界面上一次性实现本应多次检索的结果。高级检索的入口位于首页快速检索按钮右侧,见图 3-3-14。

图 3-3-14　高级检索界面

(1)高级检索的方法

①在"高级检索"窗口的空白输入框内输入检索词。

②在"检索项"下拉菜单中选定字段。

③此时在"扩展功能"项下显示相应的扩展检索条件,例如检索项为关键词,扩展功能功会立即显示"查看同义词";在检索词框中输入检索词为肝癌,点击 查看同义词 按钮则会弹出一个同义词选择窗口,并显示出"肝瘤"、"肝脏肿瘤"、"肝肿瘤"、"肝肿癌"等同义词多选框供你勾选。然后点击 确定 ,此时立即在输入框中显示出"逻辑或十"组配的同义词检索式。

④在"匹配度"下拉菜单中选择"模糊"检索或"精确"检索。

⑤在填写下一行检索式时,选择不同字段和检索词,在"逻辑"项下拉菜单中选定与上一行采用"或者"、"并且"或"不包含"进行逻辑组配等。

⑥依上类推,可多行填写和选择。

⑦最后点击 确定 。用户可在高级检索主检索界面上一次性完成复杂的检索 ,获得较好的检索结果。

(2)高级检索的结果

高级检索结果的界面与快速检索基本相同。但高级检索的检索结果有时也不一定很满意,仍可在再次检索区进行二次检索。

(3)扩展检索条件

在高级检索时有些检索条件还可以通过 扩展检索条件 来实现。方法是:点击窗口右下角的 扩展检索条件 ,弹出另一扩展检索窗口,如图 3-3-15。可对时间条件、专业限制、期刊范围等在单选框和复选框中进行点选和勾选,以便扩大或缩小检索范围。最后点 检索 ,即可完成。

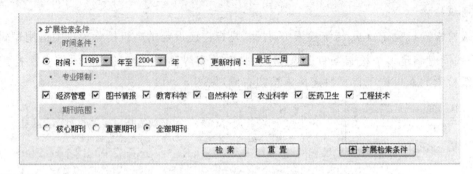

图 3-3-15　扩展检索条件窗口

4.分类检索

分类检索是指在分类检索窗口通过按《中图法》分类的分类表的分类号和类名进行的检索。分类检索入口位于首页 快速检索 的右侧,点击 分类检索 ,即进入分类检索界面。见图 3-3-16:

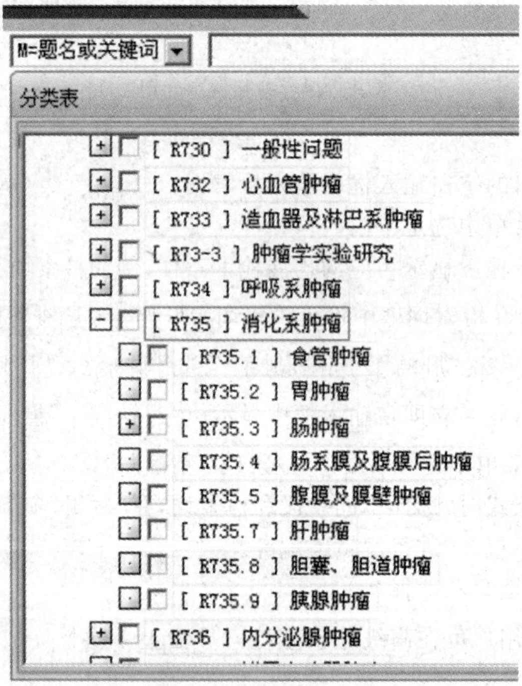

图 3-3-16　分类表和所选分类窗口

在分类检索页面中有字段搜索、分类表和所选分类三个窗口。分类表窗口列出按《中图法》分为马列毛邓、哲学宗教、社科、经济、文教体、自然科学总论、数理化、天文地球科学、生物科学、医药卫生、农业科学、工程技术、交通运输、航空航天、环境科学安全科学、综合性图书等 22 大类的类号和类名。例如 R 类医药卫生,Q 类生物科学。点击其中任何一个类名,立即在其下显示二级类目。依此类推,逐级展开。

使用方法:

(1)类目左边带+号方框的图标,表示有尚未打开的下级类目。点击 + 或类名,即可打

开该类，⊞号变为⊟号，并列出下一级的类目，但不算是选中。空白方框□表示为末级类目，
见图 3-3-16。点击⊟，即可关闭下级类目，见图 3-3-17：

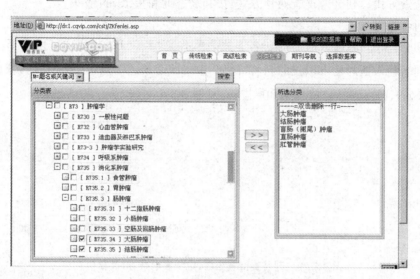

图 3-3-17　分类表中的末级类目

（2）在类号左边的多选框中点击打勾，表示选中拟检的类目，并点击选中符号"＞＞"，使
所选类目进入"所选分类"窗口。点击搜索，即可检出所选类目的全部文献题录。见图 3-3-
16。若要删除"所选分类"窗内的某类，先选中拟删类名，再点击删除符号"＜＜"，即可删去。

（3）如若对分类检索检出的初步结果不够满意，还可通过页面上方的字段检索窗口选择
字段和输入检索词进行二次检索。

5. 期刊导航

期刊导航检索的入口位于首页分类检索的右侧，点击期刊导航，进入期刊导航首页界
面，期刊导航有期刊搜索、按字顺查和按期刊学科分类导航三种方式，见图 3-3-18：

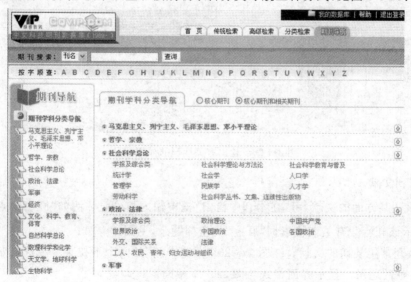

图 3-3-18　期刊导航首页界面

（1）期刊搜索

指在刊名输入框内输入期刊名称或 ISSN（国际标准连续出版物号码）来查找该期刊文献所进行的检索方式。刊名搜查有两种方式：按刊名查询和按 ISSN 查询。

a. 按刊名查询

①查期刊。在刊名输入框前的刊名下拉菜单有：刊名和 ISSN 两项可供选择。默认是刊名。再在刊名输入框内输入拟找的刊名，例如"中华医学杂志"，点击 查询 按钮，获该刊简单信息：刊名、ISSN、国内刊号和核心期刊标志★，见图 3-3-19：

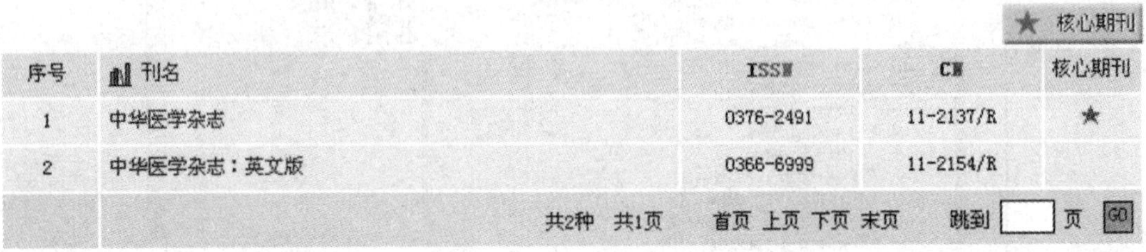

				★ 核心期刊
序号	刊名	ISSN	CN	核心期刊
1	中华医学杂志	0376-2491	11-2137/R	★
2	中华医学杂志：英文版	0366-6999	11-2154/R	

共2种　共1页　首页 上页 下页 末页　跳到 ☐ 页 GO

图 3-3-19　刊名查询查出的《中华医学杂志》简单信息

②查期刊详细信息。点击图 3-3-19 的刊名链接，即可显示该刊的详细信息，见图 3-3-20：

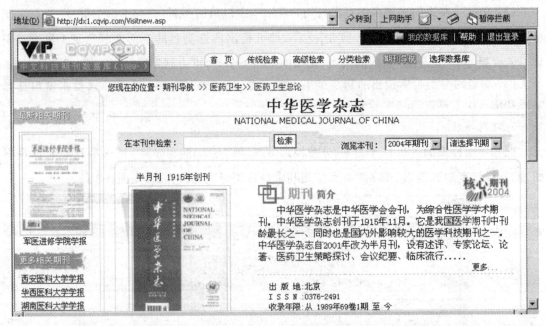

图 3-3-20　检出有关期刊的详细信息

③查该刊文献。

A. 查该刊某方面的文献，可"在本刊中检索"框中输入检索词，例如"肝癌"，点击 搜索 按钮，即可显示该刊所载有关该检索词"肝癌"的全部题录，见图 3-3-21；

B. 查该刊某年某期的文献。在图 3-3-20"浏览本刊"的两个下拉菜单中选择某年某期，即显示该期文献的题录。显示界面格式与图 3-3-21 相同。

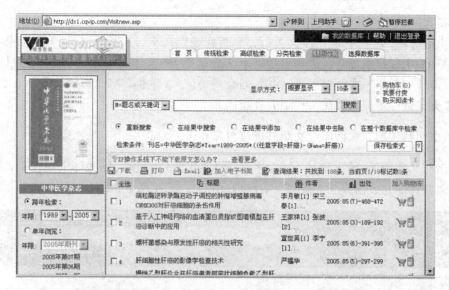

图 3-3-21　检出《中华医学杂志》有关肝癌的文献题录

④其他功能

在刊名查询的初步结果界面上除文献题录外，还可进行以下操作：

A. 在界面上部有二次检索区可进行二次检索。

B. 界面左下角的"跨年检索"或"单年浏览"起限制作用，所以二次检索前应作选择，默认是跨年度 1989～当前年。

C. 还可在"单年浏览"下选定某年，点击某期的超级链接，就能显示出该期的文献题录。

b. 按 ISSN 查询

方法与按刊名查基本相同，只是在刊名下拉菜单选择 ISSN，并输入需查期刊的 ISSN 刊号，其他方法与按刊名查相同。

（2）按字顺查

按字顺查是指在期刊导航首页界面通过期刊刊名拼音字顺首字母查找期刊文献的检索。单击刊名字顺首字母，例如 Z 字，即会显示刊名以 Z 字开头的刊名列表，显示出刊名、ISSN号、国内刊号和核心期刊的标志★。见图 3-3-22：

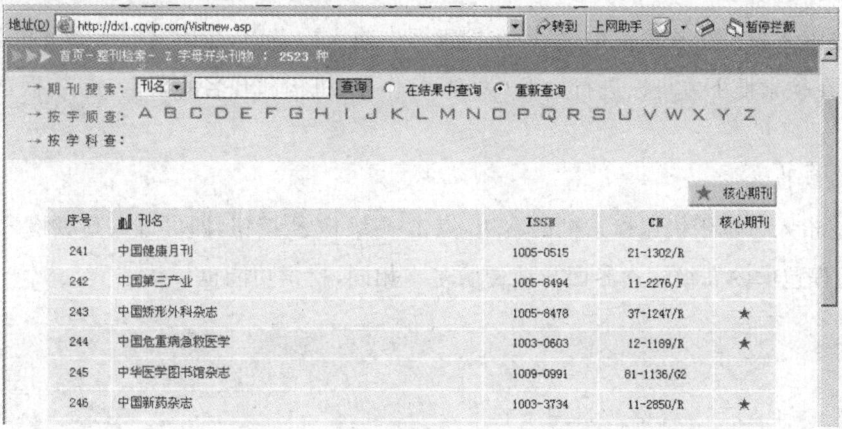

序号	刊名	ISSN	CN	核心期刊
241	中国健康月刊	1005-0515	21-1302/R	
242	中国第三产业	1005-8494	11-2276/F	
243	中国矫形外科杂志	1005-8478	37-1247/R	★
244	中国危重病急救医学	1003-0603	12-1189/R	★
245	中华医学图书馆杂志	1009-0991	81-1136/G2	
246	中国新药杂志	1003-3734	11-2850/R	★

图 3-3-22　按字顺排列的刊名列表

(3)期刊学科分类导航

按《中图法》分类学科共分 21 大类：马列、哲宗、社科、军、经、科教文体、自然科学、农业科学、医药卫生、工程技术等等。医药卫生类下又分基础、临床、内、外、妇、儿、肿瘤等 18 类次级类目。点击其中任何一次级类名，如肿瘤，即会列出该类（肿瘤类）全部刊名、ISSN、CN 和核心期刊标志★。进一步检索方法与按字顺查相同。

三、《中文科技期刊数据库全文版》（远程包库）

在有效 IP 范围内，输入网址 http://www.cqvip.com/，进入维普资讯网首页，即可远程访问《中文科技期刊数据库全文版》（以下简称《中刊库》），见图 3-3-23。

图 3-3-23 维普首页

《中刊库》（远程包库）检索方式与镜像版有所差异，从首页上可见的有快速检索、高级检索和专业版。

（一）快速检索

快速检索入口位于首页正中央，可在检索框中输入检索词，在检索框前方下拉菜单中选择检索范围，在检索框下方可以进行标题/关键词、作者、机构和刊名的限定，点击 搜索 按钮即可进行检索。

（二）高级检索

高级检索入口位于快速检索框的右边，点击 高级检索 按钮，即可进入高级检索页面，见图3-3-24。远程包库的高级检索界面与镜像版基本相同，检索功能也一致。

图 3-3-24　高级检索界面

（三）专业检索

专业检索入口位于首页右上角，点击 专业版 按钮，即可进入专业检索页面，见图 3-3-25。

图 3-3-25　专业检索界面

专业检索界面包括快速检索、传统检索、高级检索和期刊导航，均与镜像版的检索方式一样。

1. 期刊搜索

检索方式与镜像版一致，检索结果显示界面有所差异，如图 3-3-26 为查找刊名为"中华医学杂志"所得出的检索结果。通过检索结果可以获知所查期刊的刊期、是否为核心刊、ISSN、国内刊号，并可查看其期刊评价，点击 查看 按钮即显示对应期刊的期刊评价，如图 3-3-27 所示为《中华医学杂志》2010 年的期刊评价。

图 3-3-26　刊名查询查出的《中华医学杂志》简单信息

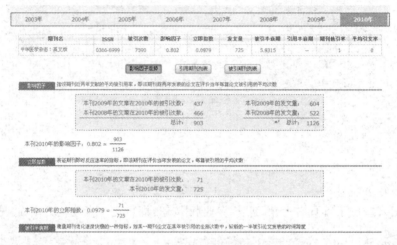

图 3-3-27　《中华医学杂志》的期刊评价结果

2. 分类检索

分类检索可按照"医药、卫生"、"工业技术"、"自然科学"、"农业科学"、"社会科学"五个类目浏览期刊,如点击"医药、卫生"进入相应页面,见图 3-3-28(与期刊学科分类导航效果一样)。

图 3-3-28　"医药、卫生"类期刊导航页面

3. 字母检索

功能与镜像版的"按字顺查"相同,结果显示界面有所区别,见图 3-3-29。

A字母开头刊物

序号	刊名 ▲	刊期	核心刊	ISSN	CN	期刊评价
1	阿坝师范高等专科学校学报	季刊		1008-4142	51-1536/G4	
2	安徽师范大学学报：自然科学版	双月刊	核心刊	1001-2443	34-1064/N	查看
3	安徽林业科技	季刊		2095-0152	34-1314/S	
4	安徽电气工程职业技术学院学报	季刊		1672-9706	34-1297/Z	
5	鞍山社会科学	双月刊				
6	安徽电子信息职业技术学院学报	双月刊		1671-802X	34-1212/Z	查看
7	安徽警官职业学院学报	双月刊		1671-5101	34-1247/Z	
8	安全与健康：上半月	月刊		1671-4636	35-1256/R	
11	安装	月刊		1002-3607	11-5267/TU	
12	安徽冶金	季刊				

图 3-3-29 A字母开头刊物

4. 期刊学科分类导航

界面与镜像版相似,但分类类目不同,镜像版分类更细,且可按照核心期刊浏览,远程包库则只分为了五个大类,见图 3-3-30。

期刊学科分类导航	核心期刊导航	国内外数据库收录导航	期刊地区分布导航

医药、卫生

预防医学、卫生学(259)	中国医学(179)	基础医学(81)	临床医学(196)
内科学(144)	外科学(119)	妇产科学(19)	儿科学(22)
肿瘤学(52)	神经病学与精神病学(49)	皮肤病学与性病学(17)	耳鼻咽喉科学(19)
眼科学(27)	口腔科学(31)	外国民族医学(2)	特种医学(68)
药学(205)	医药、卫生学报及综合(579)		

工业技术

一般工业技术(200)	金属学与金属工艺(160)	材料科学(71)	石油、天然气工业(232)
冶金工业(225)	机械、仪表工业(245)	能源与动力工程(130)	原子能技术(30)
电工技术(298)	无线电电子学、电信技术(452)	自动化技术、计算机技术(306)	化学工业(483)
轻工业、手工业(478)	建筑科学(405)	水利工程(175)	交通运输(528)
航空航天(165)	环境安全(191)	工业技术学报及综合类(173)	武器工业(56)

自然科学

生物(159)	化学(53)	天文学、地球科学(480)	自然科学总论(752)
数理科学(164)			

农业科学

农业基础科学(43)	农业工程(77)	农学（农艺学）(25)	植物保护(36)
农作物(72)	园艺(62)	林业(134)	水产、渔业(62)
畜牧、动物医学(202)	农业科学学报及综合类(367)		

社会科学

经济(1868)	管理学(67)	社会科学总论(891)	文化、教育、体育(3021)

图 3-3-30 期刊学科分类导航

5. 国外数据库收录导航

通过国外数据库收录导航可以查看被国际上常见数据库收录的国内期刊,见图 3-3-31。

	国家	数据库名称	数据库英文缩写
	中国	中文社会科学引文索引	CSSCI
	中国	中文社会科学引文索引扩展版	CSSCI-E
	中国	中国科学引文数据库	CSCD
	美国	Web of Science数据库	SCI
	美国	工程索引	EI
	美国	化学文摘（网络版）	CAS
	美国	国际药学文摘	IPA
	美国	剑桥科学文摘	CSA
	美国	石油文摘	PA
	美国	生物学文摘（预评）	BIOSIS Previews
	美国	应用力学评论	AMR
	美国	医学索引	PubMed
	美国	数学评论	MR
	德国	数学文摘	ZMATH
	英国	农业与生物科学研究中心文摘	CAB
	英国	高分子图书馆	PL
	英国	分析文摘	AA
	英国	动物学记录	ZR
	英国	世界纺织文摘	WTA
	英国	INSPEC数据库	INSPEC
	俄罗斯	文摘杂志	AJ
	荷兰	医学文摘	EMBASE
	日本	日本科学技术振兴机构数据库	JST

图 3-3-31　国外数据库收录导航

四、VERS 维普考试资源系统

VERS 维普考试资源系统（简称 VERS），是维普资讯有限公司专门为高等院校、图书馆研发的集日常学习、考前练习、在线考试等功能于一体的教育资源数据库。VERS 的考试题库资源涵盖了英语、计算机、公务员、司法、经济、考研、工程、资格、医学等领域，一站式的题库集中服务。VERS 目前拥有九大分类 200 多个细分考试科目的试卷 1.5 万余套，并按月更新增加最新的试卷。

（一）用户登录

VERS 维普考试资源系统，默认采用 IP 地址绑定认证登录的方式，在有效 IP 范围内可以直接使用系统所有资源，无需登录。如果 IP 不在授权范围之内，则输入用户名、密码，后点击 登录 ，就可以进入 VERS，见图 3-3-32。

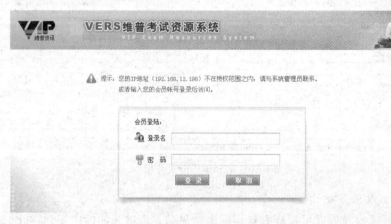

图 3-3-32　VERS 系统登陆界面

（二）题库资源导航

进入 VERS 首页，首先展示的是题库资源分类信息，点击分类名称即可查看该分类下的所有试卷信息，见图 3-3-33。点击大分类名称，进入相应分类页面，在这里可以查看到进一步的细分考试科目和相应的试卷量。

图 3-3-33　题库资源导航界面

（三）系统功能

用户通过 VERS 系统可以实现以下功能：模拟自测、随机组卷、专项训练、题库检索、我的题库、在线考试、自建资源，点击首页对应按钮即可进入。

五、《中国科学指标数据库》

《中国科学指标数据库》（China Science Indicators System，CSI）（http://csi.cqvip.com）是维普公司于 2009 年 6 月正式推出的一款资讯类产品，是一种基于引文评价的事实型数据库，主要用于衡量国内科学研究绩效、跟踪国内科学发展趋势。

CSI 涵盖了包括理、工、农、医和社会科学等方面的 4000 余种中文期刊，数据评价时段从 2000 年跨度至当前，每双月更新。CSI 依据《中国图书馆分类法》，分为 39 个学科对国内科研态势进行评价。用户可以通过本产品查看关于作者、机构、地区、期刊的科研水平及影响力评价，并了解当前国内的科研动态、研究热点和前沿。

（一）登录方式

CSI 默认采用 IP 地址绑定认证登录的方式，在有效 IP 范围内可以直接使用系统所有资源，无需登录。如果 IP 不在授权范围之内，输入用户名、密码，点击登录，就可以进入 CSI，见图 3-3-34。

图 3-3-34　CSI 登录界面

（二）产品资源概览

CSI 的内容包括三大部分：中国论文科学指标分析、中国海外论文科学指标分析、中国地区科技指标综合分析。用户登录成功后，可浏览 CSI 提供的三部分内容。左边导航区是 CSI 三个部分的入口，页面正中默认展示的是【高影响力指标揭示】的介绍，见图 3-3-35。

图 3-3-35　CSI 三部分资源的查询入口

（三）系统功能

1.中国论文科学指标分析

针对国内期刊论文对中国学者、机构、地区、期刊及国内科学发展动态和趋势做定量化的指标分析，同时向用户揭示前沿、反映热点。包括学者科学指标分析、机构科学指标分析、地区科学指标分析、期刊科学指标分析、学科排名、学科基线、研究前沿、高被引论文、热点论文九大方面。

2.中国海外论文科学指标分析

针对中国学者海外发布的期刊论文做机构、地区、学者的海外科学指标定量分析，同时用宏观数据向用户揭示中国科学研究在海外的影响力。包括中国机构海外科学指标分析、中国地区海外科学指标分析、中国学者海外论文科学指标分析、顶尖论文、各学科论文国际影响力与世界水平比较、SCI/EI/ISTP中国论文学科分布统计、SCI/EI/ISTP中国论文地区分布统计七大方面。

3.中国地区科技指标综合分析

提供各省、直辖市地区关于科学研究投入与产出的更多科技指标的详细分析。从9个方面予以体现,涉及地区的论文统计、专利统计、成果统计、技术市场、科技人员、科技经费、科技机构、科技活动、科技进步监测,所涵盖的指标共50项,用宏观数据再现地区的科技投入与产出关系,客观揭示地区的科技影响力及发展趋势。

中国地区科技指标综合分析采用自定义的模式,用户可以根据自己的个性化需求进行定制,对指标和地区进行随意组配,选择统计时间段,生成报告结果。

思考题

1. 维普资讯网的URL网址是什么?
2. 维普信息资源系统有哪几个数据库?
3. 中文科技期刊数据库有哪几种检索方式?
4. 快速检索方式可输入什么样的检索式?
5. 复合检索方式可输入什么样的检索式?
6. 用快速检索方式检出"高国兰撰写的有关卵巢癌的论文",写出其检索步骤。
7. 写出用复合检索式检出"李兰娟关于流行病传染病方面的文章"。
8. 写出"用氨酰心安、倍他乐定、普萘洛尔治疗心律失常"的检索式并进行检索。
9. 写出"作者周君富的有关抗氧化"方面的论文的检索式并进行检索。
10. 用高级检索方式填写出高级检索查询表,检索"用异博定、硫氮卓酮、普鲁卡因酰胺治疗房性扑动、房性纤维颤动、房性早搏"的文献。
11. 通过VERS维普考试资源系统可以实现哪些功能?
12. 中文科技期刊数据库(远程仓库)有哪几种检索方式?
13. 专业检索可以实现哪些查询功能?
14. 用"国外数据库收录导航"查找被《医学索引》(IM)收录的期刊。
15.《中国科学指标数据库》(CSI)有哪三大功能?
16.《中国科学指标数据库》(CSI)的基础是什么?

（浙江医学高等专科学校　方雅青　刘艳丽　　杭州市医学情报中心　杨丽静）

第四章　电子图书

第一节　电子图书概述

一、电子图书的概念

电子图书(electronic book,E-Book,eBook)是随着电子出版、互联网以及现代通信技术的发展应运而生的一种新的图书形式。电子图书的定义,众说纷纭,尚无准确的被相关行业认同的定义。

《梅里亚姆·韦伯斯特大学词典》2003年第11版提出电子图书的定义是:"以数字化的格式构成的或者转换成数字化格式以供计算机屏幕上或手持装置上显示的书籍。"

美国开放性电子书论坛(Open Book Forum)在《电子出版生态学的基准体系》0.78版中,对电子图书的界定是:"意在向公众传播、以电子方式存取、具有数字化物体形式的作品,其中包含一种或多种标准的唯一标识符、元数据和一种专题内容。"

简明牛津辞典的定义为:电子图书是以传统印刷方法出版的图书的电子版,是特别制作的为了方便读者可以在自己的个人计算机或者掌上计算机上阅读的新型图书。可以兼容多媒体文件,所以也可以被称为多媒体图书,主要在网络上传播。

王振德主编的《现代科技百科全书》将电子图书定义为:"一种以互联网为流通渠道、以数字化内容为流通媒介、以网上支付为主要交换方式的崭新的信息载体。"

国内学术界以及社会各界初步认定电子图书为:"代表人们所阅读的数字化出版物,从而区别于以纸张为载体的传统出版物,电子书是利用计算机技术将一定的文字、图片、声音、影像等信息,通过数码方式记录在以光、电、磁为介质的设备中,借助于特定的设备来读取、复制、传输。"

二、电子图书的构成要素

尽管对于电子图书的定义不一,但电子图书都由三要素构成:

(一)电子图书的内容

它主要以特殊的格式制作而成,可在有线或无线网上传播,一般由专门的网站组织而成,如国内通用的电子图书格式CEB、方正Apabi的XEB格式等。

(二)电子图书的阅览器

电子图书的阅览器包括个人计算机、个人手持阅读设备(专用阅读器、掌上电脑、平板电脑、PDA、手机等),国内的方正科技生产的电子图书手持阅读器"翰林电子书",国外的如GoReader电子图书等。

（三）电子图书的阅读软件

电子图书的阅读软件，如 Adobe 公司的 AcrobatReader，Glassbook 公司的 Glassbook，微软的 MicrosoftReader，超星公司的 SSReader，方正公司的 Apabi Reader 等。简而言之，只要能通过计算机、电视、移动电子设备或其他阅读器显示和阅读的图书信息，都可称为电子图书。

三、电子图书的特点

与传统纸本图书一样，电子图书也包含一定的信息量，按照传统书籍的编排格式以适应读者的阅读习惯，并通过被阅读而传递信息。但作为一种新形式的书籍，电子图书具有许多与传统书籍不同的特点：

（1）价格低廉，存储量大：电子图书采用无纸化存储，存储密度高，大大减少了木材的消耗与空间的占用，从而极大地降低了图书的制作与发行成本，且磁性储存介质使得电子图书能容纳更多的信息量。

（2）发行快速，传播便利：网络技术的飞速发展以及互联网信息的高速传输，使电子图书的复制更加迅捷、方便、廉价，作者可以省去出版和发行流程，而直接将作品呈现给读者。

（3）内容丰富，形式多样：电子图书是数字化的资料，不仅仅包含文字，还可以包含许多多媒体元素，如图像、声音、影像等，丰富了信息载体，使得信息更加形象生动。

（4）功能强大，使用方便：电子图书除了提供书签、标注、摘抄等功能外，还提供内容查找功能；而且可以更灵活地组织信息，将各种资料进行系统有机的组合，方便读者阅读。

当然，电子图书也有其不足的地方，如容易被非法复制，从而损害原作者的利益；信息安全问题得不到保障，数据易丢失；一些受技术保护的电子图书无法转移给第二人阅读；阅读舒适性不及传统图书，电子显示器容易造成视觉疲劳；阅读软件种类繁多且互不兼容，导致使用不便等。不过，随着电子信息技术的进一步发展，电子图书的发展也在不断推进，"电子书"的出现使得阅读电子图书的舒适性有所提高，且其获取便捷、携带方便等诸多特性，将会引领知识的传播与利用方式的巨大变革。

四、电子图书的类型

电子图书种类繁多，根据不同的划分方式，可分为不同类型。

（一）按载体划分

（1）光盘电子图书（CD-ROM，Compact Disc-Read Only Memory）：以光盘为存储载体，只能在计算机上单机阅读。主要包括一些图书或工具书的随书发行或单独发行的光盘，一般在图书馆有专门的收藏和管理。

（2）网络电子图书：以电子形式出版发行，以互联网为流通渠道、以数字内容为流通介质、以网上交易为主要支付手段的图书，通过网络技术来获取或检索阅读。网络电子图书可跨越时空和国界，为全球读者提供全天候服务，主要包括免费的网络电子图书和电子图书系统两种类型，免费电子图书多为一些公益网站、商业网站和个人网站，如"中国青少年新世纪读书网"；电子图书系统多为数字资源开发商和书商等设立的网站或数字图书馆，如美国 OCLC 的 Net Library、国内的书生之家、超星数字图书馆等。

（3）便携式电子图书：一般是特指一种存储了电子图书的手持式电子阅读器，也称为 Pocket EBook，通过这种电子阅读器的显示屏可以阅读各种存放在其中的图书。一个电子阅读器一般可存放成千上万页甚至更大量的图书内容，可以直接连在电脑上下载所需书籍，内置上网芯片的还可以方便地从互联网上购买及下载数字化的图书。便携式电子图书克服了电子图书的阅读受必要设备限制的缺点,推动了电子图书的快速发展,尤其是电子书和手机等阅读方式的出现,使电子图书进一步为人所接受。目前市场上的主要产品有亚马逊的 Kindle、汉王电子书、苹果 ipad 的 iBook 等。

(二) 按文件存储格式划分

电子图书的格式多种多样,常见的有 TXT、EXE、CHM、HLP、PDF、WDL、SWB、LIT、EBX、RB、EBK 等,这些格式大部分可利用微软 Windows 操作系统自带的软件打开阅读,还有一些由电子图书服务商所提供的电子图书所特有的格式,如 Net Library 的 NIKS、超星数字图书馆的 PDG、方正数字图书馆的 CEB 等。这些格式总体可归纳为两类:图像格式和文本/超文本格式。

1. 图像格式

即把已有的传统纸张图书扫描到计算机中,以图像格式存储。这类电子图书制作程序较为简单,适合于古籍书以及以图片为主的技术类书籍的制作。其内容较准确,但不易检索,显示速度比较慢,阅读效果欠佳。国内的中文电子图书多是以图像格式制作和存储的,如超星图书、书生之家图书和中国数图的图书等,上面提到的常见格式中 WDL、SWB、LIT 等均属图像格式。

2. 文本/超文本格式

指基于文本的电子图书,一般将书的内容作为文本,并有相应的应用程序。应用程序会提供华丽的界面以及基于内容或主题的检索方式、方便的跳转、书签功能、语音信息在线辞典等。这类电子图书主要为报纸杂志的合订本、珍藏本光盘,通常以 HTM、HTML、EXE 等超文本文件或执行文件的形式出现,CHM、HLP 属此类格式。

(三) 按发行方式划分

1. 纸本图书的翻版型

即传统图书的电子版、网络版,将传统的印刷型图书数字化后通过互联网传播,内容及排版均与其纸质图书一样。

2. 图书加工型

也是传统图书的网络版,但内容并不完全等同于其纸质图书,而是综合运用多媒体技术等手段对图书内容进行加工处理,使其可读性更强。

3. 在线出版型

即图书出版发行的全过程均通过网络进行,代表了网络图书发展的主流。一般指利用互联网完成选题策划、组稿、编辑加工、市场营销等环节,形成数字化作品,并通过互联网发行,是网络图书较为理想的出版形式。

第二节　书生之家数字图书馆

一、书生之家数字图书馆简介

书生之家是北京书生科技有限公司利用其全息数字化技术,经数百家出版单位授权建立起来的基于互联网的全球性中文书刊网上开架交易平台,2000 年 4 月正式提供服务。它集成了图书、期刊、报纸、论文、CD 等各种出版物的(在版)书(篇)目信息、内容提要、精彩章节、全部全文,是著书、出书、售书、购书、读书、评书的网上交流园地。电子图书按《中国图书馆分类法》采用多级类目方式进行分类,共设 31 个大类,设有四级目录导航。并提供强大全文检索功能。书生之家数字图书馆主要提供 1999 年以来中国大陆地区出版的新书的全文电子版。现有近 70 万种电子图书,每年以 6、7 万种的数量递增,所收图书涉及社会科学、人文科学、自然科学和工程技术等所有类别。

二、书生之家数字图书馆使用方式

书生数字图书馆针对不同的用户提供不同的服务方式,主要有面向机构用户的"资源门户"和面向公众用户的"书生读吧"。

(一)"资源门户"镜像站点

资源门户多以镜像站点形式提供给高校、企事业单位等机构图书馆用户,通过购买书生的数字资源,书生公司以控制 IP 地址的方式来限制访问权限。这种方式只能供本单位读者使用已购买了的数字资源。

1. 一站式简单搜索

资源门户以简洁的一站式简单搜索方式,可供用户检索期刊、论文、图书、外文图书、标准、法律、经济、视频、报纸、百科、教育等多种类型的资源,输入关键词即会自动返回各类资源的搜索结果,用户可以在不同类型资源间随意切换,并且可对搜索结果的年代、类别等进行限定以进一步缩小搜索结果范围。检索界面见图 4-2-1。

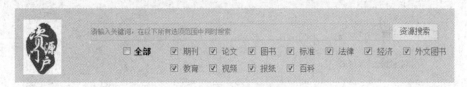

图 4-2-1　资源门户搜索界面

2. 限定资源类型搜索

除简单搜索外,还可针对不同的资源类型进行限定搜索,如搜索"图书"类型的资源,点击"图书"按钮,即进入图书资源搜索界面,见下图(图 4-2-2)。可将图书类型限定为"电子全文"或"小说",并可将检索字段限定为题名、作者、ISBN、主题词、简介、全文、其他。

图 4-2-2　图书搜索界面

3. 高级搜索

限定检索资源类型时,还可点击检索框上的"高级检索"按钮,从而进行更为复杂的检索,进一步对搜索关键词、图书出版年代进行限定(图 4-2-3)。

如找到感兴趣的结果后,点击即可直接查看。对于已经购买的资源库,可动态挂接到全文页面,访问全文。

检索实例:查找 2007 年至 2010 年出版的书名包含"药物化学"且有电子全文的图书。

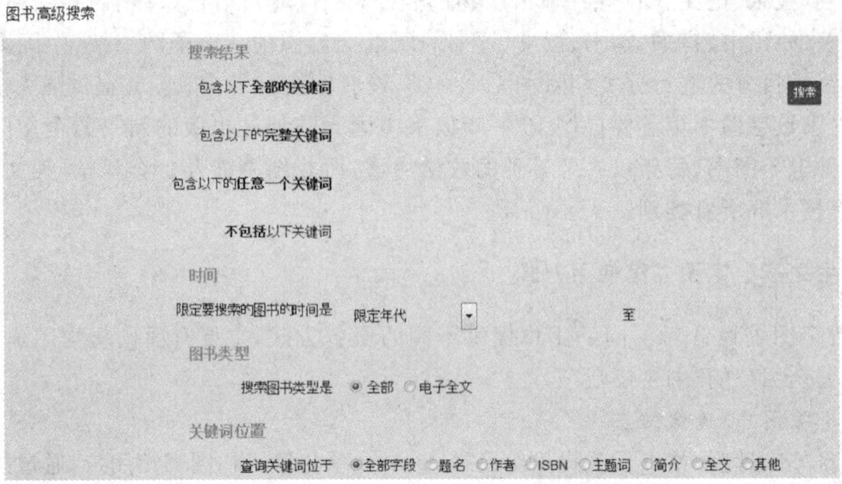

图书高级搜索

搜索结果

包含以下**全部**的关键词

包含以下的**完整**关键词

包含以下的**任意一个关键词**

不包括以下关键词

时间

限定要搜索的图书的时间是　　限定年代　　▼　　　　至

图书类型

搜索图书类型是　●全部　○电子全文

关键词位置

查询关键词位于　●全部字段　○题名　○作者　○ISBN　○主题词　○简介　○全文　○其他

图 4-2-3　图书高级搜索界面

采用图书高级搜索的方式,在第一个检索框内输入"药物化学",时间限定为 2007 至 2010,选择图书类型为"电子全文",关键词位置选择"题名",再点击"搜索"按钮,见图 4-2-4。

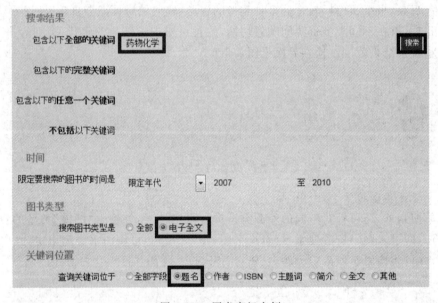

图 4-2-4　图书高级实例

搜索结果见图 4-2-5。

图 4-2-5　图书搜索结果

（二）"书生读吧"电子书门户

书生读吧（http://www.du8.com/）是面向公众用户的电子书门户网站，是电子书阅读、销售和交流的平台（图 4-2-6）。它通过在线书评、读书社区、作者专区、出版社专区、期刊社专区等服务，在达到"为书找读者，为读者找书"功能的基础上，让作者、读者、出版机构能够通过多种方式交流和沟通，极大地促进了电子书产业链各环节的互动。书生读吧提供的电子书都是有作者或出版机构授权、纯数字化的产品，发行、交易均通过互联网进行，真正意义上实现了物流、现金流、信息流的完全数字化，充分发挥了数字图书和互联网方便、快捷、及时、环保、低成本、多渠道等特点，扩大了知识的传播范围，加速了知识传播的速度，以高科技手段传播文化，传承文明。

图 4-2-6　书生读吧主页

1. 读吧分类

书生读吧将图书资源进行了多种分类组织，按照不同方式显示分类标签，主要有读吧分类标签和中图法分类标签，用户可以根据需要快速定位至感兴趣的图书领域。读吧分类标签将图书分为小说文学、生活时尚、财经企管、科学技术、人文社科、教育考试等类别；而中图法分类标签按照中图分类法的分类体系，对图书进行了极为详细的归类，细分至四级类目，如下图所示为医药卫生类的标签（图 4-2-7）。

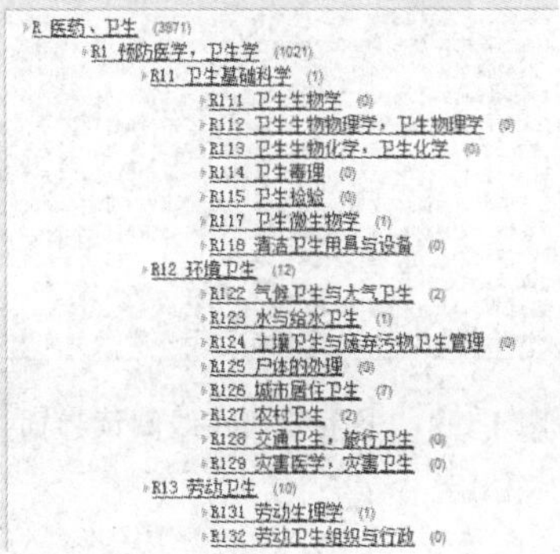

图 4-2-7　书生读吧中图分类

2. 读吧搜书

书生读吧可利用关键词直接进行图书的搜索,在首页右上角的搜书框内输入书名、作者、类别、出版社等检索词,点击"搜书"按钮,即可搜索图书,或者点击首页上方的"读吧搜书"按钮,进入搜书界面(图 4-2-8)。

图 4-2-8　读吧搜书

3. 图书阅读

用户找到感兴趣的图书后可在线阅读(图 4-2-9),而无需注册,其中部分图书必须注册为 VIP 会员才能阅读全文。用户注册并购买读书卡后,则可将电子图书下载到本机进行离线阅读,包括两种方式:①下载借阅,下载电子书到本机,使用书生阅览器在一个月内离线阅读;②下载购买,下载电子书到本机,使用书生阅览器离线阅读,永久收藏。下载需安装书生阅读器,且下载的图书将与下载硬件(台式机、个人笔记本电脑)捆绑,不能通过拷贝、邮件发送等形式转移到其他硬件上使用。

图 4-2-9　书生读吧在线阅读界面

第三节　超星数字图书馆

一、超星数字图书馆概述

超星数字图书馆成立于 1993 年,是国家"863"计划中国数字图书馆示范工程项目,由北京市超星电子技术公司与中国国家图书馆联合国内数十家地方图书馆、高校图书馆、出版社共同组建而成。2000 年 1 月,在互联网上正式开通,2011 年更名为超星网,其网址为 http://book.chaoxing.com,原先的网站也可链接至此。超星数字图书馆为目前世界最大的中文在线数字图书馆,拥有丰富的电子资源,收载了 1977 年至今的数字图书近百万种。根据中图分类法将电子图书分为 22 个大类,涉及经典理论、哲学、宗教、社科总论、政治法律、军事、经济、文化教育、语言文学、自然科学总论、医药卫生、计算机等多个学科,近百万册电子图书,500 余万篇论文,每天仍在不断的增加与更新。且数据更新快,新书数据上架周期短。丰富的图书资源不仅能够满足用户不同的专业需要,而且能随时为用户提供最新、最全的图书信息。

二、超星数字图书馆的特点

（一）版权优势

网络信息传播权已经成为数字出版面临的最大瓶颈之一,超星数字图书馆采取作者、出版社、中国版权保护中心三者结合的方式,数字版权由中国版权保护中心集体代理解决。并独创出以读书卡换取作者授权、一对一与作者签订授权的超星授权模式,从 2001 年起成功实践,至今已获得 30 万作者的授权。这不仅是全球最大规模的一次授权行动,而且在世界范围里,超星也是拥有最多授权作者的数字图书馆。

（二）技术领先

超星数字图书格式采用国际领先的 PDCT2 图像压缩技术,压缩比是常用压缩算法的几倍到几十倍;超星阅览器是目前国内使用人数最多、技术最为成熟、创新点最多的专业阅览器,提供了对数字图书的全文检索、摘录、读书笔记、书评交流等强大功能。

（三）资源丰富

超星拥有海量图书,内容丰富,范围广泛。目前,超星数字图书馆共拥有 51 万种电子数据资源,提供 100 万种书目供选择,其中 2000 年以后出版的近 30 万。数据总量 3 万 GB,并且每天仍以至少 20 万页的速度增加与更新。此外,超星数字图书馆提供了一些特殊的图书数据,如两院院士图书馆、中国社科院学者文库等。

（四）服务优势

超星数字图书馆可在线阅读、无地域时间限制,24 小时在线服务永不闭馆,只要上网可随时随地进入超星数字图书馆阅读到图书;节假日不休息的在线技术客服人员通过客服热线电话、在线论坛、电子邮件等为读者随时解答疑问。

三、使用方法与步骤

超星数字图书馆提供了多种图书浏览方式和检索功能,可直接在线阅读,也可下载和打印。用户可在 IP 允许的范围内或者凭超星读书卡将图书下载到本地计算机上进行离线阅读,离线阅读必须在超星网站下载并安装超星图书浏览器(SSReader)。

　　超星数字图书馆通过以下三种方式为用户提供服务:①通过超星数字图书馆读书卡会员站点为读书卡会员提供服务;②通过超星数字图书馆教育网镜像站点为高校团体用户提供服务;③通过图书馆服务器为高校团体用户提供图书馆本地镜像服务。

　　(一)登陆

　　有两种方式可选:

　　(1)校园网或本单位主页→图书馆或本部门首页→电子图书→超星电子图书。适用于购买了超星的数字资源,并在本地建立了镜像站点的集体用户直接访问,采用 IP 地址控制用户的使用权限。

　　(2)直接输入网址 http://book.chaoxing.com/或 http://www.ssreader.com/进入超星读书主页,注册后输入账户和密码,适用于购买了超星读书卡的个人用户。

　　(二)安装阅读器

　　阅读超星网站电子图书可以选择阅读器阅读和 IE 阅读两种方式。使用阅读器阅读,需先下载安装"超星阅读器";使用 IE 阅读,需首先下载 IE 插件。

　　超星阅读器(SSReader)是超星公司拥有自主知识产权的图书阅读器,是专门针对数字图书的阅览、下载、打印、版权保护和下载计费而研究开发的。经过多年不断改进,SSReader 现已发展到 4.1 版本,是国内外用户数量最多的专用图书阅读器之一。用户安装阅读器后,可免费在线阅读数十万种正规出版物电子书。除阅读图书外,超星阅读器还可用于扫描资料、采集整理网络资源等。

　　(三)检索

　　超星数字图书馆提供了分类检索、关键词检索和高级检索三种方式。下面主要以镜像站用户方式进行介绍。

　　1.分类检索

　　超星电子图书数据库对所收录的图书根据《中国图书馆分类法》分为 22 种大类(图 4-3-1)。提供从学科专业角度浏览和选择图书的途径,还可以在该图书分类的范围内进行二次检索。点击首页右边的图书分类下的类目,即进入分类检索界面,点击一级分类即进入二级分类,依次类推。末级分类的下一层是图书信息页面,点击书名超链接,即可链接到图书进行阅读。

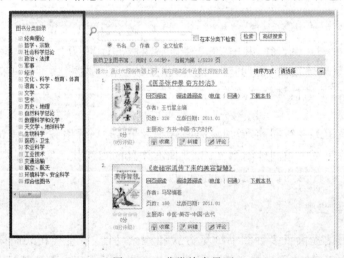

图 4-3-1　分类检索界面

检索实例：

①查找有关"药理学"方面的图书。

操作步骤：点击图书分类目录的"医药、卫生"类目→点击"医药、卫生"类目下的"药学"二级类目→点击"药学"下的三级类目"药理学"。检索结果见图 4-3-2。

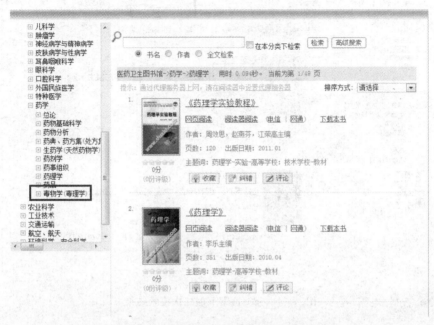

图 4-3-2　分类检索有关"药理学"方面的图书

②在上面检索的结果内进一步查找作者为周宏灏的图书。

在检索框中输入"周宏灏"，并选定"作者"检索字段，选定"在本分类下检索"，再点击检索，见图 4-3-3。

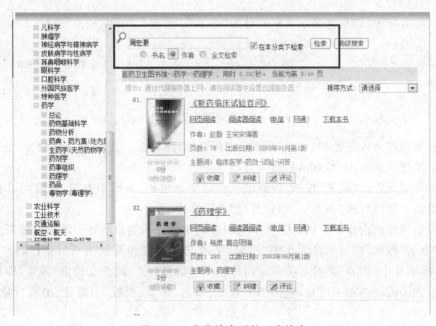

图 4-3-3　分类检索下的二次检索

　　结果如下图（图 4-3-4）。可见在此检索结果内还可再一次进行二次检索，即在结果中
搜索。

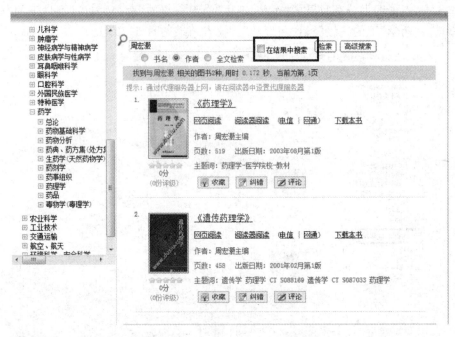

图 4-3-4　分类检索下的二次检索结果

2.关键词检索

　　关键词检索，即用所需信息的主题词（关键词）进行查询的方法（图 4-3-5）。在超星数字图
书馆首页的检索框内输入关键词，就可以根据书名、作者、全文检索三个字段对关键词进行检
索，默认为书名字段。

　　图书关键词检索步骤：

　　①选择检索字段（即信息显示类别），分为"书名"、"作者"、"全文检索"三种。

图 4-3-5　关键词检索界面

　　②在检索框内键入关键词，比如"药物"、"药物 治疗"，多个关键词之间要以一个空格隔
开。（提示：关键词越短少，检索结果越丰富。）

　　③按回车键或点击"检索"按钮，检索结果即可罗列出来，为便于查阅，关键词以醒目的红
色显示。检索结果还可按"书名"、"出版日期"进行排序。

　　④检索结果显示信息的差别。选择不同的查询信息显示类别所显示的检索结果是有差别
的。选择"书名"搜索，即显示检索库中"书名"字段与关键词相符的图书信息；选择"作者"搜
索，即显示检索库中"作者"字段与关键词相符的图书信息。选择"全文检索"搜索，即显示检索
库中所有包含关键词的图书信息，包括图书封皮、书名、作者、页数、出版社、出版日期、目录等
信息。

　　⑤检索结果罗列出来后，还可以选择"在结果中搜索"，在结果中进行更详细的检索。

关键词检索支持一个检索条件的检索,能够实现书名、作者或全部字段的单项模糊查询。通过对结果的二次检索,可以实现多项查询。

检索实例:查找书名包含"药物"的图书。

在超星首页的检索框内输入"药物",选择"书名"检索字段,点击"检索"按钮。

图 4-3-6 关键词检索

检索结果见下图(图 4-3-7):

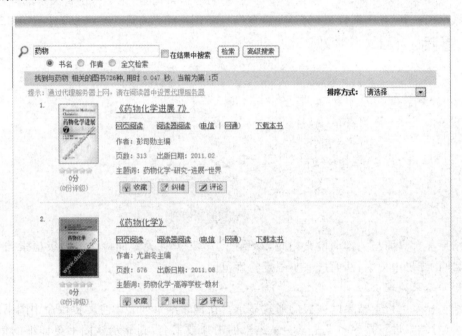

图 4-3-7 图书查找结果显示界面

3.高级检索

如果我们需要精确的搜索某一本书时,可以进行高级搜索。点击主页上的"高级搜索"按钮,则会进入下面页面(图 4-3-8),在此我们可以输入多个关键字进行精确搜索。检索字段包括书名、作者、主题词,可对检索词进行逻辑与"并且"、逻辑或"或者"的组配,并可限定图书出版年的范围,从而将检索结果限定在更精确的范围内。

图 4-3-8 检索界面

检索实例:查找 2005 年以来尤启冬主编的有关"化学"的图书。

①点击超星首页检索框后的"高级检索"(图 4-3-9)。

图 4-3-9　高级检索界面

②进入高级检索界面,第一检索字段选择"书名",检索词为"化学",逻辑关系选择"并且",第二检索字段选择"作者",检索词为"尤启冬",并将图书出版年限定为 2005 年至 2012 年,再点击"检索"按钮。

图 4-3-10　高级检索实例

③结果显示界面与关键词检索相同(参见图 4-3-7)。且关键词检索与高级检索均支持二次检索,即在结果中搜索,从而进一步限定检索范围。

4.检索结果处理

①结果显示。检索结果以列表的形式显示。在检索结果列表中主要提供命中图书的书目信息,并可对结果进行排序。点击某一条结果的图片或书名,则显示该图书更详细的信息,包括页数、关键词、章节目录等。

②二次检索。二次检索是在前一次检索的结果中,针对给出的新检索条件进行检索,即"在结果中搜索"。旨在缩小检索范围,提高检索的查准率。如果第一次检索的结果过多,可对检索结果进行二次检索。

③图书阅读。获得检索结果后,可以对图书进行阅读或下载。有两种阅读方式:网页阅读和阅读器阅读,均可阅读图书全文。

点击网页阅读,则在 IE 浏览器中直接打开图书全文,有三种模式:显示目录阅读、隐藏目录阅读、全屏连页阅读,且可指定阅读页面,点击相应目录页能直接跳转至相应内容。网页阅读时可转至阅读器阅读或下载,在装有超星阅读器的电脑上,点击网页阅读界面上的 按钮,即自动打开超星阅读器,在阅读器中阅读图书。超星数字图书馆中部分图书只能选择网页阅读方式。

采用阅读器阅读图书,通过阅览器的菜单栏、快捷按钮还可以对电子图书进行标注、文字识别、放大比例、书签等操作。

④图书下载及打印。镜像库资源提供下载服务,如果要将下载后的图书放到另一台计算

机上阅读,则必须要先注册。点击检索结果中的"下载本书",则超星阅读器自动打开并开始下载,并保存在个人图书馆的相应文件夹中。在线阅读的图书或已下载到本地的图书均可打印到纸张进行保存。

四、超星阅读器的使用

(一)文字识别

阅读超星 PDG 图像格式的图书时,可以使用文字识别(OCR)功能将 PDG 转换为 TXT 格式的文本保存,方便了信息资料的使用。

操作方法:在阅读书籍时,在阅读书籍页面点击鼠标右键选择"文字识别"(或点击工具栏/任务的 ⊤ 按钮),然后按住鼠标左键任意拖动为一个矩形框,其中的文字全部被识别,识别结果在弹出的一个窗口中显示。识别结果可以直接进行编辑、导入采集窗口或者保存为文本文件(txt.)。由于是对图像进行识别,因而识别结果也有误差,需仔细核对。

(二)书签

书签内容包括网页链接和书籍链接。利用"添加书签"可以将当前页面信息添加到书签管理器中,并可以在将来调用。在书签管理器下,还可以对书签进行修改和删除等操作。在书籍阅读窗口点击"书签"菜单,再点击"添加",根据提示完成操作,书签记录书籍的书名及当前阅读页数。点击"书签"菜单选择"书签管理",在弹出的提示框中对已经添加的书签进行修改。

(三)标注

在阅读书籍时需要对重点内容作标记或记录笔记等,可通过超星阅读器的标注功能实现。标注形式有批注、铅笔、直线、画圈、高亮、链接等。使用"标注"功能的方法有两种:①阅读图书时,点击工具栏中的标注图标,将会弹出标注工具栏;②阅读图书时,在图书的阅读页面上点击鼠标右键选择"标注"→"显示标注工具",在标注工具中选择铅笔工具,即可在页面上进行标注。

(四)资源管理

打开超星阅读器的资源列表选项卡,左边一栏显示了所有的资源内容,包括本地图书馆、光盘、数字图书馆三部分。本地图书馆分为个人图书馆和其他,用于存放用户下载的图书,管理本地硬盘文件,建立个性化专题。在分类上点击鼠标右键选择"新建",在弹出的窗口中选择存放路径,点击确定,则建立一个与该分类同级的目录;右键选择"新建子分类",则建立一个下位类目。此外,还可对类目进行复制、剪切、粘贴等操作,以及导入、导出数据备份。

(五)打印、下载资料的使用

在线阅读的图书或已下载到本地的图书均可打印到纸张进行保存。方法是:在正在阅读的图书上点击鼠标右键,从弹出的菜单中选择"打印"命令,可将正在阅读的图书进行打印。下载的资料可以离线阅读,且注册用户下载的资料可在另一台电脑上阅读。

此外,超星阅读器还可用于对所读图书发表评论、发表自己的文章、浏览互联网网页、采集整理网络资源、扫描资料等。

第三节　其他常见的国内电子图书

一、方正阿帕比电子书及数字图书馆系统——中华数字书苑

中华数字书苑是方正阿帕比（Apabi）推出的专业华文数字内容整合服务平台，旨在为图书馆、企业、政府等客户及其读者提供在线阅读、全文检索、离线阅读、移动阅读等数字内容和知识服务。通过中华数字书苑，读者可以第一时间看到资源信息并在线翻阅，精准快速地找到感兴趣的内容，还可以与好友一起交流阅读体验，创建属于自己的个性化首页，从而快速、便捷地浏览到自己关心的知识和新闻。

中华数字书苑以数据库方式，收录了新中国成立以来大部分的图书全文资源 220 万种、全国各级各类报纸 600 多种、全国各级各类年鉴 2000 种、工具书 2000 多种、专业图片 50 万张、1 万多张对外对外经贸权威数据和统计表格等特色资源产品。其中，图书涵盖中图法所有分类，涉及中国政治、经济、历史、文化等各个领域，均是全国各大出版社的原版原式的图书。通过 Apabi Reader 进行阅读，其格式适用于多种终端设备：PC，Ipad，手机、触摸屏等等。数字报则收录了全国各大报社的报纸，更新及时，种类丰富。工具书收录了《辞海》、《中国大百科全书》、《汉语大词典》等著名工具书，共有包括百科全书、辞典、图录等 14 个体裁种类，涵盖了政治、哲学、宗教、社会科学、经济、文化艺术、语言、文字、文学、历史、地理、理工、医药卫生、农业科学等诸多学科领域，并按照工具书特点，设置了字词、人物、知识等多达 13 个专业方向的查找功能。作为工具书的一种，单独将年鉴收录，主要为了读者应用更方便。年鉴库所收录的年鉴资源，覆盖了我国国民经济及社会发展的各个领域和地区，已形成较权威的综合反映我国国情地情的信息资源体系。艺术图片库包含多个美术馆、书法馆、出土玉器馆、摄影馆、设计馆等等不同主题的艺术图片资源，高清显示，能够满足收藏、鉴赏、研究等各项需求，适用于：教育、研究领域各类有艺术、设计、建筑、考古、历史等相关专业的高校，以及艺术方向的科研院所；公共文化事业领域各级公共图书馆、博物馆等面向于大众需求的机构；政府、军队及事业单位各级政府机构部门及事业单位，满足提升人员素养的需求；新闻媒体各类电视台、广播电台、报社、出版社等传媒机构。对外经贸库收录了来自商务部最新最权威的经贸数据，为相关从业人员的决策研究等提供科学的数据参考。

此外，中华数字书苑还收录了 900 多家出版机构、50 万位作者的信息及其作品库，可为出版产业链中的作者、出版单位、发行单位、信息情报单位、读者提供各类信息服务，为政府提供覆盖行业的出版信息管理支持和相关决策支持服务。

二、世纪中数图外文电子图书

世纪中数图外文电子图书全文数据库是北京世纪中数图科技发展有限公司开发的具有自主知识产权的数据库系统，数据库系统中收录了大量从国外引进的外文原版电子图书。目前该数据库有 30 多万种外文电子图书，所收录的图书严格按美国国会图书馆分类法分类，全部采用 PDF 文本格式，使用国际通用的 ADOBE 阅读器。采用开放的管理平台，在 IP 允许范围内使用无并发用户限制、无副本限制、无下载限制，文字清晰，可进行常规检索和组合检索，使用方便快捷。

思考题

1. 与传统图书相比,电子图书有哪些优点?

2. 在"书生读吧"电子书门户检索一本自己感兴趣的图书,写出所用的检索词、书名、作者、出版社及出版时间。

3. 在超星数字图书利用高级检索方式检索书名包含"生药学"并且是 2005 年以后出版的图书。

4. 利用书生之家和超星数字图书馆检索专业书籍,并比较两者的特点。

第五章　特种文献资源

特种文献是指出版发行和获取途径都比较特殊的科技文献,一般包括会议文献、科技报告、专利文献、学位论文、标准文献、科技档案、政府出版物七大类。这些文献是本学科本专业最先进最前沿的,也代表当前最高水准的文献资源。特种文献特色鲜明、内容广泛、数量庞大、参考价值高,是非常重要的信息源,在医学文献检索中占有重要地位。

第一节　专利文献

一、概述

（一）专利

专利是指建立了专利制度的国家通过其政府机构(专利局)以法律形式保护发明人在一定时期内享有的技术专有权利。专利一般包括专利权以及获得专利权的发明创造,其中专利权是指国家专利管理机构依法授予专利申请人在规定时间内实施其发明创造的专有权。专利包括三个含义:一是专利权,它是属于知识产权保护的对象,具有排他性、时间性和地域性;二是取得专利权的发明创造;三是记载有详细的发明创造内容的专利说明书。其中的专利权和专利文献是专利的具体体现。

根据我国现行专利法,专利一般可分为以下三类:(1)发明类专利:是指对产品、方法或者其改进所提出的新的技术方案。它要求有较高的创造性水平,是三种专利中技术含量最高的一种,发明专利的保护期为20年。(2)实用新型专利:是指对产品的形状、构造或其组合所提出的适于实用的新的技术方案。一般是一些小的改革,实用新型专利的保护期为10年。(3)外观设计专利:是指对产品的形状、图案或其结合以及色彩与形状、图案的结合所做出的富有美感并适于工业上应用的新设计。外观设计专利只保护其所申请的产品外观,外观设计的保护期为10年。

根据我国现行专利法的规定,有关生物体的科学发现、疾病的诊断和治疗方法、动植物品种、智力活动的规则和方法、用原子核变换方法获得的物质均不能授予专利权。但下列情况,如诊断和治疗疾病而使用的物质、材料、仪器、设备和器具;烫发、染发等美容方法及物品的消毒方法;人体或动物之外进行的化验方法(如血液、大小便、脑脊液、胆汁、引流出的胃液等的检测方法);尸体的测试及处理方法;非诊断和治疗目的的测定生理参数的方法(如量血压/量身高);人体或动物体上所获取的信息的数据处理方法,可重复的获得新的微生物菌株的方法(如基因工程方法)也可授予专利权。

（二）专利文献及分类

专利文献是实行专利制度的国家及组织在审批专利过程中产生的官方文件及其出版物的总称。狭义的专利文献是指专利说明书和发明人证书等,广义的专利文献是指各种包括不公开的专利申请文件、专利公报、专利分类表、专利索引、专利题录、专利文摘、专利证书等。

专利文献的主体是专利说明书，是专利文献检索的最终目标。专利说明书分为扉页和正文部分，扉页包括文献号、申请号、申请日期、国际专利分类号、国别或机构、申请人、发明人、发明项目、文摘等；正文包括发明背景、所属的技术领域和技术特征等详细叙述、权利要求等；实用新型专利的正文主要是权利要求部分；外观设计专利只是该外观设计的若干图片或照片。

为了便于专利文献的管理，世界知识产权组织（WIPO）制定的《国际专利分类表》（International Patent Classification，IPC）来对专利文献行组织和管理，只有美国、日本等少数国家同时采用 IPC 和本国自有的专利分类体系。IPC 系按照技术主题（即方法、产品或设备）设立类目，以等级的形式将技术领域分为五个不同的级，即部（Section）、类（Class）、小类（Subclass）、组（Group）和小组（Subgroup）。

部用 A～H 8 个大写字母表示：

A 部：人类生活必需品（Human Necessities），包括农、轻、医。

B 部：作业、运输（Performing Operation，Transporting）。

C 部：化学、冶金（Chemistry，Metallurgy）。

D 部：纺织、造纸（Textiles & Paper）。

E 部：固定建筑物（Fixed Constructions），包括建筑和采矿。

F 部：机械工程；照明；热工；武器；爆破（Mechanical Engineering；Lighting；Heating；Weapons；Blasting）。

G 部：物理（Physics）。

H 部：电学（Electricity）。

每一部按不同的技术主题分为若干的大类，每一大类的类号由部的类号和两个阿拉伯数字组成；每一大类包括一个或几个小类，小类名用除了 A、E、I、O、U、X 的字母表示；组号由小类号加上 1～3 位数字，后跟/00 表示，小组号直接在斜杠后用除了 00 以外的至少两位数字表示。如：

部　　　A　　　　　　人类生活必需品
大类　　A61　　　　　医学或兽医学
小类　　A61P　　　　 化合物或药物制剂的治疗活性
主组　　A61P5/00　　 治疗内分泌系统疾病的药物
分组　　A61P5/24　　 治疗内分泌系统的性激素药物

IPC 分类号可以通过世界知识产权组织的专利分类号网站（http://www.wipo.int/classifications/zh/）查找。

（三）专利文献检索的途径

（1）序号途径：是指通过申请号、专利号等序号来检索专利文献的途径。通过已知的序号是检索专利文献最便捷的途径，并可进一步利用获得的分类号、优先权等信息和字段扩大检索；通过申请号、专利号还可以检索等同专利、接续专利等同族专利。

（2）人名途径：是指通过发明人、专利权人的姓名检索特定专利文献的途径。中文按照汉语拼音字顺，英文按照专利权人名称的字母字顺检索。专利权人不一定是发明人本身，也可能是他的单位或公司。

（3）主题途径：是指通过选取主题词、关键词并以它们为检索词查阅特定文献的途径。由于主题检索专指性强，可以用以跟踪某一课题的研究动态。

（4）分类途径：是指以分类号和类目名称检索特定文献的途径。目前多数专利国采用统一国际专利分类法（IPC）。

（5）优先项途径：优先项是指同族专利中基本专利的申请号、申请国、申请日期。由于同族专利或等同专利有相同的优先项，所以通过优先项检索可快捷地查获全部等同专利或同族专利。

二、国内专利信息的检索与利用

（一）中国国家知识产权局专利查询系统（http：//cpquery.sipo.gov.cn/，免费）

中国国家知识产权局专利数据库收录了 1985 年 9 月 10 日以来公布的全部中国专利信息，包括发明、实用新型和外观设计三种专利的著录项目及摘要，并可浏览到各种说明书全文及外观设计图形。

该网站的用户分为注册用户和普通用户，注册用户可以使用电子申请的注册用户名和密码登录，查询自己名下的专利申请的相关信息；普通用户即社会公众，可以通过关键词、申请号等，对已经公布的发明专利申请、发明、实用新型及外观设计专利申请进行查询，并可对专利申请的内容或审查结果发表评论。

普通用户在打开中国专利查询系统网站的首页后，点击"公众查询"中的进入图标，进入"中国专利查询系统使用声明"的页面，点击"我接受"，即可打开查询界面。检索界面见图5-1-1。

图 5-1-1　中国专利查询系统网站公众查询首页

公众查询系统只提供对申请号、发明名称和申请人的精确查询；同时支持组合查询，如申请人和申请日的组合，但是申请号、发明名称和申请人至少有一项不为空。检索结果见图5-1-2。

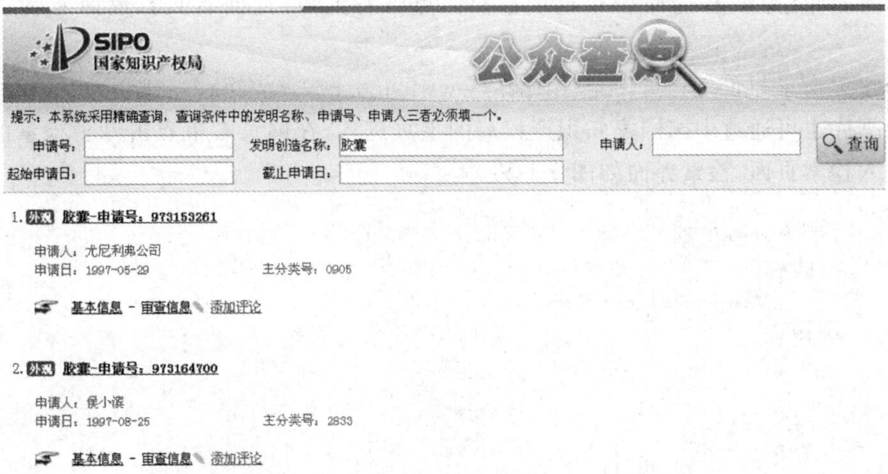

图 5-1-2 中国专利查询系统网站公众查询结果显示页面

点击专利名称或基本信息,可进入图 5-1-3 所示的界面,了解有关专利的著录项目信息、发明公告/授权公告和食物公告。

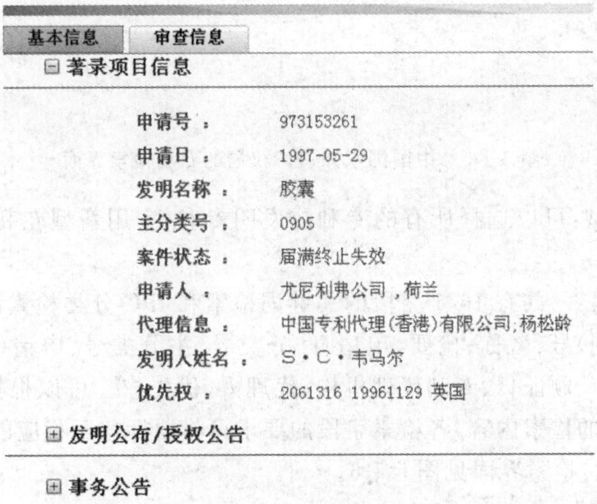

图 5-1-3 中国专利查询系统网站基本信息页面

审查信息的检索界面见图 5-1-4,包含了申请文件、中间文件、通知书文件、退信、证书等。

图 5-1-4 中国专利查询系统网站审查信息页面

点击右上角【返回】,返回公众查询首页。点击右上角【返回首页】,返回专利查询系统首页。

(二)中国国家知识产权局网站(http://www.sipo.gov.cn/zljs/,免费)

该数据库也可通过中国国家知识产权局的主页进入,在网页右下点击专利检索的高级检索按钮进入检索页面,检索界面如图5-1-5:

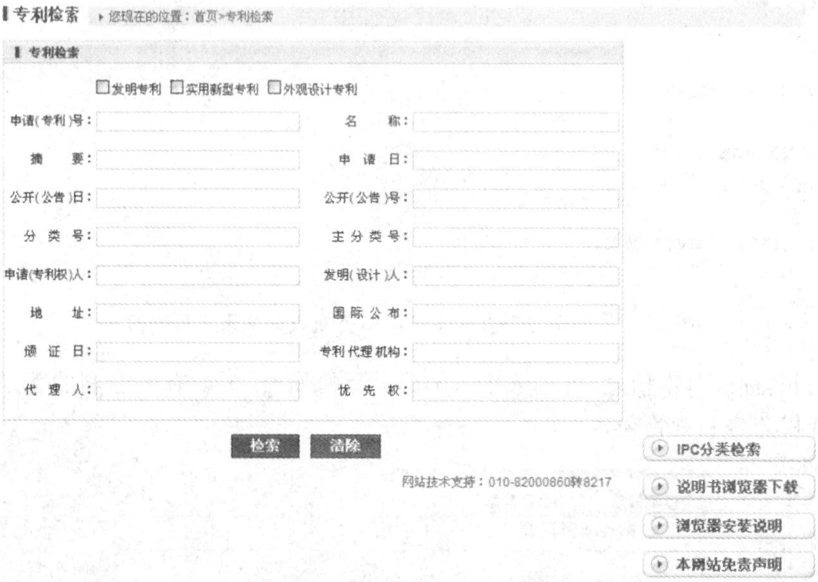

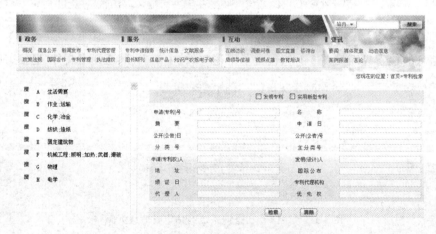

图 5-1-5　中国国家知识产权局的专利检索界面

(1)选择专利类型:可以选择所有的专利或发明专利、实用新型专利、外观设计专利中的一种。

(2)选择检索字段:一共有16个字段的关键词检索和IPC分类检索两种检索途径。关键词检索包括申请(专利)号、名称、摘要、申请日、分类号、主分类号、申请(专利权)人、发明(设计)人、地址、国际公布、颁证日、专利代理机构、代理人、优先权。可以根据需要其中之一或多个检索字段输入相应的检索内容,各检索字段的要求可将鼠标移至相应的检索框查看提示。

(3)IPC分类检索:检索界面见图5-1-6。

图 5-1-6　IPC 分类检索的界面

左边列出了国际分类号，每个部下详尽地列出了分部、类目。右边是检索字段，因此可以根据从分类号层层点击到所需的类目，也可用 IPC 分类检索和关键词组合检索，可以提高检索结果的相关性。

(4)检索结果：点击检索结果中的专利标题可以进入专利著录项显示项，见图 5-1-7，点击页面上方的申请公开说明书或审定授权说明书即可阅览专利说明书全文，说明书为 TIF 格式文件，在线阅读必须下载网站提供的专用浏览器。

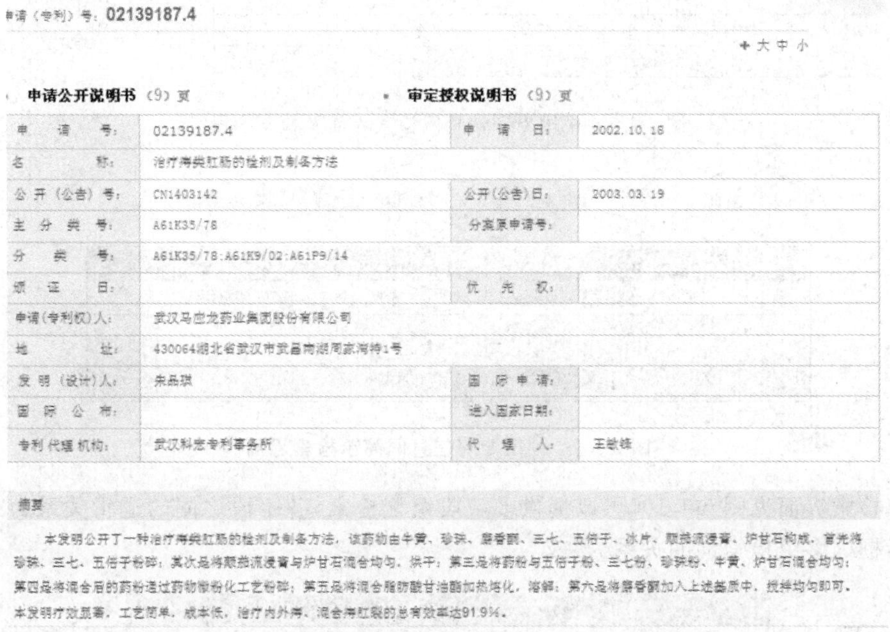
申请（专利）号：02139187.4

+大 中 小

申请公开说明书（9）页　　审定授权说明书（9）页

申请号：	02139187.4	申请日：	2002.10.18
名称：	治疗痔疮肛裂的栓剂及制备方法		
公开（公告）号：	CN1403142	公开(公告)日：	2003.03.19
主分类号：	A61K35/78	分案原申请号：	
分类号：	A61K35/78;A61K9/02;A61P9/14		
颁证日：		优先权：	
申请(专利权)人：	武汉马应龙药业集团股份有限公司		
地址：	430064湖北省武汉市武昌南湖周家湾特1号		
发明（设计）人：	朱品琪	国际申请：	
国际公布：		进入国家日期：	
专利代理机构：	武汉科忠专利事务所	代理人：	王敏锋

摘要

本发明公开了一种治疗痔疮肛裂的栓剂及制备方法，该药物由牛黄、珍珠、麝香酮、三七、五倍子、冰片、颠茄流浸膏、炉甘石构成。首先将珍珠、三七、五倍子粉碎；其次是将颠茄流浸膏与炉甘石混合均匀，烘干；第三是将药粉与五倍子粉、三七粉、珍珠粉、牛黄、炉甘石混合均匀；第四是将混合后的药粉通过药物微粉化工艺粉碎；第五是将混合脂肪酸甘油酯加热熔化，溶解；第六是将麝香酮加入上述基质中，搅拌均匀即可。本发明疗效显著，工艺简单，成本低，治疗内外痔、混合痔肛裂的总有效率达91.9%。

图 5-1-7　中国国家知识产权局的专利检索结果界面

(三)中国专利信息网(http://www.patent.com.cn，免费)

中国专利信息网由国家知识产权局专利检索咨询中心开发创建的，国内第一个在因特网上免费提供中国专利检索与专利技术产品信息服务的专业网站。1998 年 5 月底建成并开通，收录了 1985 年至今的中国专利信息。该数据库的检索须先注册，提供免费检索服务。检索界面包括简单检索、逻辑组配检索和菜单检索三种方式，三种检索方式都支持布尔逻辑运算。

默认的检索方式是逻辑组配检索(图 5-1-8)，其中有 18 个检索字段供选择，包含申请号、公告号、公开号、国际分类号、公开日、公告日、授权日、国家省市、发明名称、申请人、发明人、联系地址、代理人、代理机构地址、权利要求、摘要、全部字段。检索提问输入框可分别输入多个关键词并进行组配，空格、逗号、* 和 & 这四个符号(支持半角和全角)及“AND”都可以表示“且”的关系；“+”，“|”，“OR”都表示“或”的关系；减号(支持全角和半角)、“NOT”都表示“非”的关系。

简单检索界面见图 5-1-9，只需在检索框内键入关键词，各关键词之间用空格隔开，默认逻辑联系是“且”的关系，也可选择检索框下方的选项选择检索词的逻辑关系，最后单击检索按钮。系统会在新打开的窗口中列出检索结果。

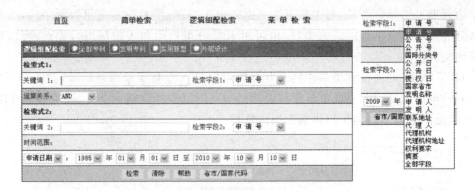

图 5-1-8　中国专利信息网检索界面及检索字段

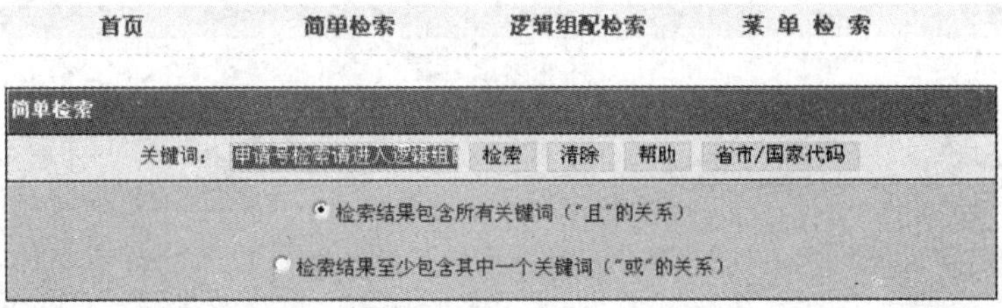

图 5-1-9　中国专利信息网简单检索界面

菜单检索界面见图 5-1-10，可以提供多字段组配检索，各字段之间的逻辑关系为"AND"，同一检索框内多个检索词的关系为"或"。

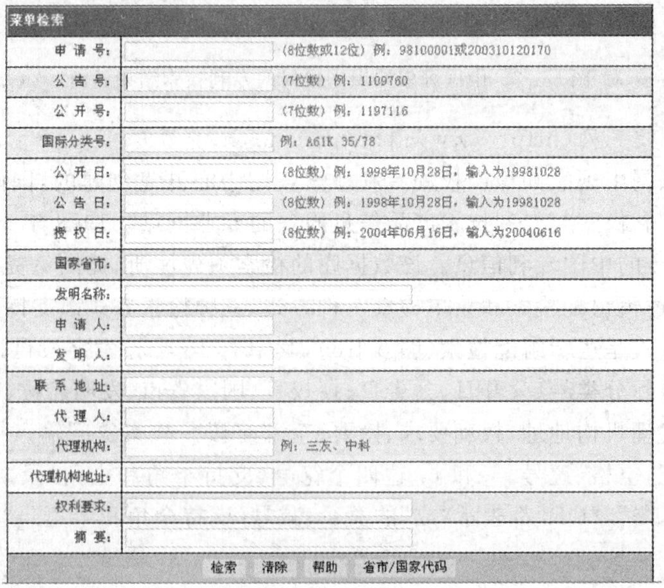

图 5-1-10　中国专利信息网菜单检索界面

点击专利名称链接，系统会弹出中文专利题录信息界面，点击该网页上方的"浏览专利全文"即可打开该专利的全文。用户可进行浏览、打印。正式用户和高级用户可以查看并打印和下载发明专利、实用新型专利说明书的全部内容，而外观设计需要另行收费，免费用户只能浏览专利全文说明书的首页。

（四）中国医药信息网（http：//www.cpi.gov.cn/，题录免费）

此网站是由国家食品药品监督管理局信息中心主办的医药行业信息服务网站。在其数据库检索栏目中提供了"中国药品专利数据库"和"美国批准药物专利和独占权失效信息数据库"的检索。

中国药品专利文献数据库的内容包括1985年以来在中国申请的中西药品、保健品、饲料添加剂及原料、中间体的发明专利文献，该数据库每1.5月更新一次。要浏览摘要和全文需要授权使用。

美国批准药物专利和独占权失效信息数据库为英文数据库，所用的检索词必须采用英文。同时附有专利用途代码一览表、独占权类别代码一览表和美国专利与独占权常见问题以供参考。

（五）国家科技图书文献中心中国专利库（http：//www.nstl.gov.cn/）

数据库主要收录中国国家知识产权局从1985年以来的所有公开专利，每月更新。目前该数据库题录和文摘免费，全文通过全文传递的方式有偿提供。用户可以选择专利名称、发明人、申请人、摘要、申请号、申请日期、公开号、公开日期、分类号、专利类型、申请人地址、专利分类号等不同字段进行检索，还可使用逻辑与、或、非等进行组配检索，检索项可以通过 增减。

（六）其他

万方数据库的专利数据库（http：//c.wanfangdata.com.cn/Patent.aspx）该数据库收录从1985年至今受理的全部专利数据，包括专利公开（公告）日、公开（公告）号、主分类号、分类号、申请（专利）号、申请日、优先权数据项等。可从说明书、专利名称、申请人、申请号、公告号等途径来检索，检索界面和方法与万方的其他数据库基本相同。

《中国专利全文数据库（知网版）》（图5-1-11）收载了从1985年至今的中国专利，每两周更新一次。包含发明专利、实用新型专利、外观设计专利三个子库，可以通过申请号、申请日、公开号、公开日、专利名称、摘要、分类号、申请人、发明人、优先权等检索项进行检索，并一次性下载专利说明书全文。有初级检索、高级检索、专业检索以及学科导航四种检索方法。同时有相似专利、相关科技成果、发明人发表文献、专利研制背景、应用和研究动态，可以完整地展现该专利产生的背景、最新发展动态、相关领域的发展趋势。并能免费下载caj格式的全文。

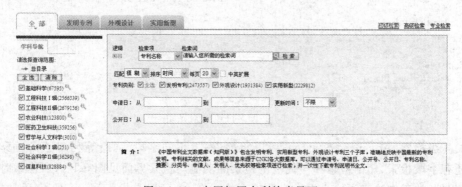

图5-1-11 中国知网专利检索界面

三、国外专利信息的检索与利用

（一）美国专利商标局网上专利检索数据库（http：//patft. uspto. gov/，免费）

该数据库由美国专利商标局（USPTO）提供，收录了 1976 年至今的美国专利，每周更新一次数据。包含 Issued Patents（授权专利数据库）和 Patent Applications（申请专利数据库）两部分。授权专利数据库提供了 1790 年至今各类授权的美国专利，包括有 1790 年至今的图像说明书，1976 年至今的全文文本说明书并附图像联接；申请专数据库则提供了 2001 年 3 月 15 日起至今的专利申请说明书的文本和图像。（见图 5-1-12）

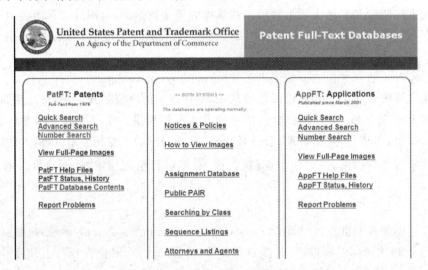

图 5-1-12　美国专利商标局网上专利检索数据库

（1）快捷检索（Quick Search）：首先在检索输入框中输入检索词，然后选择限定字段，默认为所有字段，最后选择年份。各检索词之间支持逻辑运算。检索界面见图 5-1-13。其中 1790—1975 年的专利只能用专利号和当前美国专利分类号进行检索。

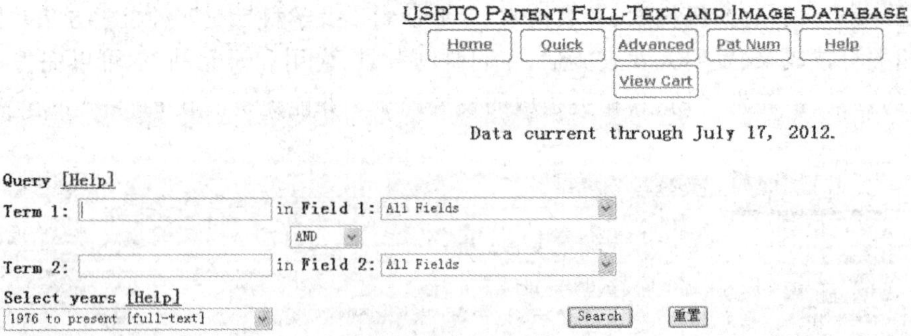

图 5-1-13　快速检索界面

（2）高级检索（Advanced Search）：可以将检索式、不同字段、词组等利用逻辑运算符连接检索，还有字段检索、短语检索和年代范围检索的功能。检索界面见图 5-1-14。检索时首先选择检索年份，然后在检索词输入框中直接输入检索命令，可以是检索词、短语、字段加检索词、逻辑运算符，在检索框的下面列出了各字段的代码表；点"Search"，即获得相关检索结果。具体检索方法参见页面上的"Help"。

(3)专利号检索(Patent Number Seacher):用于知道专利号和专利申请号的情况下的快速检索,系统自动对1790年至今的数据库进行检索,不需限定年限。只要在检索词输入框中输入个或多个专利号,并用空格隔开,然后点击Search按钮即可。检索界面见图5-1-15。

(4)精确检索(Refined Search):该检索框在快速检索和高级检索的检索结果页面中出现。主要用于在检索结果中缩小检索结果,使检索果更加准确。检索表达式与高级检索的检索表达式相同。

Data current through July 17, 2012.
Query [Help]
Select Years [Help]
Examples:
Field Code
Field Name

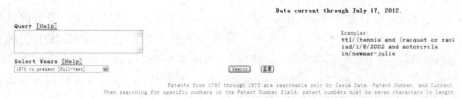

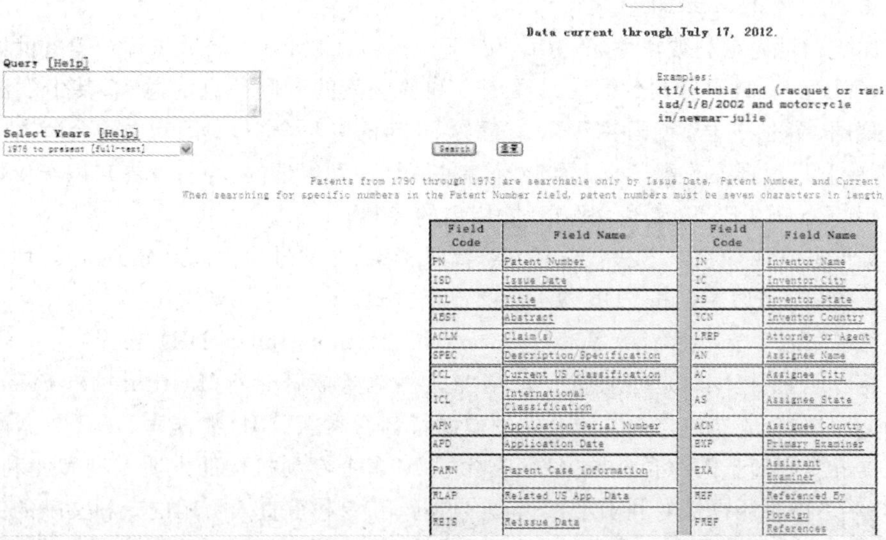

图5-1-14　高级检索界面

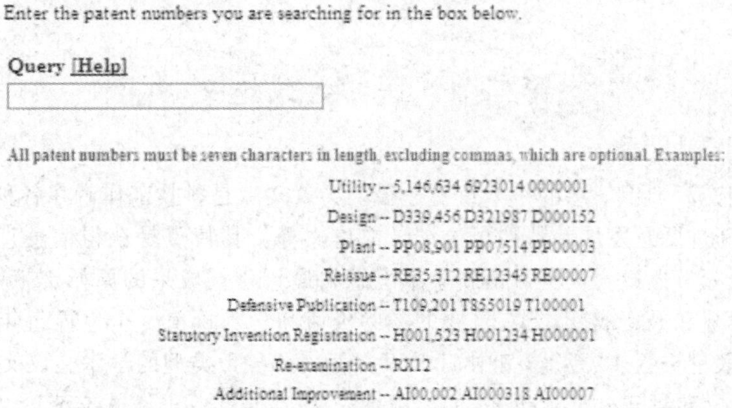
Enter the patent numbers you are searching for in the box below.
Query [Help]
All patent numbers must be seven characters in length, excluding commas, which are optional. Examples:
Utility -- 5,146,634 6923014 0000001
Design -- D339,456 D321987 D000152
Plant -- PP08,901 PP07514 PP00003
Reissue -- RE35,312 RE12345 RE00007
Defensive Publication -- T109,201 T855019 T100001
Statutory Invention Registration -- H001,523 H001234 H000001
Re-examination -- RX12
Additional Improvement -- AI00,002 AI000318 AI00007

图5-1-15　专利号检索界面

(5)检索结果:检索结果以题录显示,点击专利号或篇名,则显示该专利的摘要和全文(TXT格式),包括著录项、摘要、引用专利、权利要求、说明书全文等。如需要显示该专利的扫描图像,点击“Images”键即可,但必须安装浏览器插件。

(二)日本专利局网上专利检索数据库(英文)(http://www.jpo.go.jp/,免费)

该数据库由日本特许厅工业产权数字图书馆提供,有英语和日语两种语言,收集了各种公报的日本专利(特许和新案)。英文版收录了1993年至今公开的日本专利题录和摘要,日文版收录 1971 年至今的公开特许公报,1885 年至今的特许发明证书,1979 年至今的公开特许公报等专利文献。

(三)欧洲专利局专利检索数据库(http://worldwide.espacenet.com/,免费)

此数据库由欧洲专利局和欧洲专利组织(European Patent Organization,EPO)的 18 个成员的专利机构在 1998 年在因特网上免费向用户提供专利文献检索的数据库,可以免费检索 80 多个国家和地区的专利,大部分可以在线浏览和下载。可以选择英文、德文和法文任何一种语言检索。

数据库包括世界专利数据库(Worldwide Patents)、欧洲专利局数据库(EP)、世界知识产权数据库(WIPO)。世界专利数据库是欧洲专利局收集的专利信息的总和,其中欧洲专利组织、法国、德国、瑞士、美国、英国、WIPO 有近约 30 年的专利全文,中国和中国台湾地区则只有摘要;欧洲专利局数据库收载了近两年的公布的欧洲专利申请的专利;世界知识产权数据库收载了近两年的公布的 PCT(专利合作条约)申请的专利。

此数据库共有四种检索方法:快速检索、高级检索、专利号检索以及分类检索,均支持布尔逻辑运算。提供了 HTML 和 PDF 两种全文显示方式。

(四)德温特世界专利索引数据库(Derwent Innovations Index,DII)

德温特专利索引(DII)是德温特公司与美国科学情报研究所(Institute for Scientific Information,ISI)联合成立的公司共同开发的德温特创新索引(DII)数据库。DII 数据库是一个全面反映世界专利信息的综合性数据库,收载了 40 多个专利机构的发明专利和专利,并可追溯到 1963 年。同时还提供专利引文索引,含发明人和专利审查人引用的专利文献的信息。

DII 数据库分成化学工程、电气电子和机械工程三部分。有快速检索、一般检索、高级检索、被引专利检索、化合物检索和精确检索六种检索方式。检索结果可以在线浏览、保存、打印或通过 E-mail 发送到用户邮箱,注册用户可以将结果保存到用户文件夹中。

第二节　医学会议论文

会议是人们交流知识信息的一个重要途径。会议文献是科技工作者在各种学术会议上交流科研新成果、新进展及发展趋势的讨论记录或论文等。其特点是获得信息直观,反馈迅速。会议文献是科技人员通过会议交流最新学术思想和最新科技成果的原始文献,反映了当代科学技术的最高水平和最新成就,具有重要的参考价值和学术价值。全世界每年召开科技会议达 1 万多次,发表论文数 10 万篇,其中 75% 以上发表在各种类型的学术会议文献上。

科技会议论文包括正式交流论文,如出版会议文献,也包括非正式交流论文,如会上发言、讨论、座谈。而且随着网络的普及,利用 Internet 或局域网进行的网上会议也越来越多,即被称为"半正式"交流。凡是在会议中和会议前后形成的文献都称作会议文献。

医学会议文献同样反映了当代医学的新成果、新见解和新进展,一般医学会议论文包括医学会议消息和医学会议论文。会议消息预告学术会议召开的信息,是撰写会议论文和参加学术会议的指南;会议论文是指在学术会议上宣读或交流的论文,经整理后出版的文献,主要出版形式为会议录(专题论文集、会议论文汇编、会议论文集、会议出版物、会议辑要)及期刊论文。会议录是会议主办者出版的会议论文集;期刊论式式的会议文献则以单篇专文出现在专刊、特刊或在期刊上的会议论文。会议文献能及时反映了国内外的最新发展水平和动态,这一性质决定了其学术性和新颖性不同于其他文献。

一、医学会议消息的查找

获取医学会议消息的传统途径有专门的会议文献检索刊物、专业期刊上的会议消息报道、专业学会的会议通知等。也可利用互联网查找，一般可以通过医学会议消息网站查找。

（一）中国医护服务网会议频道（http://meeting.bimtdoctor.com/）

该网页按照会议内容对医学会议进行分类，其检索方法可以按照科室、时间、地点等进行检索，也可按照简单检索和高级检索进行查找。例如要查找有关药学类的会议信息，点击科室下的"其他医学会议"，选择"药学"，即可获得相关的会议信息，并可在线报名参加。

（二）中国药学会（http://www.cpa.org.cn/Index.html）

中国药学会网站首页左边有学术交流和会议信息的工具栏，点击其中一个后可获得相关的中国药学会举办的会议信息。

（三）上海图书馆会议资料数据库（http://www.library.sh.cn/skjs/hyzl/）

该数据库提供 1986 年至今约 40 万件资料网上篇名检索服务，每年将新增数据 3 万条。可按篇名、作者、会议名、会议地点、会议时间等进行检索，并且提供全文复印服务（图 5-2-1）。

图 5-2-1　上海图书馆会议资料库

（四）中华医学会的学术活动（http://www.cma.org.cn/index/indexxshd/）

该网站由中华医学会建立，提供当年医学会各专业委员会召开的会议消息。

二、医学会议文献的查找

（一）中国学术会议论文全文数据库（CACP,http://www.wanfangdata.com.cn/）

该数据库是万方数据资源系统科技信息系统中的一个数据库，是国内学术会议文献全文数据之一。其收录了中国科技信息研究所提供的，1985 年至今世界上的国家级学会、协会、研究会主办的各种学术会议论文，其范围覆盖自然科学、工程技术、农林、医学等领域，共收录论文二百多万篇。该数据库可以从会议信息检索，也可以从论文信息检索，是了解国内学术动态、进行科学研究必不可少的检索工具。

《中国学术会议论文全文数据库》分为两个版本：中文版和英文版。中文版所收载的会论文内容是中文；英文版主要收录在中国召开的国际会议的论文，论文内容多为西文。

图 5-2-2　中国学术会议论文全文数据库检索界面

检索方法有快速检索、简单检索、高级检索、经典检索、专业检索和精确检索,精确检索在检索结果的界面,主要用于在检索结果中缩小检索结果,使检索果更加准确。检索字段有标题、论文标题、作者、会议名称、中图分类、关键词、摘要、全文、会议时间、主办单位等,并可对各检索字段进行逻辑运算。

检索结果显示了符合检索条件的论文摘要,并显示了论文在各个领域和时间段的分部,点击论文标题可以看到论文的全文。

（二）中国重要会议论文全文数据库(CPCD,http://acad.cnki.net/)

中国重要会议论文全文数据库是中国知识资源总库(CNKI)中的一个子库,重点收录了我国 1999 年以来中国科协、社科联、省级以上的学会、协会、高校、科研院所、政府机关等举办的重要会议的论文集,部分连续召开的重要会议论文可追溯到 1953 年。截止 2012 年 6 月,累计文献总量达 170 多万篇。

数据库分为 10 个专辑,分别为基础医学、工程科技Ⅰ、工程科技Ⅱ、农业科技、医药卫生科技、哲学与人文科学、社会科学Ⅰ、社会科学Ⅱ、信息科技、经济与管理科学。专辑下分为 168 个专题数据库和近 3600 个子栏目。

图 5-2-3　文献检索界面

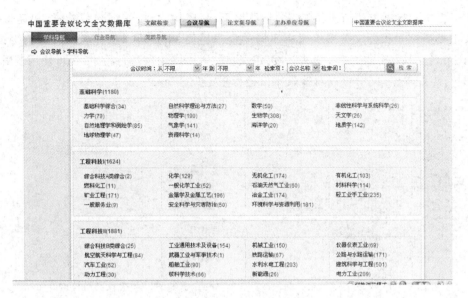

图 5-2-4　会议导航界面

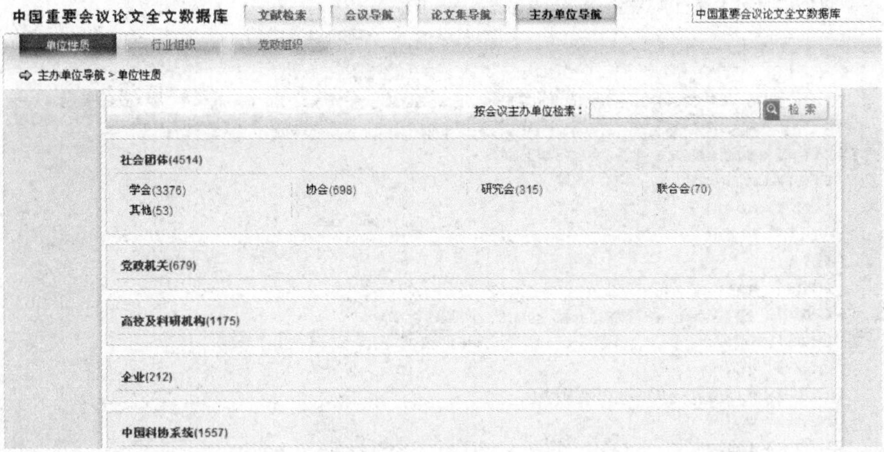

图 5-2-5　主办单位导航界面

数据库有文献检索、会议检索、论文集导航、主办单位导航四个工具栏。文献检索有快速检索、标准检索、专业检索、作者发文检索、科研基金检索、句子检索、来源会议检索七种方法。会议导航和论文集导航又细分为学术导航、行业导航和党政导航,学术导航又分成178个学科,行业导航和党政导航是自行编制的分类方法。主办单位导航细分了单位性质、行业组织、党政组织。检索方法和期刊论文检索方法类似。

（三）国家科技图书文献中心（http://www.nstl.gov.cn/）

国家科技图书文献中心的会议论文数据库包括中文会议论文数据库和西文会议论文数据库。

中文会议论文数据库是国家科技图书文献中心的其中一个子数据库,主要收录了1985年以来我国国家级学会、协会、研究会以及各省、部委等组织召开的全国性学术会议的论文。数据库的收藏重点是自然科学各专业领域,每年涉及600多个重要学术会议,每季或每月更新,目前一共收录了近150万篇会议论文。目前该数据库题录和文摘免费,全文需要通过文献传递的方式提供。检索方法有普通检索、分类检索、高级检索、按馆藏单位检索、快速检索等途径。文献类型检索和会议类型检索有不同的检索界面,用户可以从作者、标题、关键词、分类号、会议录名、出版年、会议年、全文字段、馆藏单位等不同角度进行检索,还可使用逻辑与、或、非、等进行组配检索,同时可以对检索年份进行限定。

图 5-2-6　文献类型检索界面　　　　　　　　　图 5-2-7　会议类型检索界面

☑ 1　胸腺素α1二聚体蛋白的克隆、表达、纯化及其功能研究

李维娜;吴守振;张路;贺丽清;颜真;张英起

【作者单位】:第四军医大学药学系:生物制药教研室 陕西西安 710033;第四军医大学药学系:生物制药教研室 陕西西安 710033;第四军医大学药学系:生物制药教研室 陕西西安 710033;第四军医大学药学系:生物制药教研室 陕西西安 710033;第四军医大学药学系:药物基因组学教研室,陕西西安 710033;第四军医大学药学系:生物制药教研室 陕西西安 710033

【会议录名称】:第七届全国生化与生物技术药物学术年会论文集

【出版年】:20101000

【起页】:00000314

【止页】:00000319

【总页数】:6

【馆藏号】:M064047

【关键词】:胸腺素1;串联体;蛋白表达;纯化工艺;活性检测;肿瘤抑制;

【分类号】:R977

【语种】:汉语

【会议名称】:第七届全国生化与生物技术药物学术年会

【会议地点】:绵阳

【会议时间】:20101000

【会议主办者】:中国药学会

【文摘】:目的:获得具有生物学活性的重组人胸腺素 1二聚体蛋白并检测其生物学功能。　方法:人工合成胸腺素 1二聚体基因并克隆入原核表达载体pET-22b(+)中,转化宿主细胞大肠杆菌BL21(DE3),经IPTG诱导表达重组胸腺素 1二聚体蛋白(T 1②)。对表达产物进行纯化用WesternBlot检测分析以及活性检测。结果:T 1②Mr约为6.3×10 3,与理论值一致。纯化纯化了T 1②蛋白,经鉴定具有与T 1抗体特异性的结合能力并能刺激小鼠T淋巴细胞增殖、抑制多种肿瘤细胞株增殖。结论:成功地克隆、表达和纯化T 1②蛋白;重组T 1②具有与化学合成T 1相同的功能并有更高的生物学活性。

【馆藏单位】:中国科学技术信息研究所

图 5-2-8　检索结果界面

外文会议论文数据库主要收录了 1985 年以来世界各主要学协会、出版机构出版的学术会议论文。学科涉及工程技术和自然科学各专业领域,每周更新。目前该数据库题录和文摘免费,全文通过文献传递的方式提供。检索方式与中文会议数据库相同,不再赘述。

(四)国外会议论文数据库

1. ISI Proceedings

ISI Proceedings 是美国科技信息情报所的科技会议录索引(Index to Scientific & Technical Proceedings,ISTP)和社会科学与人文回忆录索引(Index to Social Sciences & Humanities Proceedings,ISSHP)的 Web 版,提供会议论文的文摘索引信息,每周更新。内容覆盖了自然

科学、工程技术、社会科学、艺术和人文领域的所有学科。所收录的会议有一般会议、座谈会、研究会、专题讨论会等,是目前世界上了解会议文献信息最主要的检索工具。

ISI Proceedings 的检索方式有快速检索、普通检索和高级检索三种。页面的左下方可以对数据库进行选择,默认的是两个数据库均被选择。文献的检索时间段可以有三种方式选择:最近的 1,2 或 4 周的数据、某一具体年份的数据、某一起止年份的数据。

2. OCLC 的会议论文与会议录索引

OCLC 中有 PapersFirst(国际学术会议论文索引库)和 Proceedings(国际学术会议录索引库)两个供检索会议的题录型数据库。PapersFirst 提供"大英图书馆资料提供中心"的会议录中所收集的自 1993 年 10 月以来在世界各地的学术代表大会、专题讨论会、博览会、座谈会以及其他会议上发表的论文,每两周更新一次,可通过馆际互借获取全文。

Proceedings 是 PapersFirst 的关联库,提供了在世界各地举行的学术会议上发表的论文的目录表,提供了一条检索"大英图书馆料提供中心"的会议录的途径。每周更新 2 次。

第三节　学位论文

学位论文是高等学校和研究机构的毕业生为取得学位提交的并通过答辩委员会认可的学术性研究论文。学位论文分为学士、硕士、博士三个等级。一般情况下检索的为硕、博士学位论文。硕、博士论文一般会涉及前人尚未研究过或尚未研究成熟的学科前沿性课题,具有一定的创新性,因此,硕、博士学位论文是了解最新学术动态、掌握科技信息、研究学科前沿问题的有效途径之一。但由于学位论文不同于一般的期刊或图书,原文复本少,获取渠道窄。一般只收藏在研究生培养机构的图书馆、研究生管理处、院系所资料室和国家指定的收藏机构。国内学位论文的收藏机构有:国家图书馆,主要收藏自然科学和社会科学方面的硕、博士论文;中国科技信息研究所,主要收藏自然科学方面的硕、博士论文;中国社会科学院信息研究中心,主要收藏社会科学方面的硕、博士论文。因此,借助网络检索和获取学位论文已经成为主要渠道。

一、中国优秀硕士学位论文全文数据库(CMFD)

中国优秀硕士学位论文全文数据库是中国知识基础工程 CNKI 的数据库之一,是目前国内内容最全、高质量、出版周期最短、数据最规范、最实用的中国硕士学位论文全文数据库。截止 2012 年 6 月收录全国 621 家硕士培养单位的 1984 年至今优秀硕士学位论文,尤其是"211"、"985"、中国科学院、社会科学院等重点院校的优秀硕士生论文。收录的文献分十个专辑:基础科学、工程科技Ⅰ、工程科技Ⅱ、农业科技、医药卫生科技、哲学与人文科学、社会科学Ⅰ、社会科学Ⅱ、信息科技、经济与管理科学。十大专辑下分为 168 个专题。数据库有网上包库、镜像站版、光盘版、流量计费四种产品形式。CNKI 中心网站及网络镜像版数据每日更新,镜像版和光盘版每月更新。

CMFD 针对用户的不同需要设置了文献检索、学位授予单位导航、硕士学位论文电子期刊三个平台。

(一)文献检索

文献检索了提供快速检索、标准检索、专业检索、科研基金和句子检索五种检索方式。也可通过页面最左边的文献导航控制检索的学科范围,可以提高检索准确率和检索速度,也可直接浏览每个导航类目下的文献。

（1）选择检索范围：点击 全选 可一次性选择全部类目，点击 清除 可一次性清除全部所选类目；点击学科名称类目前的□，即可将检索范围控制在一个类或多个类中进行检索。

（2）快速检索：图 5-3-1 所示的为快速检索界面。只需要在检索框中输入相应的关键词，点击 快速检索 就查到相关的学位论文文献。

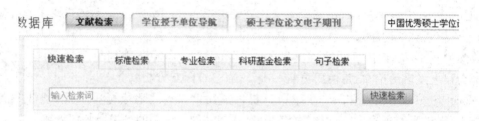

图 5-3-1　快速检索界面

（3）标准检索：检索界面见图 5-3-2。首先输入发表时间、学位单位、学位年度、支持基金、优秀论文级别、作者、作者单位等检索控制条件。然后输入主题、篇名、关键词等内容检索条件，最后获得检索结果。

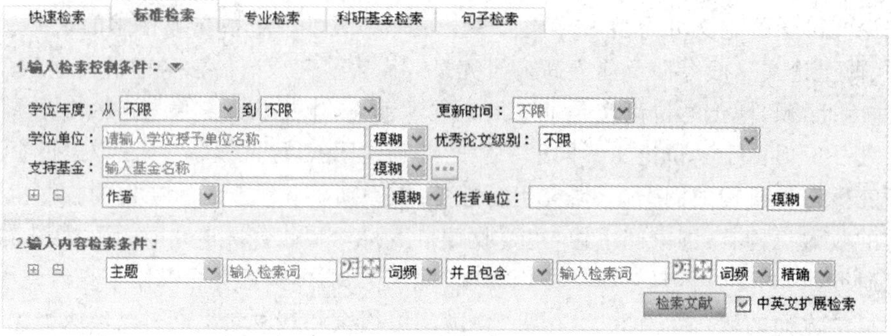

图 5-3-2　标准检索界面

发表时间可限定到日，也可在下拉菜单中选择，默认为不限定；也可限定具体的时间范围，可以在点击日期输入框后弹出的日历中选择精确的日期，也可直接输入日期，格式为 2012-1-30。

支持基金可以在检索框中直接输入，也可点击框后 ··· 按钮选择，点击后在弹出的窗口中，在下拉框中选择"基金名称、基金管理单位"后，在检索框中输入相应的检索词进行检索，也可在下拉菜单中选择基金的管理机构进行检索。

在作者和作者单位的限定项中，可以通过下拉框选择限定"作者"、"导师"或"第一导师"，在检索框中输入姓名和或作者单位，可进行模糊或精确检索。点击检索项前⊞增加逻辑检索行，点击⊟减少逻辑检索行。每个检索项之间可以进行三种组合：并且、或者、不包含。

内容检索途径为检索文献中常用的主题、篇名、关键词、目录、全文、参考文献、中图分类号，如一个检索项需要两个关键词，可以选择总结的逻辑关系进行组配。点击检索项前的增加逻辑检索行，添加另一个文献内容特征检索项；点击⊟减少逻辑检索行。

最近词：点击图标☑，就会弹出一个窗口，记录本次登录最近输入的 10 个检索词。点击所需要的检索词，该检索词就会自动进入检索框中。

扩展：在检索框中输入一个关键词后，点击按钮 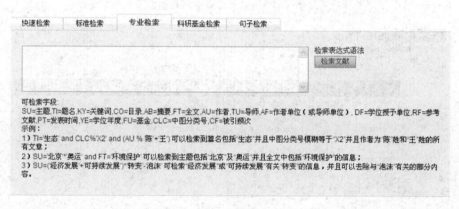，系统会弹出一个窗口推荐该关键词的一组扩展词。点击所需相关词前的□，再点击"确定"按钮，则所选词会自动增加到检索框中。

词频：指检索词在相应检索项中出现的频次。词频为空，表示至少出现 1 次，如果为数字，例如 3，则表示至少出现 3 次，以此类推。

匹配：精确匹配是指检索结果完全等同或包含与检索词/字完全相同的词语；模糊匹配是指检索结果包含检索字/词或检索词中的词素。在精确匹配中，可以使用"中英文扩展"功能，此功能是由所输入的中文检索词，自动扩展检索相应检索项的英文语词的检索功能。

（4）专业检索：专业检索界面见图 5-3-3。专业检索要求用户使用逻辑运算符和关键词构建色检索式进行检索。在构建检索式中，可用主题、题名（篇名）、关键词、目录、摘要、全文、作者、导师、学位授予单位、引文（参考文献）、发表时间、学位年度、基金、中图分类号、和被引频次 15 个检索字段。多个检索项可使用"AND"、"OR"、"NOT"逻辑运算符进行组合；三种逻辑运算符的优先级相同；如要改变组合的顺序，以使用英文半角圆括号"（）"将条件括起。如对检索表达式的语法不了解，可以点击检索框后面的检索表达式语法查看相关帮助。

图 5-3-3　专业检索界面

（5）科研基金检索：检索界面见图 5-3-4。可直接在检索框中输入基金名称的关键词，查找科研基金资助的文献。也可以点击检索框后的 ··· 按钮，选择支持基金输入检索框中。同时通过对检索结果的分组筛选，还可全面了解科研基金资助学科范围、科研主题领域等信息。

图 5-3-4　科研基金检索界面

（6）句子检索：检索界面见图 5-3-7。此检索方法可以通过限定输入的两个关键词在同一句子或同一段中，然后进行检索获得所需文献。同句是指两个标点符号之间，同段是指 5 句之内。点击 ⊞ 或 ⊟ 可增加或减少逻辑检索行，每个检索项之间可以进行三种组合：并且、或者、不包含。

（二）学位授予单位导航

学科授予单位导航细分为地域导航和学科专业导航。

地域导航检索界面见图 5-3-6。检索中只需点击任何地区的名称,可以显示该地区下所有学科授予单位的名称;后面括号中的数字代表该地区下包括的学科授予单位的数量。点击其中的地区名称即进入学位授予单位名称页面,见图 5-3-7,该页面包括导航区、学位授予单位检索区、学位授予单位分类区、学位授予单位排序浏览区、学位授予单位名称列表五个部分。学位授予单位分类有学位授予单位和"211"工程院校两种;学位授予单位默认按照文献偏少降序排列。点击学位授予单位名称,进入该单位学科门类分类页面(图 5-3-8)。该页面包括该单位的学科门类、一级学科、学科专业的相关信息,具体包括导师数量、文献篇数、总被引频次、总下载次数、总基金文献数。

图 5-3-5 句子检索检索界面

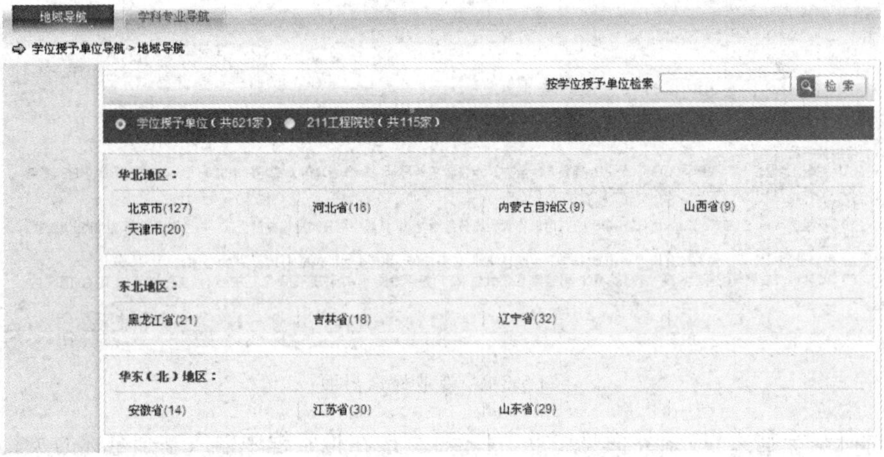

图 5-3-6 地域导航检索界面

图 5-3-7 学位授予单位名称页面

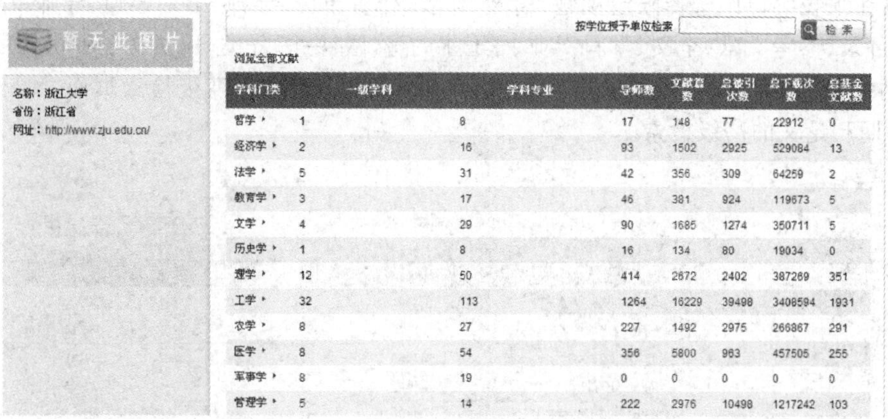

学科门类	一级学科	学科专业	导师数	文献篇数	总被引次数	总下载次数	总基金文献数
哲学 ›	1	8	17	148	77	22912	0
经济学 ›	2	16	93	1502	2925	529084	13
法学 ›	5	31	42	356	309	64259	2
教育学 ›	3	17	46	381	924	119673	5
文学 ›	4	29	90	1685	1274	350711	5
历史学 ›	1	8	16	134	80	19034	0
理学 ›	12	50	414	2672	2402	387269	351
工学 ›	32	113	1264	16229	39498	3408594	1931
农学 ›	8	27	227	1492	2975	266867	291
医学 ›	8	54	356	5800	963	457505	255
军事学 ›	8	19	0	0	0	0	0
管理学 ›	5	14	222	2976	10498	1217242	103

图 5-3-8　学位授予单位学科门类分类页面

学科专业导航是根据数据库中收录的学位论文所属学科而设置的，检索页面见图 5-3-9。点击页面显示的一级学科下包含的二级学科名称，即进入该学科学位授予单位名称的页面。页面包括学科专业导航区、学位授予单位检索区、学位授予单位排序浏览区、学位授予单位名称列表四个部分(图 5-3-10)。学位授予单位排序浏览功能提供地域、文献篇数、导师数、总被引频次和总下载次数的排序浏览方式。默认按照文献篇数降序排列。

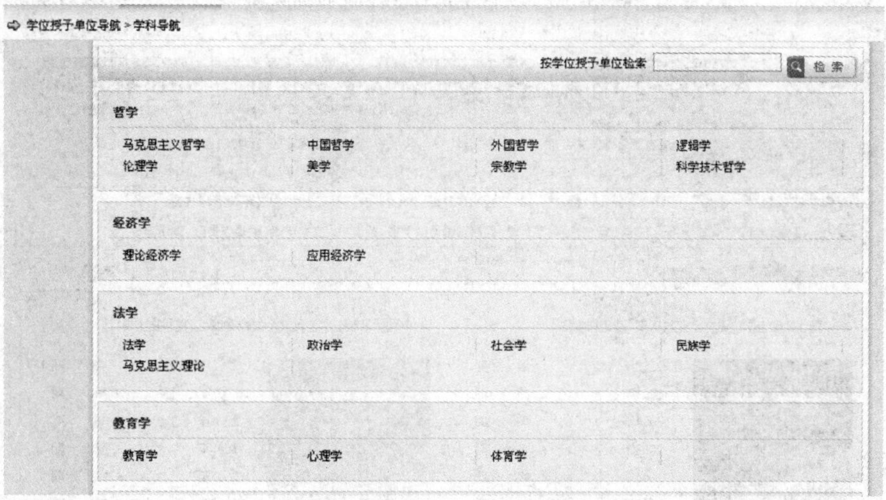

图 5-3-9　学科专业导航页面

(三)硕士学位论文电子期刊

该电子期刊是目前我国唯一拥有国家批准标准刊号，正式全文出版硕士学位论文的国家级学术电子期刊。以光盘版和网络版同时出版发行。光盘版以 DVD-ROM 为载体，每月定期出版；网络版以“中国知网”(WWW. CNKI. NET)为互联网出版平台，以论文为单位每天出版。内容按学科领域分为 10 个专辑、168 个专题。

网络版界面见图 5-3-11。首页的专辑导航分为自然科学与工程技术类专辑和人文社会科学类专辑两大部分，其中自然科学与工程技术类专辑又细分为基础科学辑、工程科技Ⅰ辑、工程科技Ⅱ辑、农业科技辑、医药卫生科技辑、信息科技辑六个部分；人文社会科学类专辑又细分为社会科学Ⅰ辑、社会科学Ⅱ辑、经济与管理科学和哲学与人文科学辑。

可以在下拉菜单中选择限定主题、篇名、作者、作者单位、导师、第一导师、导师单位、摘要、关键词、目录、参考文献、全文、学科专业、学位授予单位、中图分类号、页码、预印本页码、学位年度和网络投稿时间作为检索项进行检索；点击高级检索，进入高级检索页面。检索方法同CNKI中期刊论文的高级检索。

图 5-3-10　学科学位授予单位名称页面

图 5-3-11　硕士学位论文电子期刊网络版界面

（四）检索结果的保存和下载

检索索结果可以进行题录及全文的浏览和下载。详见图 5-3-12。

检索结果可以按照发表时间、相关度、被引频次、下载频次、浏览频次、学位授予年度排序，默认的是相关度。点击页面中的篇名，则可查看当前篇名详细内容及相关内容（图 5-3-13）。

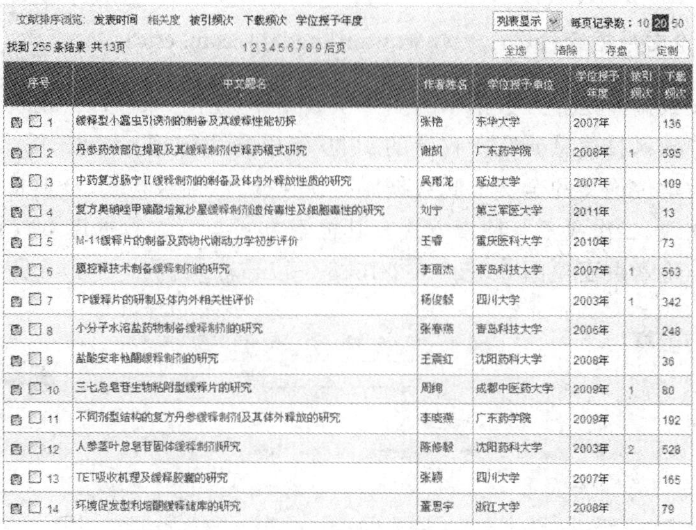

文献排序浏览：发表时间　相关度　被引频次　下载频次　学位授予年度　　列表显示　每页记录数：10 20 50

找到 255 条结果 共13页　　1 2 3 4 5 6 7 8 9 后页　　全选　清除　存盘　定制

序号	中文题名	作者姓名	学位授予单位	学位授予年度	被引频次	下载频次
1	缓释型小蠹虫引诱剂的制备及其缓释性能初探	张艳	东华大学	2007年		136
2	丹参药效部位提取及其缓释制剂中释药模式研究	谢凯	广东药学院	2008年	1	595
3	中药复方肠宁Ⅱ缓释制剂的制备及体内外释放性质的研究	吴雨龙	延边大学	2007年		109
4	复方奥硝唑甲磺酸培氟沙星缓释制剂遗传毒性及细胞毒性的研究	刘宁	第三军医大学	2011年		13
5	M-11缓释片的制备及药物代谢动力学初步评价	王睿	重庆医科大学	2010年		73
6	膜控释技术制备缓释制剂的研究	李丽杰	青岛科技大学	2007年	1	563
7	TP缓释片的研制及体内外相关性评价	杨俊毅	四川大学	2003年	1	342
8	小分子水溶盐药物制备缓释制剂的研究	张春燕	青岛科技大学	2006年		248
9	盐酸安非他酮缓释制剂的研究	王晨红	沈阳药科大学	2008年		36
10	三七总皂苷生物粘附型缓释片的研究	周绵	成都中医药大学	2009年	1	80
11	不同剂型结构的复方丹参缓释制剂及其体外释放的研究	李晓燕	广东药学院	2009年		192
12	人参茎叶总皂苷固体缓释制剂研究	陈修毅	沈阳药科大学	2003年	2	528
13	TET吸收机理及缓释胶囊的研究	张颖	四川大学	2007年		165
14	环境促发型利培酮缓释储库的研究	董思宇	浙江大学	2008年		79

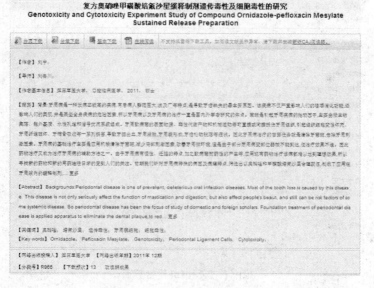

图 5-3-12　检索结果界面

导出的文献可以按照摘要显示,也可以按照列表显示;也可对检索结果进行选择,可全部选择、清除已选、存盘或定制。

图 5-3-13　文献的详细显示界面

题录保存:点击文献前的□选择题录,点击▤可保存题录;"题录"是指文献的基本信息,也称为目录,包括题名、作者、关键词、作者机构、文献来源、摘要等。同时可以提供分页下载、分章下载、正本下载和在线阅读的全文下载和浏览方式。

二、中国博士学位论文全文数据库(CDFD)

中国博士学位论文全文数据库是中国知识基础工程 CNKI 的数据库之一,是国内内容全、高质量、出版周期最短、数据最规范、最实用的博士学位论文全文数据库。基本结构和检索方法与中国优秀硕士学位论文全文数据库相同。这里不再赘述。

三、中国学位论文数据库(http://www.wanfangdata.com.cn/)

中国学位论文数据库是万方数据库的一个子数据库(见图 5-3-14)。收载了我国法定的学位论文收藏机构中国科技信息研究所收录的 1980 年以来我国理、工、农、医、人文社科领域的硕士、博士、博士后学位论文的全文。此数据库有快速检索、高级检索、经典检索、专业检索、学科目录和学校所在地、二次检索等检索方式。其检索方式与万方数据库会议论文和期刊检索的检索方式相同。检索页面见图 5-3-15、5-3-16、5-3-17、5-3-18。

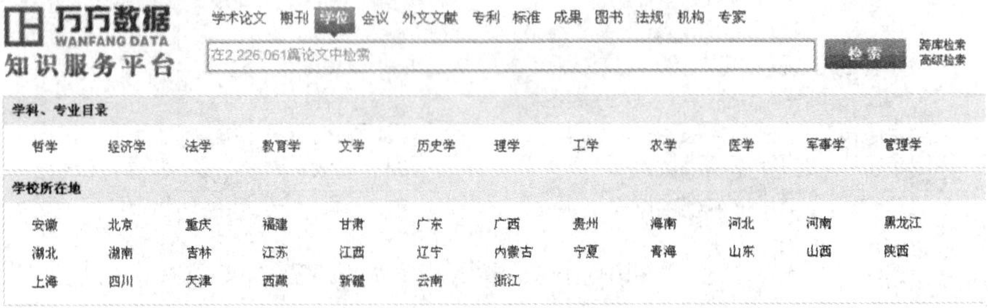

图 5-3-14　中国学位论文数据库

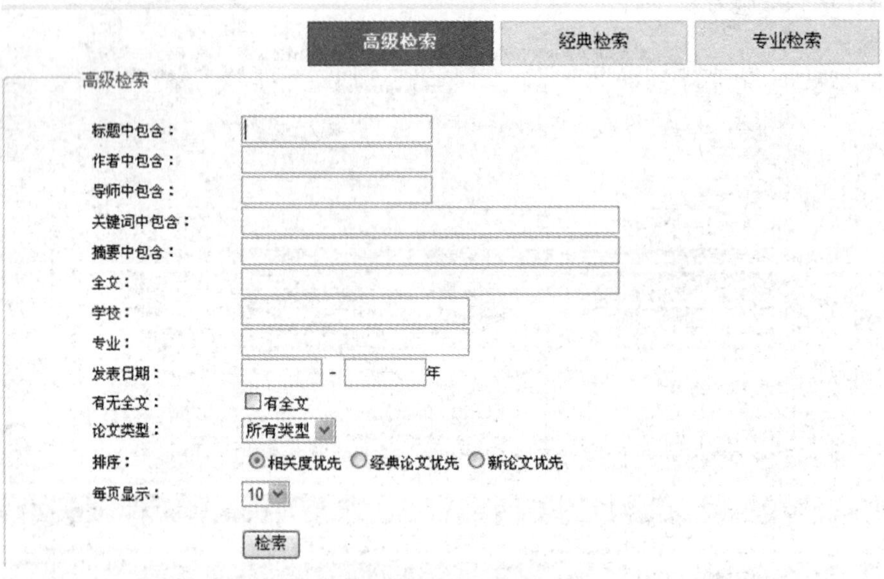

图 5-3-15　高级检索界面

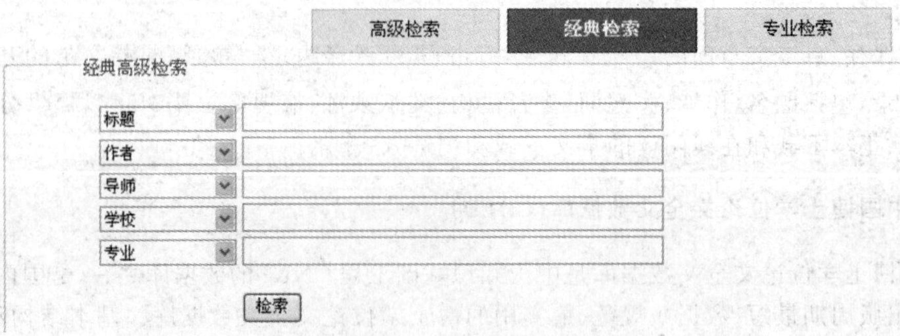

图 5-3-16　经典检索界面

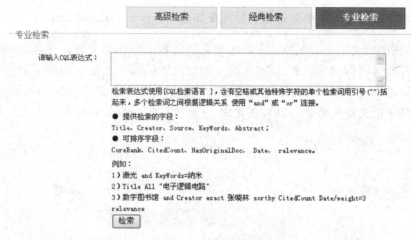

图 5-3-17 专业检索界面

按照检索要求检索后的检索结果界面显示了符合检索条件的论文篇数,并显示论文在各个学科分类、学位、时间段的分布。点击论文的题目可以查看论文的全文或文摘,题目前有标志的有 PDF 格式全文,有标志的只有文摘。也可以选择显示只有全文的文献。在页面的顶端还可以缩小检索范围进行二次检索。

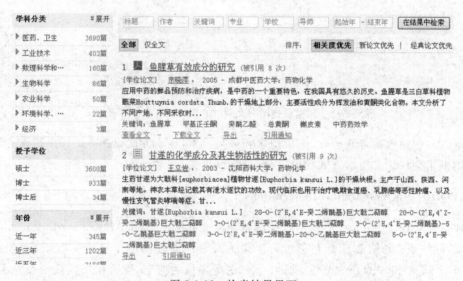

图 5-3-18 检索结果界面

四、CALIS 高校学位论文数据库(http://etd.calis.edu.cn/)

该数据库是由中国高等教育文献保障系统(CALLS)全国工程中心(清华大学图书馆)组织建设的,协调全国高校共同检索的文献索引数据库,是国务院批准的我国高等教育"211 工程"总体规划中的两个公共服务系统之一。数据库收录了北京大学、清华大学等国内 83 所 CALLS 成员馆硕博士学位论文的摘要。通过 CA-LIS 的馆际互借系统可以申请获取学位论文全文。内容覆盖了自然科学、社会科学、医学等各个学科。该数据库提供了简单检索和高级检索两种检索方式,检索入口有题名、论文作者、导师、摘要、关键词、分类号、主题、全字段、时间、语种等,还可以使用多字段逻辑组配检索。

五、国家科技图书文献中心学位论文数据库(http://www.nstl.gov.cn/)

国家科技图书馆文献中心学位论文数据库有中文数据库和英文数据库,其中中文数据库收录了 1984 年至今我国高等院校、研究生院及研究院所的博硕士论文和博士后论文,学科涉及自然科学各领域,并兼顾人文社科;外文数据库由中国科技信息研究所提供,收录了美国 ProQuest 公司硕博士论文资料库中 2001 年的论文,学科涉及自然科学各领域,并兼顾人文社科。

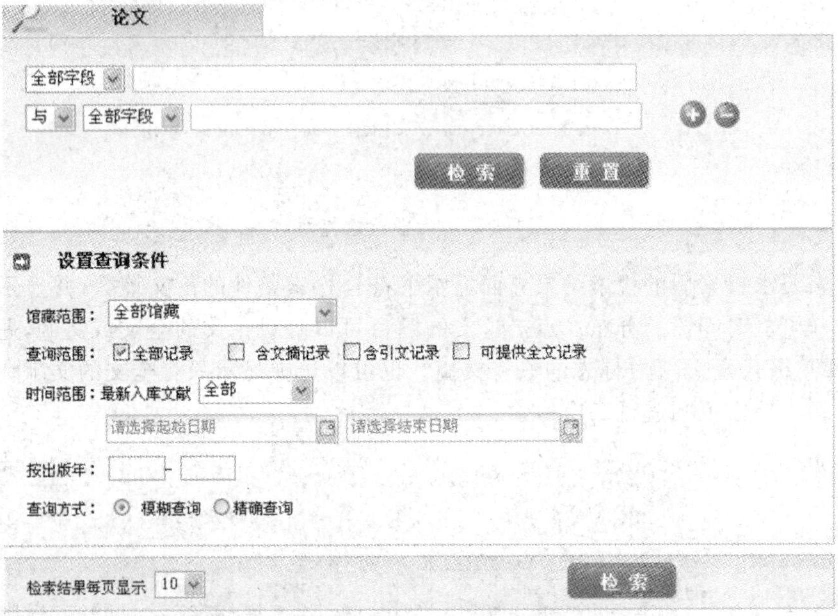

图 5-3-19　国家科技图书文献中心学位论文数据库界面

检索方式包括包括普通检索、高级检索和分类检索,检索界面见图 5-3-19。检索方法与国家科技图书馆会议论文检索方式相似,详细见会议论文。

六、PQDD(ProQuest Digital Dissertations)

PQDD 是美国 ProQuest 公司出版的博硕士论文数据库,是 DAO (Dissertation Abstracts Ondisc)的网络版。该数据库是目前世界上最大和最广泛使用的学位论文数据库,收录了从 1861 年至今欧美 2000 余所大学文、理、工、农、医等领域的博士、硕士论文的摘要及索引,内容覆盖理工和人文社科等领域,每周更新。所有网上用户可以看到近两年理工和人文社科类博硕士论文文摘索引信息,还可以看到部分论文原文的前 24 页;订购用户还可看到 1997 年以来论文的前 24 页,以及 1861 年至今论文的详细的目录信息。该数据库可以运用布尔逻辑、截词符、位置算符、嵌套检索、二次检索等检索技术。检索方式主要有基本检索和高级检索。

但是要获得全文,需要付费订购。

PQDT 是 PQDT 的国内全文版,收录了 PQDD 中的部分全文,国内主要是通过集团联合的形式购买。目前可以通过"ProQuest 学位全文数据库"的相关镜像站下载 PDF 全文,系统采用 IP 地址限制访问权限。检索界面见图 5-3-20。检索方式主要有基本检索和高级检索。

(一)基本检索

进入基本检索界面后,选择字段,有关键词(keyword)、题名(title)、作者(author)、学校

（school）、主题（subject）、文摘（abstract）、导师（advisor）、学位（degree）、数据库卷标（DVIV-OL）、国际标准书号（ISBN）和出版物号码（Publication number）等 12 个字段。最多可同时在 3 个字段中进行检索。然后输入检索词，选择逻辑算符，确定年代范围后，点击"查询"按钮，开始检索。作者姓名输入方式是：姓，名。

图 5-3-20　　PQDT 检索界面

（二）高级检索

高级检索界面检索式输入框和检索式构造辅助表两部分。检索式构成为字段名（检索词），如 title（biology）。还可以进行字段内及不同字段之间的逻辑组配，如 title（chemistry not organic）；title（biology）and school（Michigan State University）。辅助表包括四种方式：①Keywords＋Fields 提供基本检索界面；②Search History 选择检索历史的某一步；③Subject Tree 选择学科；④School Index 选择学校。四种方式都是通过点击"ADD"按钮将检索条件加入检索式输入框中来辅助构成检索式。

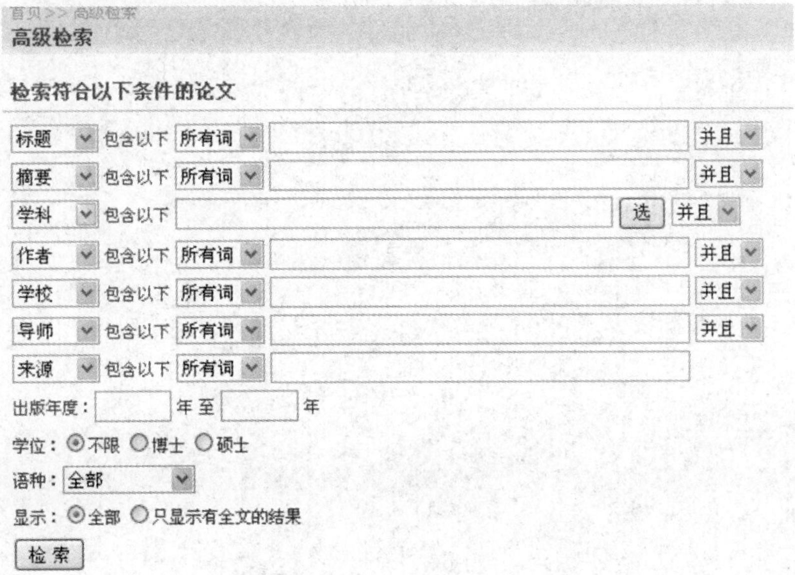

图 5-3-21　　高级检索界面

（三）检索结果的显示、标记、下载

如果命中数目较少则直接显示命中论文的题目列表，包括题目、作者、学校名、年代等简单信息。论文左侧"Folder"图标前的小方块用于做标记，列表左上方的"Mark All"按钮用于将检索结果全部标记。点击"Citation＋Abstract"可显示选中论文的较详细的文摘索引信息。如果命中数目较多则点击命中文献数目，进而显示论文的题目列表。屏幕下方提供的基本检索界面可以随时对命中文献进行缩小范围检索，点击"Search History"可以看到检索历史。

凡能够获得前 24 页原文的论文。其下方有"24 Page Preview"字样，点开后可以看到前 24 页的缩小扫描图像。选择一页后可以阅读该页原文，点击缩小图左侧的"Print All Preview Pages"可以将 24 页在一屏中集中显示。如果需要一次下载多篇记录，可以先做标记，再用屏幕上方的"Marked List"按钮将所有标记过的记录集中显示。这时，检索结果上方有四个按钮："Clear List"清除标记、"Print List"打印、"Email List"email 传递、"Down Load"存盘。实际上，存盘与打印操作利用的就是浏览器的保存与打印功能。注意：每篇论文下方的 PDF 图标点不开。

思考题

1. 专利文献的检索途径有哪些？
2. 可以从哪些数据库检索学位论文？
3. 会议论文可以从哪些数据可检索得到？

第六章 医学论文撰写与投稿

第一节 医学论文概述

医学论文是医学科学研究成果的文字概括和医学实践经验或临床总结,也是医学科学研究工作的文字记录和书面总结,是医学科学研究工作的重要组成部分。它是以基础医学、临床医学及渗透学科、边缘学科的理论为指导,经过科研设计、研究或临床观察、现场调查后取得资料,通过分析、归纳和统计学处理等,最终形成的医学文献。

撰写医学论文,对于提高自己的专业知识水平、促进医学学术交流以及推广应用研究成果有着十分重要的意义。因此,如何撰写出高质量的医学论文是医学相关专业大学生应该掌握的基本技能,也是培养提高医学大学生信息素养的一项重要内容。

一、医学论文的基本要求

各类医学论文的基本要求是一致的,即能客观地反映事物的本质及其内部规律。撰写一篇好的医学论文,必须达到以下基本要求。

(一)创新性

科研工作最忌讳无意义地重复前人的工作。创新性,包括新的技术与方法、新成果、新理论、新观点和新结论,是医学论文的灵魂,也是衡量论文质量的主要标准。当然,要求一篇医学论文在各方面均有创新是不现实的,也是不可能的,那些仅在某一方面有独到见解,或对自己的成果"仿中有创"的论文,亦体现了其创新性。

(二)科学性

科学性是医学论文的生命,也是医学论文的核心。所谓科学性,是指论文所介绍的方法、论点,是否可以使用科学方法来证实,是否经得起实践考验。具体要求如下:

(1)选题要有足够的科学依据。

(2)建立必要的对照组,甚至双盲对照研究。

(3)对实验和观察的数据,要进行统计学处理。

(4)无论理论研究和实验研究,对其结果的分析都要从实际资料出发,得出恰当的结论,客观公正、实事求是地评价自己和别人的工作。

(三)真实性

搞科研、写论文都应实事求是,切忌捕风捉影、弄虚作假,按自己的主观愿望和猜测设计和撰写科研论文。近几年相继发现了不少弄虚作假现象,引起了期刊界的高度重视,促进了各期刊编辑对科学欺骗(scientific fraud)和科学处理失误(sclentific misconduct)的研究。这一点应引起医学科学工作者的高度重视。

（四）实用性

实用性，指医学论文的实用价值，其所反映的主题具有明显的社会效益和经济效益，所反映的科研成果能较好地转化为生产力，并为推动科学研究的发展和科学技术的进步服务，还应对维护和促进全人类的健康有重大的指导应用价值。

（五）可读性

论文必须具有可读性。主要表现在以下几个方面：内容全面，格式规范，结构合理，层次清楚，语句通顺，行文流畅，用词准确，言简意赅，具有很强的逻辑性。在当今知识爆炸的年代，公开发表的论文成倍增长，若不重视论文的可读性，就不可能唤起读者的阅读兴趣，其信息交流价值就会受到极大限制，相应缩小了论文的科学价值。

（六）规范性

医学论文是一种规范化的文体，有其特有的格式和极其严格的要求。国际和国家标准都对论文的题目、作者、摘要、前言、方法、结果、讨论和参考文献的写法提出了具体的要求，对图、表、数字、计量单位、名词术语、标点符号都进行了规范，在撰写医学论文时，应予规范使用。不符合规范往往影响医学论文的发表，对于学术交流产生不利的影响。

二、医学论文的分类

医学科学博大精深，发展迅速，并且各学科分支逐渐交叉深入，因此，医学论文所涉及的种类繁多，其分类方法也多种多样，可以按照论文的写作目的、资料来源、医学学科及课题的性质、研究内容及论文的体裁等进行分类。

（一）按医学论文写作目的划分

按照医学论文写作目的的不同，可分为学术论文及学位论文。学术论文是对医学科学领域中的问题进行总结、研究、探讨，表述医学科学研究的成果、理论性的突破、科学实验或技术开发中取得新成就的文字总结，作为信息进行交流。学位论文是学位申请人为申请学位而撰写的学术论文，它集中表明了作者在研究工作中获得的新成果，是评判学位申请人学术水平的重要依据和获得学位的必要条件之一，也是科学研究中的重要文献资料和社会宝贵财富。作为考核及评审的文章，学位论文应表明作者从事科研取得的成果和独立从事科研工作的能力。学位论文可以是单篇论文，也可以是系列论文的综合。学位论文包括毕业论文、学士论文、硕士论文、博士论文等。

（二）按医学论文资料来源划分

按照医学论文使用资料的来源，通常将论文分为原著和编著两大类。原著论文又称为原始论文，是作者对具体选题所进行的调查研究、实验研究、临床研究的结果和临床工作经验的总结，是作者的第一手资料。原著论文的主要形式有论著、著述、短篇报道（如病例报告、技术革新成果、经验介绍）等。编著论文的主要内容来自已经发表的资料，即以间接资料为主，属于第三次文献。结合作者个人的部分研究资料和经验，把来自多种渠道的、分散的、无系统的、重复的，甚至矛盾的资料，按照个人的观点和体系编排起来，使读者能够在较短的时间内了解某一学科领域或某一专题的发展水平及进展情况。在医学图书中编著论文所占的比例较大（如教科书、参考书、专著等），医学期刊中的综述、讲座、专题笔谈、专题讨论等多属于编著论文之列，其中以综述为代表。

（三）按医学学科分支划分

按照医学学科分支不同，可分为基础医学论文、临床医学论文、预防医学论文和康复医学论文等。其中基础医学论文多数属于基础理论研究范围,包括实验研究和现场调查,少数属于技术交流范围,即介绍实验技术,有关仪器的设计、制造及使用等。而临床医学论文多为应用研究范围,可分为诊断、治疗、护理等方面,有理论研究和技术报告,目前属回顾性总结分析的论文较多。随着科学技术的发展,人们对医疗、卫生、保健需求不断提高,医学模式正在发生新的转变,以上四种分类之间,往往有交叉,例如临床医学论文有基础理论的研究、临床治疗的研究,还有流行病学调查的内容,成为综合性医学论文。

（四）按论文体裁划分

体裁即文章的表现形式。医学论文的表现形式复杂,多种多样,可分为论著、临床研究、学术讨论、文献综述、技术与方法交流及述评或专题笔谈等。其中,论著是一种最常见的体裁,多为科研论文。许多突破性成果往往是通过这类科学研究所取得的。文献综述也是医学论文中常见的文体,是医学期刊中不可缺少的栏目。是作者从一个学术侧面围绕某个问题收集与其相关的文献资料,以自己的实践经验为基础,进行消化整理、综合归纳、分析提炼而形成的概述性、评述性的专题学术论文。述评或专题笔谈是近年来出现的一种新的文体形式。由期刊社组织一些有理论基础和实践经验的,并在其研究领域具有权威性的专业工作者,针对某一疾病、某一诊断方法、某一疗法、某一术式等进行的论述和评价,或就当前的热点问题进行评论。

第二节 医学论文的基本结构和格式

医学论文的撰写普遍采用国际医学期刊编辑委员会(International Committee of Medical Journal Editors,ICMJE)推荐的(IMRaD)格式,即引言(introduction)、方法(method)、结果(result)和讨论(discussion)。一篇完整的医学论文,通常可概括为三个部分:前置部分、主体部分和附录部分(图 6-2-1)。

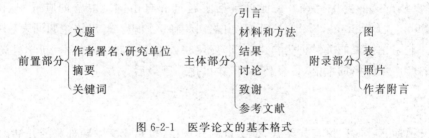

图 6-2-1 医学论文的基本格式

一、文题

医学论文的文题又叫题目、标题。文题位于论文之首,是对论文主要内容和中心思想的概括和总结,要做到准确、简明、醒目,起着画龙点睛、一语突破的作用。论文立题时要求抓住研究的中心,运用正确的术语,简要地表达中心内容,尽量用最少的文字,提供最多的信息内容。读者可根据论文的文题来决定是否需要阅读全文。文题的构成一般含研究对象、论文所解决的问题及其贡献所在,供读者了解论文的中心内容。要尽量采用规范化的主题词作为题名,为编制目录、索引等二次文献和文献检索提供方便。题名应该简短精练,又有必要的信息量,字数一般控制在 20 个汉字以内。如译成英文,一般不超过 10 个词或 100 个书写符号(包括间隔在内)。避免使用不常见的缩略词、符号、代号或公式等,也不要使用疑问句或主、动、宾完整的句子。

二、作者署名、研究单位

医学论文的撰写与发表,均应署上作者(笔者或整理者)的姓名及其单位名称。作者署名表示作者对论文拥有著作权并对论文负责,便于读者与作行联系交流,也是对作者的尊重和应有的荣誉,此外也可以便于进行文献检索、查阅。署名者可以是个人,也可以是团体。署名本人应是直接参加课题研究的全部或主要部分的工作,即做出主要贡献者。署名要求写真名,不用笔名。同时要求注明所在单位(通讯地址),写明邮政编码、电子邮件地址便于联系。目前多数期刊均采用脚注的方式位于首页的下方,以小字列出脚注,主要用于注明研究基金来源、作者工作单位,所在城市邮政编码、电子邮件地址等。

三、摘要

摘要又称内容提要,是论文的高度浓缩和精华所在。摘要的目的是为了编审人员初步决定该文的基本评价与取舍,方便读者大体了解论文的内容,便于医学情报人员作文摘式索引,还可供文摘刊物利用。目前国内医学期刊主要采用4项式结构式摘要,即包括研究目的、研究方法、研究结果和结论。摘要一般是排列在正文开始之前,而且具有相对独立性,可单独引用。随着医学事业的发展,为满足对外交流的需要,国家统一规定,公开发表的学术论文除中文摘要外还应附有英文摘要。大多数医学期刊的中文摘要一般不超过400字左右,英文摘要一般不超过250个实词或1100个字符。

四、关键词

关键词又称主题词,是具有实质意义的检索语言,在论文中起关键作用的、最能说明问题的、代表论文特征的名词或词组,具有代表性、专指性、可检索性和规范性。关键词选得是否恰当,关系到该论文被检索和该成果的利用率。关键词不能随意编造和任意选择,它通常来自于题目,也可以从论文摘要中挑选。关键词包括主题词和自由词。主题词应选用《医学主表》(Medical Subject Headings,MeSH)、《医学主题词注释字顺表》或《汉语主题词表》中记载的规范性词语。非主题词表的关键词为自由词,一般反映该论文主题中新技术、新学科尚未被主题词表收录的新产生的名词术语,只有必要时,才可排列于最后。

五、引言

引言又称前言、导言、序言或绪言,是文章的开场白,也是论文主题部分的开端。引言应简洁明快、开门见山。其内容大致包括:①研究目的、性质和范围;②课题研究的背景资料,简要阐述该研究的理论基础,并引用参考文献,说明相关领域前人的工作和本文研究工作的空白;③国内外研究的简况及最新进展。④采用何种方法研究解决所提出的问题,但不必阐述方法细节,不要与摘要雷同,作者不加自我评价。注意引言与摘要有所区别,切忌把引言当成摘要的注释。引言的篇幅不宜太长,字数一般在250~300字为宜。引用参考文献最好不超过3条,仅需列出与背景材料有关的主要参考文献。

六、材料与方法

材料与方法是医学论文的重要内容,提供了研究工作中的原始资料,是论文中论据的主要内容。作者在介绍这部分内容时,要求详细具体,真实可信,便于读者评价研究结果的可信程度,并能让他人重复其实验或观察结果,促进交流和传播。在实验研究论文中,通常直接采用"材料与方法"作为小标题,其内容主要包括"实验对象"、"实验方法"、"药品和试剂"及"统计学方法"等。而在临床研究论文中,这一部分小标题通常改用"临床资料"、"对象方法"、"病例和方法"、"一般资料"、"病例报告"、"手术方法"等。在介绍研究方法时,如果是公认通用的方法,并已在权威期刊上发表,通常以引用参考文献的方式,注明出处即可。实验中有关的试剂、药物等应采用国际通用名书写,少用代号,不用商品名。实验动物应说明是否遵守国家关于爱护和使用实验动物的准则。

七、结果

结果是描述实验所取得的数据与事实结果,是论文的关键部分。其内容要求将研究、观察、测定所得的原始资料和数据,经过审查核对、分析归纳和统计学处理后得出的结果,用文字、图或表的形式表达出来。文字是表达结果重要的、不可缺少的手段,应简明扼要,一般不宜引用参考文献。图是一种形象化的表达方式,可以直观地表达研究结果,并可相互对比。经尽量减少图表数据重复,正文内已写清楚的,图可省去。表是简明的、规范化的科学语言,它易于比较,便于记忆,可以使大量的数据或问题数据化。表格要求栏目清楚、数字准确、一目了然。表内计量单位要一致,同一项目保留小数位数应相同。一般主张三线式表。在实际写作中,以上三种形式往往是相辅相成的。结果应设有对照,并进行统计学处理。对实验中出现的问题,应实事求是地加以说明。

八、讨论

讨论是论文的核心组成部分,是对主要的研究工作和观察的结果,从理论上进行分析、比较、阐述和推测。讨论应以事实为依据,抓住重点,层次分明地展开。讨论中最好能提出比较独特的见解,着重讨论本研究的新发现、新启示以及从中得出的结论。比较本研究所取得的结果和预期的结果是否一致,结论如何,并把所取得的结果与文献或过去的工作进行对比,寻找相互之间的关系。如果是研究新药的疗效,还要说明如何肯定疗效,疗效的指标是否合理,今后治疗方法上还需如何改进等。讨论中还要实事求是地说明本研究的局限性,提出改进方法,揭示有待进一步研究的问题。

九、结论

结论又称"小结"、"总结",是对整篇文章的总判断或总评价,主要概括研究的主要内容和研究结果。结论应写得简明扼要,逻辑严谨,措辞恰当,表达准确;如果不能导出应有的结论,也可以不下结论而进行必要的讨论。结论一般要与引言相呼应。结论一般只用一个完整的自然段撰写,但也可以逐条列出,每条单独列一段。结论的文字要简短,一般在 100~300 字,不用图表。

十、致谢

致谢是作者对本项研究工作有过实质性贡献的单位或个人,或写作过程中给予过指导和帮助的单位或个人表示尊重和谢意的一种方式。一般自成一段。目前医学期刊稿件中很少要求写致谢部分,该部分在更多的情况下被"全体作者签名"所代替。致谢部分最常出现在大论文中,比如研究毕业答辩论文。致谢必须实事求是,并应征得被致谢者的书面同意。

十一、参考文献

参考文献是指为撰写或编辑论文和著作而引用的有关文献资料。它不仅表明论文的科学依据和历史背景,而且提示作者在前人研究基础的提高、发展与创新所在。列出参考文献是为了说明本文所借鉴内容的科学依据的出处,表明作者尊重他人的研究成果,同时也便于读者查阅参考原文。论文引用的参考文献应尽可能引用最新的文献,一般 5 年以内的文献资料至少不低于 50％,且应是作者直接阅读过的重要一次文献,切忌从他人引用的文献中转引。引用文献力求少而精,论著一般列出 10 条以内,综述不超过 20 条左右。参考文献的著录格式一般采用《文后参考文献著录规则(GB/T7714-2005)》(附录一)的规范著录。

第三节　医学论文投稿

当医学论文撰写完毕,就进入到论文投稿阶段。论文发表是科研成果得到科学共同体认可的一种形式。能否顺利地在医学期刊上发表主要取决于论文的质量,但如能更好地掌握相应的投稿方法和技巧,则会起到事半功倍的效果,从而提高论文发表的成功率。

一、医学期刊的分类

医学期刊是整个科技期刊中所占比重最大,增长速度最快的一类。每个医学专科均有自己的专业期刊,其至某一器官、某一种重要疾病以及某些疾病的治疗方法,都有专门的期刊。医学期刊选择是否恰当,对论文能否顺利发表起着决定性的作用。

(一)按内容类别划分

1. 综合性期刊

主要以刊载党和国家的科技方针、政策、法律、法规、科技发展动态和科技管理为主要内容的期刊。

2. 学术性期刊

主要刊载科研、医疗、教学等方面的学术论文、研究报告、实验报告、临床报告等原始文献,是医学期刊的核心部分,如学报、纪年、会刊或会议录、汇刊、综述、进展、年鉴等。

3. 技术性期刊

主要以刊载新的技术、工艺、设计、设备及材料为主要内容的期刊。

4. 检索性期刊

主要以刊载对原始科技文献经过加工、浓缩,按照一定的著录规则编辑而成的目录、文摘索引为主要内容的期刊。

5. 科普性期刊

主要以刊载科普知识为主要内容,以读者群为标准来划分的期刊,旨在普及医药卫生知识。

(二)按出版周期划分

从出版周期上可分为周刊、旬刊、半月刊、月刊、双月刊、季刊、年刊等。

(三)其他类型划分

(1)按期刊主管部门不同将其划分为全国性期刊和地方性期刊。

（2）按出版方式不同将其划分为正式期刊和非正式期刊。

（3）按文献级别不同科将其分为一次文献、二次文献和三次文献。这种分类主要是根据文献的信息含量有无变更来决定的。

（4）针对正式期刊，按发行范围可将其划分为公开发行和内部发行。

（5）按出版载体形式不同将其划分为印刷型期刊和电子型期刊。

二、投稿期刊的选择

发表论文，需要从众多的医学期刊中选择合适的期刊投稿。第一步要了解所投期刊对稿件的要求，可以通过阅读"期刊介绍"、"稿约"、"投稿须知"资料，或浏览期刊目录等方法了解杂志的主要报道内容及编辑规范和要求。通常大多数医学期刊会在每年第 1 期刊出稿约，规定了作者投稿需注意的事项及规范化要求，并对论文内容、格式、字数等作了独特的要求。作者通过认真阅读欲投期刊的稿约来选择与自己专业对口的期刊作为投稿对象。

投稿期刊的知名度体现在发表的论文是否能代表我国在某一专业领域中的最高或较高水平，读者中是否具有较高的学术威望。除此之外，还可从期刊的影响因子、发行量、被著名数据库收录情况等权威性方面来判定。但是知名度高的期刊往往稿源丰富，录用稿件要求很高，退稿率也高。如果是第一次投稿，建议选择录用几率大、刊发快的期刊，以提高投稿成功率。

三、投稿通用规范

多数医学期刊是以《向生物医学期刊投稿的统一要求》、《科学技术报告、学位论文和学术论文的编写格式》、《中国医药卫生期刊编排规范》、《文后参考献著录规则》（附录一）等有关文件为依据，结合办刊宗旨、读者对象和特点而拟订投稿规范。大多数期刊投稿通用规范包括：

（1）文稿要求内容新颖、论点明确、资料可靠、数据准确、统计学处理表述规范，能紧密结合临床、有较高的实用价值。获得国家或省部级基金课题并符合本刊要求的来稿优先发表（需提供有关证明），并在文题页左下方注明。

（2）文稿力求文字精练、准确，文题简明扼要，能反映文章的主题。作者需仔细校对全文，认真复核文稿内药物剂量、病例数、百分数等数据。忌用不规范字，简化汉字以国务院 1986 年 10 月 15 日公布的《简化字总表》为准，也可参照新版《新华字典》。

（3）文稿文题一般不使用缩略语，正文中尽量少用。必须使用时，需于首次出现处先写出全称，然后括号内注出中文缩略语或英文全称及其缩略语。但对已公知、公用的缩略语除外。

（4）医学名词应以 1989 年及其以后由全国自然科学名词审定委员会审定，科学出版社出版的《医学名词》为准，暂未公布的仍以人民卫生出版社出版的《英汉医学词汇》为准。中文药物名称采用 2005 年版药典《法定药物》或卫生部药典委员会编辑的《药名词汇》（非法定药物）的名称。英文药物名称则采用国际非专利药名，不用商品名。草药须注明拉丁学名及科属名称，以便读者查找。

（5）计量单位一律按《中华人民共和国法定计量单位》书写，具体使用参照中华医学会编辑的《法定计量单位在医学上的应用》（人民军医出版社，1992）。血压计量单位使用毫米汞柱（mmHg）。文稿中表示年、月、日、时刻和计数、计量时，均用阿拉伯数字。

（6）统计符号按国家标准 GB3358-93《统计学名词及符号》有关规定书写。统计方法应描述清楚，并说明所用计算机软件。

（7）参考文献按国家标准 GB/T 7714-2005《文后参考文献著录规则》（附录一）采用顺序编

码制著录,依照其在文中出现的先后顺序用阿拉伯数字加方括号以角码标出,角码写在开始引用文句处的右上角。文献的作者不超过 3 位时,全部列出;作者超过 3 位时,列出前 3 位,后面加"等"字或相应外文;姓名间用逗号分开。期刊和专著等参考文献采用规定著录格式按引用先后排于文末参考文献表。

(8)来稿须经作者写明详细通讯地址(包括邮政编码),单位全称、所在科室及联系人、电话、E-mail。多位作者的,须排列好顺序。作者未收到编辑部通知前,请勿一稿多投,内部刊物发表者仍可投稿,但应注明。

(9)来稿文责自负。期刊有权对稿件做文字修改、删节,凡涉及原意的修改,则向作者征求意见。作者须自留底稿。多数期刊限定 3 个月内未收到编辑部通知者可另投他刊。退修稿逾 3 个月没有寄回者,视为自动撤稿。

四、论文的投稿

在选择好了目标期刊及论文按期刊要求做规范化处理后,就进入了投稿程序。随着计算机、网络的广泛应用,现在投稿除用纸质稿件寄、送外,更多的是用稿件的电子文档通过网络投稿。

(一)纸质稿件的投稿

邮寄投稿是最常用的投稿方式。为防止邮寄过程中稿件的丢失,应备份保存。邮寄方式有平信、挂号信、特快专递等,最佳邮寄方式为挂号信,可减少稿件的丢失。

(二)电子稿件的投稿

电子稿件的投稿有电子邮件和在线投稿两种方式。

1. 电子邮件

具有方便、快捷等特点,尤其向国外期刊投稿,更显示了电子邮件的优越性。作者可在期刊的版权页或稿约、征订启事上查到其 E-mail 地址。电子邮件投稿是需注意:核实 E-mail 地址是否正确;邮件主题应简洁明了,如"投稿"两字即可;稿件的电子文档应作为附件发送;邮件发送后应及时收查看期刊编辑部是否有回执、是否受理稿件、是否还需补充其他资料等,一般投稿 3 天后如未收到回执等,应向编辑部询问。

2. 在线投稿

越来越多的医学期刊采用在线投稿的方式受理稿件。作者通过注册登录到期刊网站,登记期刊编辑部要求的相关信息,将投稿件的电子文档上传期刊网站的服务器后,编辑就可以审阅稿件。作者也可通过登陆期刊网站详细了解所投稿件的处理情况。

附表一　　文后参考文献著录规则
(GB/T 7714-2005)

1　范围

　　本标准规定了各个学科、各种类型出版物的文后参考文献的著录项目、著录顺序、著录用的符号、各个著录项目的著录方法以及参考文献在正文中的标注法。

　　本标准适用于著者和编辑著录的文后参考文献,而不能作为图书馆员、文献目录编制者以及索引编辑者使用的文献著录规则。

2　规范性引用文件

　　下列文件中的条款通过本标准的引用而成为本标准的条款。凡是注日期的引用文件,其随后所有的修改单(不包括勘误的内容)或修订版均不适用于本标准,然而,鼓励根据本标准达成协议的各方研究是否可使用这些文件的最新版本。凡是不注日期的引用文件,其最新版本适用于本标准。

　　GB/T　3469　文献类型与文献载体代码

　　GB/T　7408　数据元和交换格式　信息交换　日期和时间表示法(GB/T 7408-1994,eqv ISO 8601:1988)

　　ISO 4　信息与文献　出版物题名和标题缩写规则

3　术语和定义

下列术语和定义适用于本标准。

3.1　文后参考文献 bibliographic references

　　为撰写或编辑论文和著作而引用的有关文献信息资源。

3.2　主要责任者 primary responsibility

　　对文献的知识内容或艺术内容负主要责任的个人或团体。主要责任者包括著者、编者、学位论文撰写者、专利申请者或所有者、报告撰写者、标准提出者、析出文献的作者等。

3.3　专著 monographs

　　以单行本形式或多卷册形式,在限定的期限内出版的非连续性出版物。它包括以各种载体形式出版的普通图书、古籍、学位论文、技术报告、会议文集、汇编、多卷书、丛书等。

3.4　连续出版物 serials

　　一种载有卷期号或年月顺序号、计划无限期地连续出版发行的出版物。它包括以各种载体形式出版的期刊、报纸等。

3.5　析出文献 contribution

　　从整本文献中析出的具有独立篇名的文献。

3.6　电子文献 electronic documents

　　以数字方式将图、文、声、像等信息存储在磁、光、电介质上,通过计算机、网络或相关设备使用的记录有知识内容或艺术内容的文献信息资源,包括电子书刊、数据库、电子公告等。

3.7　顺序编码制 numeric references method

　　一种文后参考文献的标注体系,即引文采用序号标注,参考文献表按引文的序号排序。

3.8　著者—出版年制 first element and date method

　　一种文后参考文献的标注体系,即引文采用著者-出版年标注,参考文献表按著者字顺和出版年排序。

3.9　合订题名 title of the individual works

　　由两种或两种以上的著作汇编而成的无总题名的文献中各部著作的题名。

3.10　并列题名 parallel title

　　在文献著录信息源中出现的对应于正题名的另一种语言文字的题名。它包括对应于正题名的外文题名、少数民族文字题名等,但不包括汉语拼音题名。

4　著录项目与著录格式

　　本标准规定文后参考文献设必备项目与选择项目。凡是标注"任选"字样的著录项目系参考文献的选择项目,其余均为必备项目。本标准分别规定了专著、专著中的析出文献、连续出版物、连续出版物中的析出文献、专利文献以及电子文献的著录项目和著录格式。

4.1　专著

4.1.1　著录项目

　　　主要责任者

　　　题名项

　　　　题名

　　　　其他题名信息

　　　　文献类型标志(电子文献必备,其他文献任选)

　　　其他责任者(任选)

　　　版本项

　　　出版项

出版地

出版者

出版年

引文页码

引用日期(联机文献必备，其他电子文献任选)

获取和访问路径(联机文献必备)

4.1.2 著录格式

主要责任者.题名:其他题名信息[文献类型标志].其他责任者.版本项.出版地:出版者,出版年:引文页码[引用日期].获取和访问路径.

示例：

[1] 余敏.出版集团研究[M].北京:中国书籍出版社,2001:179-193 .

[2] 昂温 G,昂温 PS.外国出版史[M].陈生铮,译.北京:中国书籍出版社,1988.

[3] 全国文献工作标准化技术委员会第七分委员会.GB / T 5795-1986.中国标准书号[S].北京:中国标准出版社,1986.

[4] 辛希孟.信息技术与信息服务国际研讨会论文集.A 集[C].北京:中国社会科学出版社,1994.

[5] 孙玉文.汉语变调构词研究[M].北京:北京大学出版社,2000.

[6] 顾炎武.昌平山水记:京东考古录[M].北京:北京古籍出版社,1982.

[7] 王夫之.宋论[M].刻本.金陵:曾氏,1845(清同治四年).

[8] 赵耀东.新时代的工业工程师[M/OL].台北:天下文化出版社,1998 [1998-09-26].
http://www.ie.nthu.edu.tw/info/ie.newie.htm(Big5).

[9] PIGGOT T M. The cataloguer's way through AACR2:from document receipt to docume-nt retrieval[M]. London:The Library Association,1990.

[10] PEEBLES P Z, Jr. Probability, random variable, and random signal principles[M]. 4thed. New York:McGraw Hill,2001.

[11] YUFIN S A. Geoecology and computers:proceedings of the Third International Confer-ence on Advances of Computer Methods in Geotechnical and Geoenvironmental Engineering, Moscow, Russia, February 1-4, 2000[C]. Rotterdam:A.A. Balkema, 2000.

4.2 专著中的析出文献

4.2.1 著录项目

析出文献主要责任者

析出文献题名项

析出文献题名

文献类型标志(电子文献必备，其他文献任选)

析出文献其他责任者(任选)

出处项

专著主要责任者

专著题名

其他题名信息

版本项

出版项

出版地

出版者

出版年

析出文献的页码

引用日期(联机文献必备，其他电子文献任选)

获取和访问路径(联机文献必备)

4.2.2　著录格式

析出文献主要责任者.析出文献题名[文献类型标志].析出文献其他责任者//专著主要责任者.专著名:其他题名信息.版本项.出版地:出版者,出版年:析出文献的页码[引用日期].获取和访问路径.

示例:

[1] 程根伟.1998 年长江洪水的成因与减灾对策[M]//许厚泽,赵其国.长江流域洪涝灾害与科技对策.北京:科学出版社,1999:32-36.

[2] 陈晋镶,张惠民,朱士兴,等.蓟县震旦亚界研究[M]//中国地质科学院天津地质矿产研究所.中国震旦亚界.天津:天津科学技术出版社,1980:56-114.

[3] 白书农.植物开花研究[M]//李承森.植物科学进展.北京:高等教育出版社,1998:146-163.

[4] 马克思.关于《工资、价格和利润》的报告札记[M]//马克思,恩格斯.马克思恩格斯全集:第 44 卷.北京:人民出版社,1982:505.

[5] 钟文发.非线性规划在可燃毒物配置中的应用[C]//赵玮.运筹学的理论与应用:中国运筹学会第五届大会论文集.西安:西安电子科技大学出版社,1996:468-471.

[6] WEINSTEIN L, SWERTZ M N. Pathogenic properties of invading microorganism [M] //SODEMAN W A, Jr., SODEMAN W A. Pathologic physiology: mechanisms of disease. Philadelphia: Saunders, 1974:745-772.

4.3　连续出版物

4.3.1　著录项目

主要责任者

题名项

　题名

　其他题名信息

　文献类型标志(电子文献必备,其他文献任选)

卷、期、年、月或其他标志(任选)

出版项

　　出版地

　　出版者

　　出版年

　引用日期(联机文献必备,其他电子文献任选)

获取和访问路径(联机文献必备)

4.3.2　著录格式

主要责任者.题名:其他题名信息[文献类型标志].年,卷(期)-年,卷(期).出版地:出版者,出版年[引用日期].获取和访问路径.

示例:

[1] 中国地质学会.地质论评[J].1936,1(1).北京:地质出版社,1936.

[2] 中国图书馆学会.图书馆学通讯[J].1957(1)-1990(4).北京:北京图书馆,1957-1990.

[3] American Association for the Advancement of Science. Science[J]. 1883,1(1). Washington, D. C.: American Association for the Advancement of Science, 1883.

4.4　连续出版物中的析出文献

4.4.1　著录项目

析出文献主要责任者

析出文献题名项

　析出文献题名

　文献类型标志(电子文献必备,其他文献任选)

　文献类型标志(电子文献必备,其他文献任选)

出处项

　连续出版物题名

　其他题名信息

　　　　年卷期标志与页码

　　　　引用日期(联机文献必备,其他电子文献任选)

　　　　获取和访问路径(联机文献必备)

4.4.2　著录格式

　　析出文献主要责任者. 析出文献题名[文献类型标志].连续出版物题名:其他题名信息,年,卷(期):页码[引用日期]. 获取和访问路径.

　　示例:

[1] 李晓东,张庆红,叶瑾琳.气候学研究的若干理论问题[J].北京大学学报:自然科学版,1999,35(1):101-106.

[2] 刘武,郑良,姜础.元谋古猿牙齿测量数据的统计分析及其在分类研究上的意义[J].科学通报,1999,44(23):2481-2488.

[3] 傅刚,赵承,李佳路.大风沙过后的思考[N/OL].北京青年报,2000-04-12(14)[2005-07-12].
　　http://www.bjyouth.com.cn/Bgb/20000412/GB/4216％5ED0412B1401.htm.

[4] 莫少强.数字式中文全文文献格式的设计与研究[J/OL].情报学报,1999,18(4):1-6 [2001-07-08].
　　http://periodical.wanfangdata.com.cn/periodical/gbxb/qbxb99/qbxb9904/990407.htm.

[5] KANAMORI H. Shaking without quaking [J]. Science, 1998,279(5359):2063-2064.

[6] CAPLAN P. Cataloging internet resources [J]. The Public Access Computer Systems Review, 1993,4(2):61-66.

4.5　专利文献

4.5.1　著录项目

　　专利申请者或所有者

　　题名项

　　　　专利题名

　　　　专利国别

　　　　专利号

　　文献类型标志(电子文献必备,其他文献任选)

　　出版项

　　　　公告日期或公开日期

　　引用日期(联机文献必备,其他电子文献任选)

　　获取和访问路径(联机文献必备)

4.5.2　著录格式

　　专利申请者或所有者.专利题名:专利国别,专利号[文献类型标志].公告日期或公开日期[引用日期].获取和访问路径.

　　示例:

[1]姜锡洲.一种温热外敷药制备方案:中国,88105607.3[P].1989-07-26.

[2]西安电子科技大学.光折变自适应光外差探测方法:中国,01128777.2[P/OL].2002-03-06[2002-05-28].
　　http://211.152.9.47/sipoasp/zljs/hyjs-yx-new.asp? recid=01128777.2&Ieixin=0.

[3]TACHIBANA R, SHIMIZU S, KOBAYSHI S, et al. Electronic watermarking method and system:US,6,915,001 [P/OL]. 2002-04-25 [2002-05-28]. http,//patftuspto.gov/nemcgi/nph-Parser? Sectl＝PTO2&Sect2＝HITOFF&p＝1&u＝/netahmrl/search-boot.huml&r＝1&f＝G&1＝50&col＝AND&d＝ptxt&sl＝Electronic＋watermarking＋method＋systern'.TTL.&OS＝TTL/.

4.6　电子文献

　　凡属电子图书、电子图书中的析出文献以及电子报刊中的析出文献的著录项目与著录格式分别按4.1、4.2和4.4中的有关规则处理。除此而外的电子文献根据本规则处理。

4.6.1　著录项目

　　主要责任者

　　题名项

　　　　题名

　　　　其他题名信息

　　文献类型标志(含文献载体标志)

　　出版项

　　　出版地

　　　出版者

　　　出版年

　　　更新或修改日期

　　　引用日期

　　获取和访问路径

4.6.2　著录格式

　　主要责任者.题名:其他题名信息[文献类型标志/文献载体标志].出版地:出版者,出版年(更新或修改日期)[引用日期].获取和访问路径.

　　示例:

　　[1] PACS-L:the public-access computer systems forum[EB/OL]. Houston,Tex:Universityof Houston Libraries,1989[1995-05-17]. http://info. lib. uh. edu/pacsl. html.

　　[2] Online Computer Library Center,Inc. History of OCLC [EB/OL]. [2000-01-08]. http:// www. oclc. org/about/history/default. htm.

　　[3] HOPKINSON A. UNIMARC and metadata:Dublin Core [EB/OL]. [1999-12-08]. http:// www. ills. org/IV/if-la64/138-161e. htm.

5　著录信息源

　　文后参考文献的著录信息源是被著录的文献本身。专著、论文集、学位论文、科技报告、专利文献等可依据书名页、版本记录页、封面等主要信息源著录各个著录项;专著、论文集中析出的篇章与报刊上的文章依据参考文献本身著录析出文献的信息,并依据主要信息源著录析出文献的出处;缩微制品可依据题名帧、片头、容器上的标签、附件等著录;光盘依据标签、附件著录;网络信息依据特定网址中的信息著录。

6　著录用文字

6.1　文后参考文献原则上要求用文献本身的文字著录。

6.2　著录数字时,须保持文献原有的形式,但卷期号、页码、出版年、版次等用阿拉伯数字表示。外文书的版次用序数词的缩写形式表示。

6.3　个人著者,其姓全部著录,而名可以缩写为首字母(见 8.1.1);如用首字母无法识别该人名时,则用全名。

6.4　出版项中附在出版地之后的省名、州名、国名等(见 8.4.1.1)以及作为限定语的机关团体名称可按国际公认的方法缩写。

6.5　西文期刊刊名的缩写可参照 ISO 4《信息与文献—出版物题名和标题缩写规则》的规定。

6.6　著录外文文献时,大写字母的使用要符合文献本身文种的习惯用法。

7　著录用符号

7.1　本标准中的著录用符号为前置符。参考文献中的第一个著录项目,如主要责任者、析出文献主要责任者、专利申请者或所有者前不使用任何标志符号(按顺序编码制组织的参考文献表中的各篇文献序号可用方括号,如:[1]、[2] ……)。

7.2　参考文献使用下列规定的标志符号:

　.　用于题名项、析出文献题名项、题名、其他责任者、析出文献其他责任者、连续出版物的"卷、期、年、月或其他标志"项、版本项、出版项、出处项、专利文献的"公告日期或公开日期"项、获取和访问路径以及"著者-出版年"制中的出版年前。每一条参考文献的结尾可用"．"号。

　:　用于其他题名信息、出版者、引文页码、析出文献的页码、专利国别前。

　,　用于同一著作方式的责任者、"等"或"译"字样、出版年、期刊年卷期标志中的年或卷号、专利号、科技报告号前。

　;　用于期刊后续的年卷期标志与页码以及同一责任者的合订题名前。

　//　用于专著中的析出文献的出处项前。

　(　)用于期刊年卷期标志中的期号、报纸的版次、电子文献更新或修改日期以及非公元纪年。

　[　]用于文献序号、文献类型标志、电子文献的引用日期以及自拟的信息。

　/　用于合期的期号间以及文献载体标志前。

　—　用于起讫序号和起讫页码间。

8 著录细则

8.1 主要责任者或其他资任者

8.1.1 个人著者采用姓在前名在后的著录形式。欧美著者的名可以用缩写字母,缩写名后省略缩写点。欧美著者的中译名可以只著录其姓;同姓不同名的欧美著者,其中译名不仅要著录其姓,还需著录其名。用汉语拼音书写的中国著者姓名不得缩写。

> 示例1:李时珍　　　　　　（原题:李时珍）
>
> 示例2:韦杰　　　　　　　（原题:伏尔特·韦杰）
>
> 示例3:昂温 P S　　　　　（原题:P. S. 昂温）
>
> 示例4:EINSTEIN A　　　（原题:Albert Einstein）

8.1.2 著作方式相同的责任者不超过 3 个时,全部照录。超过 3 个时,只著录前 3 个责任者,其后加",等"或与之相应的词。

> 示例1:马克思,恩格斯
>
> 示例2:YELLAND R L, JONES S C, EASTON K S, et al

8.1.3 无责任者或者责任者情况不明的文献,"主要责任者"项应注明"佚名"或与之相应的词。凡采用顺序编码制排列的参考文献可省略此项,直接著录题名。

> 示例:Anon. 1981. Coffee drinking and cancer of the pancreas [J]. Br Med J, 283:628.

8.1.4 凡是对文献负责的机关团体名称通常根据著录信息源著录。用拉丁文书写的机关团体名称由上至下分级著录。

> 示例1:中国科学院物理研究所
>
> 示例2:贵州省土壤普查办公室
>
> 示例3:American Chemical Society
>
> 示例4:Stanford University. Department of Civil Engineering

8.2 题名

题名包括书名、刊名、报纸名、专利题名、科技报告名、标准文献名、学位论文名、析出的文献名等。题名按著录信息源所载的内容著录。

> 示例1:化学动力学和反应器原理
>
> 示例2:Gases in sea ice 1975—1979
>
> 示例3:J Math & Phys
>
> 示例4:袖珍神学,或,简明基督教辞典

8.2.1 同一责任者的多个合订题名,著录前 3 个合订题名。对于不同责任者的多个合订题名,可以只著录第一个或处于显要位置的合订题名。在参考文献中不著录并列题名。

> 示例1:自己的园地;雨天的书(原题:自己的园地 雨天的书 周作人著)
>
> 示例2:美国十二名人传略(原题:美国十二名人传略 Twelve Famous Americans)

8.2.2 文献类型 M 标志依据 GB/T 3469《文献类型与文献载体代码》著录;对于电子文献不仅要著录文献类型标志,而且要著录文献载体标志。本标准根据文献类型及文献载体的发展现状作了必要的补充,参见附录 B。

8.2.3 其他题名信息可根据文献外部特征的揭示情况决定取舍,包括副题名,说明题名文字,多卷书的分卷书名、卷次、册次等。

> 示例1:地壳运动假说:从大陆漂移到板块构造
>
> 示例2:世界出版业:美国卷
>
> 示例3:ECL 集成电路:原理与设计
>
> 示例4:北京大学学报:哲学社会科学版
>
> 示例5:中国科学:D 辑 地球科学

8.3 版本

第 1 版不著录,其他版本说明需著录。版本用阿拉伯数字、序数缩写形式或其他标志表示。古籍的版本可著录"写本"、"抄本"、"刻本"、"活字本"等。

> 示例1:3 版　　　　　　　（原题:第三版）
>
> 示例2:新 1 版　　　　　　（原题:新 1 版）
>
> 示例3:5th ed.　　　　　　（原题:Fifth edition ）

示例 4：Rev. ed.　　　　　　　（原题：Revised edition）

示例 5：1978 ed.　　　　　　　（原题：1978 edition ）

8.4　出版项

出版项按出版地、出版者、出版年顺序著录。

示例 1：北京科学出版社，1985

示例 2：New York：Academic Press，1978

8.4.1　出版地

8.4.1.1　出版地著录出版者所在地的城市名称。对同名异地或不为人们熟悉的城市名，应在城市名后附省名、州名或国名等限定语。

示例 1：Cambridge，Eng.

示例 2：Cambridge，Mass.

8.4.1.2　文献中载有多个出版地，只著录第一个或处于显要位置的出版地。

示例 1：北京科学出版社，2000

　　（原题：科学出版杜 北京 上海 2000）

示例 2：London：Butterworths，1978

　　（原题：Butterworths London Boston Sydney Wellington Durban Toronto 1978）

8.4.1.3　无出版地的中文文献著录"出版地不详"，外文文献著录"S. 1"，并置于方括号内。如果通过计算机网络存取的联机电子文献无出版地，可以省略此项。

示例 1：[出版地不详]：三户图书刊行社，1990

示例 2：[S. 1.]：MacMillan，1975

8.4.2　出版者

8.4.2.1　出版者可以按著录信息源所载的形式著录，也可以按国际公认的简化形式或缩写形式著录。

示例 1：科学出版社(原题：科学出版社)

示例 2：Elsevier Science Publishers(原题：Elsevier Science Publishers)

示例 3：IRRI（原题：International Rice Research Institute)

示例 4：Wiley(原题：John Wiley and Sons Ltd.）

8.4.2.2　著录信息源载有多个出版者，只著录第一个或处于显要位置的出版者。

示例：Chicago：ALA，1978

　　（原题：American Library Association/Chicago Canadian Library Association/ Ottawa 1978）

8.4.2.3　无出版者的中文文献著录"出版者不详"，外文文献著录"s. n. "，并置于方括号内。如果通过计算机网络存取的联机电子文献无出版者，可以省略此项。

示例：Salt Lake City：[s. n.]，1964

8.4.3　出版日期

8.4.3.1　出版年采用公元纪年，并用阿拉伯数字著录。如有其他纪年形式时，将原有的纪年形式置于"（ ）"内。

示例 1：1947(民国三十六年)

示例 2：1705(康熙四十四年)

8.4.3.2　报纸和专利文献需详细著录出版日期，其形式为"YYYY-MM-DD"。

示例：2000-02-15

8.4.3.3　出版年无法确定时，可依次选用版权年、印刷年、估计的出版年。估计的出版年需置于方括号内。

示例 1：c1988

示例 2：1995 印刷

示例 3：[1936]

8.5　页码

专著或期刊中析出文献的页码或引文页码，要求用阿拉伯数字著录(见 8.6、10.1.3、10. 2.4)。

8.6　析出文献

8.6.1　从专著中析出有独立著者、独立篇名的文献按 4.2 的有关规定著录，其析出文献与源文献的关系用"//"表示。凡是从报刊中析出具有独立著者、独立篇名的文献按 4.4 的有关规定著录，其析出文献与源文献的关系用"．"表示。关于引文参考文献的著录与标注参见 10.1.3 与 10.2.4。

示例 1：林穗芳.美国出版业概况[M] //陆本瑞.世界出版概观.北京：中国书籍出版社,1991:1-23.

示例 2：张传喜.论面向知识经济时代科技期刊编辑的知识积累[J].中国科技期刊研究，1999,10(2):89-90.

示例 3：TENOPIR C. Online databases：quality control [J]. Library journal, 1987, 113(3):124-125.

8.6.2　凡是从期刊中析出的文献,应在刊名之后注明其年份、卷、期、部分号、页码。

示例 1：2001, 1(1), 5-6

　　　　年 卷期 页码

示例 2：2000 (1)：23-26

　　　　年 期 页码

8.6.2.1　对从合期中析出的文献,按 8.6.2 的规则著录,并在圆括号内注明合期号。

示例 1：1999(9/10):36-39

　　　　年 合期号 页码

8.6.2.2　凡是在同一刊物上连载的文献,其后续部分不必另行著录,可在原参考文献后直接注明后续部分的年份、卷、期、部分号、页码等。

示例：1981 (1):37-44；1981(2):47-52

　　　年 期　　页码　　年 期　　页码

8.6.3　凡是从报纸中析出的文献,应在报纸名后著录其出版日期与版次。

示例：2000-03-14 (1)

　　　年　月 日 版次

9　参考文献表

参考文献表可以按顺序编码制组织,也可以按著者—出版年制组织。

9.1　顺序编码制

参考文献表按顺序编码制组织时,各篇文献要按正文部分标注的序号依次列出(参见 10.1.3)。

示例：

[1] BAKER S K. JACKSON M E. The future of resource sharing[M]. New York：The Haworth Press, 1995.

[2] CHERNIK B E. Introduction to library services for library technicians [M]. Littleton, Colo.：Libraries Unlimited, Inc. ,1982.

[3] 尼葛洛庞帝.数字化生存[M].胡泳,范海燕,译.海口：海南出版社,1996.

[4] 汪冰.电子图书馆理论与实践研究[M].北京：北京图书馆出版社,1997.

[5] 杨宗英.电子图书馆的现实模型[J].中国图书馆学报,1996(2):24-29.

[6] DOWLER L. The research university's dilemma：resource sharing and research in a trans institutional environment [J]. Journal Library Administration, 1995, 21(1/2):5-26.

9.2　著者—出版年制

参考文献表采用著者—出版年制组织时,各篇文献首先按文种集中,可分为中文、日文、西文、俄文、其他文种 5 部分；然后按著者字顺和出版年排列。中文文献可以按汉语拼音字顺排列(参见 10.2.4),也可以按笔画笔顺排列。

示例：

尼葛洛庞帝.1996.数字化生存[M].胡泳,范海燕,译.海口：海南出版社.

汪冰.1997.电子图书馆理论与实践研究[M].北京：北京图书馆出版社.

杨宗英.1996.电子图书馆的现实模型[J].中国图书馆学报(2)：24-29.

BAKER S K, JACKSON M E. 1995. The future of resource sharing [M]. New York：The Haworth Press.

CHERNIK B E. 1982. Introduction to library services for library technicians [M]. Littleton, Colo.：Libraries Unlimited, Inc.

DOWLER L. 1995. The research university's dilemma：resource sharing and research in a transinstitutional environment [J]. Journal Library Administration, 21(1/2):5-26.

10　参考文献标注法

正文中引用的文献的标注方法可以采用顺序编码制,也可以采用著者-出版年制。

10.1　顺序编码制

10.1.1　顺序编码制是按正文中引用的文献出现的先后顺序连续编码,并将序号置于方括号中。

示例:引用单篇文献

……德国学者 N. 克罗斯研究了瑞士巴塞尔市附近侏罗山中老第三纪断裂对第三系褶皱的控制[235];之后,他又描述了西里西亚第 3 条大型的近南北向构造带,并提出地槽是在不均一的块体的基底上发展的思想[236]。

……

10.1.2　同一处引用多篇文献时,只须将各篇文献的序号在方括号内全部列出,各序号间用","。如遇连续序号,可标注起讫序号。

示例:引用多篇文献

裴伟[570,83]提出……

莫拉德对稳定区的节理格式的研究[255-256]

10.1.3　多次引用同一著者的同一文献时,在正文中标注首次引用的文献序号,并在序号的"[　]"外著录引文页码。

示例:多次引用同一著者的同一文献

主靠靠编辑思想指挥全局已是编辑界的共识[1],然而对编辑思想至今没有一个明确的界定,故不妨提出一个构架……参与讨论。由于"思想"的内涵是"客观存在反映在人的意识中经过思维活动而产生的结果"[2]1194,所以"编辑思想"的内涵就是编辑实践反映在编辑工作者的意识中,"经过思维活动而产生的结果"。……《中国青年》杂志创办人追求的高格调——理性的成熟与热点的凝聚[3],表明其读者群的文化的品位的高层次……"方针"指"引导事业前进的方向和目标"[2]354。……对编辑方针,1981 年中国科协副主席裴丽生曾有过科学的论断——"自然科学学术期刊必须坚持以马列主义、毛泽东思想为指导,贯彻为国民经济发展服务,理论与实践相结合,普及与提高相结合,'百花齐放,百家争鸣'的方针"[4]它完整地回答了为谁服务,怎样服务,如何服务得更好的问题。

……

参考文献:

[1] 张忠智. 科技书刊的总编(主编)的角色要求[C]//中国科学技术期刊编辑学会建会十周年学术研讨会论文汇编. 北京:中国科学技术期刊编辑学会学术委员会,1997:33-34.

[2] 中国社会科学院语言研究所词典编辑室.现代汉语词典[M].修订本.北京:商务印书馆,1996.

[3] 刘彻东. 中国的青年刊物:个性特色为本[J].中国出版,1998(5):38-39.

[4] 裴丽生. 在中国科协学术期刊编辑工作经验交流会上的讲话[C]//中国科协学术期刊编辑工作经验交流会资料选. 北京:中国科学技术协会学会工作部,1981:2-10.

……

10.2　著者－出版年制

10.2.1　正文引用的文献采用著者－出版年制时,各篇文献的标注内容由著者姓氏与出版年构成,并置于"( )"内。倘若只标注著者姓氏无法识别该人名时,可标注著者姓名,例如中国人著者、朝鲜人著者、日本人用汉字姓名的著者等。集体著者著述的文献可标注机关团体名称。倘若正文中已提及著者姓名,则在其后的"( )"内只须著录出版年。

示例:引用单篇文献

The notion of an invisible college has been explored in the sciences (Crane 1972). Its absence among historians is notes by Stieg(1981)...

参考文献:

CRANE D. 1972. Invisible college[M]. Chicago:Univ. of Chicago Press.

STIEG M F. 1981. The information needs of historians [J]. College and Research Libraries,42(6) :549-560.

10.2.2　在正文中引用多著者文献时,对欧美著者只需标注第一个著者的姓,其后附"et al";对中国著者应标注第一著者的姓名,其后附"等"字,姓氏与"等"之间留适当空隙。

10.2.3　在参考文献表中著录同一著者在同一年出版的多篇文献时,出版年后应用小写字母 a,b,c…区别。

示例:引用同一著者同年出版的多篇文献

KENNEDY W J, GARRISON R E. 1975a. Morphology and genesis of nodular chalks and hardgrounds in the Upper Cretaceous of southern England[J]. Sedimentology,22:311-386.

KENNEDY W J, GARRISON R E. 1975b. Morphology and genesis of nodular phosphates in the Cenomanian of Southeast England[J]. Lethaia,8:339-360.

10.2.4　多次引用同一著者的同一文献,在正文中标注著者与出版年,并在"（　）"外以角标的形式著录引文页码。

示例:多次引用同一著者的同一文献

主编靠编辑思想指挥全局已是编辑界的共识(张忠智,1997),然而对编辑思想至今没有一个明确的界定,故不妨提出一个构架……参与讨论。由于"思想"的内涵是"客观存在反映在人的意识中经过思维活动而产生的结果"(中国社会科学院语言研究所词典编辑室,1996)[1194],所以"编辑思想"的内涵就是编辑实践反映在编辑工作者的意识中,"经过思维活动而产生的结果"。……《中国青年》杂志创办人追求的高格调—理性的成熟与热点的凝聚(刘彻东,1998),表明其读者群的文化的品位的高层次……"方针"指"引导事业前进的方向和目标"(中国社会科学院语言研究所词典编辑室,1996)[354]。…… 对编辑方针,1981年中国科协副主席裴丽生曾有过科学的论断——"自然科学学术期刊必须坚持以马列主义、毛泽东思想为指导,贯彻为国民经济发展服务,理论与实践相结合,普及与提高相结合,'百花齐放,百家争鸣'的方针。"(裴丽生,1981)它完整地回答了为谁服务,怎样服务,如何服务得更好的问题。……

参考文献:

裴丽生. 1981. 在中国科协学术期刊编辑工作经验交流会上的讲话[C]//中国科协学术期刊编辑工作经验交流会资料选. 北京:中国科学技术协会学会工作部:2-10.

刘彻东. 1998. 中国的青年刊物:个性特色为本[J]. 中国出版(5):38-39.

张忠智. 1997. 科技书刊的总编(主编)的角色要求[C]//中国科学技术期刊编辑学会建会十周年学术研讨会论文汇编. 北京:中国科学技术期刊编辑学会学术委员会:33-34.

中国社会科学院语言研究所词典编辑室.1996. 现代汉语词典[M]. 修订本. 北京:商务印书馆.

……

附录 A

（资料性附录）

顺序编码制文后参考文献表著录格式示例

A.1　普通图书

[1] 广西壮族自治区林业厅. 广西自然保护区[M]. 北京:中国林业出版社,1993.

[2] 蒋有绪,郭泉水,马娟,等. 中国森林群落分类及其群落学特征[M]. 北京:科学出版社,1998.

[3] 唐绪军. 报业经济与报业经营[M].北京:新华出版社,1999:117-121.

[4] 赵凯华,罗蔚茵. 新概念物理教程:力学[M]. 北京:高等教育出版社,1995.

[5] 汪昂. （增补)本草备要[M]. 石印本. 上海:同文书局,1912.

[6] CRAWFPRD W, GORMAN M. Future libraries:dreams, madness, & reality[M]. Chicago:American Library Association,1995.

[7] International Federation of Library Association and Institutions. Names of persons:national usages for entry in catalogues[M]. 3rd ed. London:IFLA International Office for UBC, 1977.

[8] O'BRIEN J A. Introduction to information systems[M]. 7th ed. Burr Ridge, III.:Irwin, 1994.

[9] ROOD H J. Logic and structured design for computer programmers[M]. 3rd ed. [S.1.]:Brooks/Cole Thomson Learning, 2001.

A.2　论文集、会议录

[1] 中国力学学会. 第3届全国实验流体力学学术会议论文集[C]. 天津:[出版者不详],1990.

[2] ROSENTHALL E M. Proceedings of the Fifth Canadian Mathematical Congress, University of Montreal, 1961 [C]. Toronto:Universityof Toronto Press,1963.

[3] GANZHA V G, MAYR E W, VOROZHTSOV E V. Computer algebra in scientific computing:CASC 2000:proceedings of the Third Workshop on Computer Algebra in Scientific Computing, Samarkand, October 5-9, 2000[C]. Berlin:Springer, c2000.

A.3　科技报告

[1] U. S. Department of Transportation Federal Highway Administration. Guidelines for bandling excavated acid-producing materials, PB 91-194001[R]. Springfield:U. S. Department of Commerce National Information Service, 1990.

[2] World Health Organization. Factors regulating the immune response：report of WHO Scientific Group[R]. Geneva：WHO，1970.

A. 4　学位论文

[1] 张志祥. 间断动力系统的随机扰动及其在守恒律方程中的应用[D]. 北京：北京大学数学学院,1998.

[2] CALMS R B. Infrared spectroscopic studies on solid oxygen[D]. Berkeley：Univ. of California. 1965.

A. 5　专利文献

[1] 刘加林. 多功能一次性压舌板：中国,92214985. 2[P]. 1993-04-14.

[2] 河北绿洲生态环境科技有限公司.一种荒漠化地区生态植被综合培育种植方法：中国,01129210.5[P/OL]. 2001-10-24[2002-05-28]. http://211.152.9.47/sipoasp/zlijs/hyjs-yx-new. asp? recid＝01129210.5&leixin.

[3] KOSEKI A, MOMOSE H, KAWAHITO M, et al. Compiler：US, 828402[P/OL]. 2002-05-25[2002-05-28]. http://FF&p＝1&u＝netahtml/PTO/search-bool. html&r＝5&f＝G&1＝50 &co1＝AND&d＝PG01&sl＝IBM. AS. &0S＝AN/IBM&RS＝AN/IBM.

A. 6　专著中析出的文献

[1] 国家标准局信息分类编码研究所. GB/T 2659-1986 世界各国和地区名称代码[S]//全国文献工作标准化技术委员会. 文献工作国家标准汇编：3.北京：中国标准出版社,1988:59-92.

[2] 韩吉人. 论职工教育的特点[G]//中国职工教育研究会. 职工教育研究论文集. 北京：人民教育出版社, 1985：90-99.

[3] BUSECK P R, NORD G L, Jr. , VEBLEN D R. Subsolidus phenomena in pyroxenes[M]// PREWITT C T. Pyroxense. Washington，D. C. ；Mineralogical Society of America, c1980：117-211.

[4] FOURNEY M E. Advances in holographic photoelasticity [C]// American Society of Mechanical Engineers. Applied Mechanics Division. Symposium on Applications of Holography in Mechanics, August 23-25, 1971, University of Southern California, Los Angeles, California. New York：ASME, c1971 ：17-38.

[5] MARTIN G. . Control of electronic resources in Australia[M]//PATTLE L W, COX BJ. Electronic resources：selection and bibliographic control. New York：The Haworth Press, 1996：85-96.

A. 7　期刊中析出的文献

[1] 李炳穆. 理想的图书馆员和信息专家的素质与形象[J]. 图书情报工作,2000(2):5-8.

[2] 陶仁骥. 密码学与数学[J]. 自然杂志,1984,7(7):527.

[3] 习亚洲地质图编目组. 亚洲地层与地质历史概述[J]. 地质学报,1978,3:194-208.

[4] DES MARAIS D J, STRAUSS H, SUMMONS R E, et al. Carbon isotope evidence for the stepwise oxidation of the Proterozoic environment [J]. Nature, 1992, 359:605-609.

[5] HEWITT J A. Technical services in 1983[J]. Library Resource Services, 1984, 28(3): 205-218.

A. 8　报纸中析出的文献

[1] 丁文祥. 数字革命与竞争国际化[N]. 中国青年报,2000-11-20(15).

[2] 张田勤. 罪犯 DNA 库与生命伦理学计划[N]. 大众科技报,2000-11-12(7).

A. 9　电子文献(包括专著或连续出版物中析出的电子文献)

[1] 江向东. 互联网环境下的信息处理与图书管理系统解决方案[J/OL]. 情报学报,1999,18(2):4[2000-01-18]. http://www. chinainfo. gov. cn/periodical/gbxb/gbxb99/gbxb9902 03.

[2] 萧钮. 出版业信息化迈入快车道[EB/OL]. (2001-12-19) [2002-04-15] http://www. creader. com/news/20011219/200112190019. html.

[3] CHRISTINE M. Plant physiology：plant biology in the Genome Era[J/OL]. Science, 1998, 281：331-332[1998-09-23]. http://www. sciencemag. org/cgi/collection/anatmorp.

[4] METCALF S W. The Tort Hall air emission study[C/OL]//The International Congress on Hazardous Waste, Atlanta Marriott Marquis Hotel, Atlanta, Georgia, June 5-8, 1995：impact on human and ecological health[1998-09-22]. http://atsdrl. atsdr. cdc. gov：8080/cong95. html .

[5] TURCOTTE D L. Fractals and chaos in geology and geophysics[M/OL]. New York：Cambridge University Press, 1992[1998-09-231. http://www. seg. org/reviews/mccorm30. html.

[6] Scitor Corporation. Project scheduler[CP/DK]. Sunnyvale, Calif. ：Scitor Corporation，c1983.

附录 B

（资料性附录）

文献类型和电子文献载体标志代码

B.1　文献类型和标志代码

表 B.1　文献类型和标志代码

文 献 类 型	标 志 代 码
普通图书	M
会议录	C
汇编	G
报纸	N
期刊	J
学位论文	D
报告	R
标准	S
专利	P
数据库	DB
计算机程序	CP
电子公告	EB

B.2　电子文献载体和标志代码

表 B.2　电子文献载体和标志代码

载 体 类 型	标 志 代 码
磁带（magnetic tape）	MT
磁盘（disk）	DK
光盘（CD-ROM）	CD
联机网络（online）	OL

第四节　参考文献处理软件 NoteExpress 的使用

一、NoteExpress 简介

面对海量文献信息的电子化，信息过滤和管理变得极其重要，为了提高研究者对电子资源的使用效率，帮助研究者有效管理和利用这些电子文献，文献管理类软件应运而生。NoteExpress 是目前流行的参考文献管理工具软件，其核心功能是帮助研究者在整个科研流程中高效利用电子资源，囊括了知识采集—管理—应用—挖掘的所有环节。该软件能够进行文献信息险索与下载，可以用来管理参考文献的题录，并以附件方式管理参考文献全文或者任何格式文件、文档。除了管理功能外，NoteExpress 软件还可以将工作者的科研心得等通过笔记功能记录下来，大大提高研究者的文献管理和研究效率。

二、NoteExpress 工作界面介绍

可以在 www. Reflib. Org 上可以下载到最新版本的 NoteExpress 软件。NoteExpress 安

装版提供了标准的 Windows 应用序列安装向导。双击安装文件,根据相关向导即可完成安装。安装完毕后,可通过桌面的快捷方式启动 NoteExpress,工作界面见图 6-4-1。

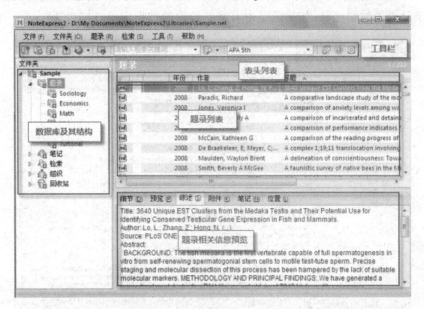

图 6-4-1 NoteExpress 的工作界面

三、个人数据库的创建

NoteExpress 数据库是以题录为核心进行管理的。题录指的就是文献,其内容涉及参考文献的标题、作者、摘要、关键词等,在 NoteExpress 中,书目、手稿、软件等也称为题录。安装后默认的数据库为 sampale. nel,此时要新建所需的数据库,点击菜单栏文件"新建数据库"(见图 6-4-2)。建立题录数据库有四种方式:联机检索和导入、过滤器导入、手工导入以及全文导入和题录更新。

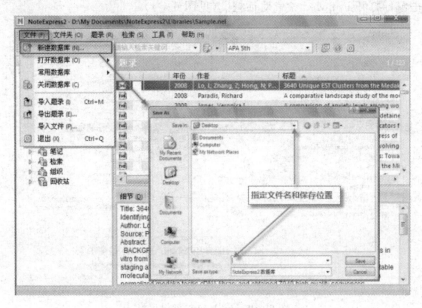

图 6-4-2 新建数据库

（一）联机检索和导入

点击工具栏上该图标右侧的小箭头，或点击菜单"检索＞在线检索"，选择"选择数据库"（NE 会记录最近的检索记录，如果记录中有需要检索的数据库可直接选择）。（见图 6-4-3）

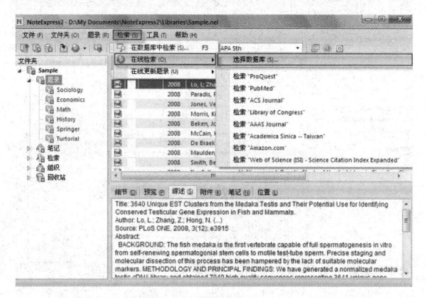

图 6-4-3　导入界面

下面以"PubMed"数据库检索为例。

（1）点击"检索"，选择"在线检索"。

（2）点击"选择数据库"（如果 NE 检索历史记录中有 PubMed，可直接点击即可，跳过第 3、4 步）。

（3）在弹出的数据库列表中，拖动右侧的按钮找到 PubMed（或在搜索框中输入 PubMed，点击搜索图标）。

（4）双击鼠标打开 PubMed 检索对话框。（见图 6-4-4）

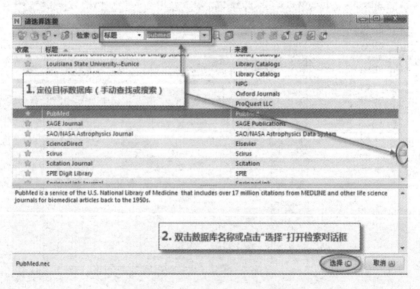

图 6-4-4　PubMed 检索对话框

(5)在弹出的检索对话框中,输入检索关键词,或设置其他的检索条件(可以添加或删除检索域)。设置完毕后,点击"检索",NE 将会自动抓取符合检索条件的题录。(见图 6-4-5)

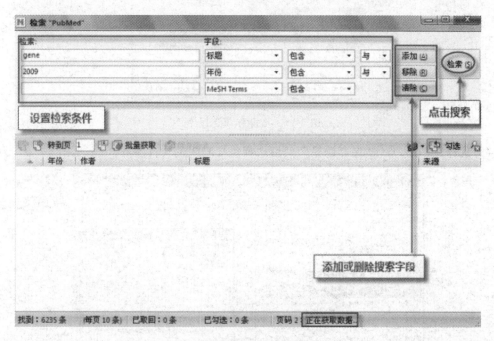

图 6-4-5　检索对话框

(6)当题录数据抓取完毕后,NE 会在状态栏给出相应的检索结果信息。(见图 6-4-6)

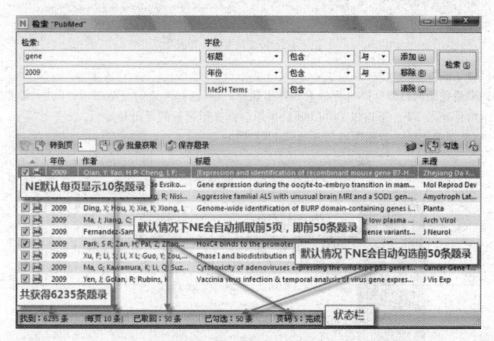

图 6-4-6　检索结果界面

(7)在结果列表中,可以双击某条题录打开查看该题录信息,勾选和导出题录到 NE。(见图 6-4-7)

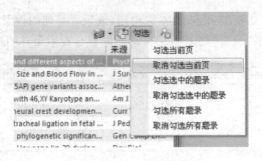

图 6-4-7　检索结果选择界面

（8）选择完毕后，点击"保存题录"，然后选择需要导入的文件夹导入。（见图 6-4-8）

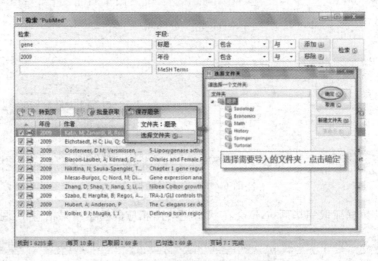

图 6-4-8　检索结果导入界面

（二）过滤器导入

如果是登录网站数据库进行检索和导出题录，只要选择合适的过滤器，就可以非常方便地将题录信息导入 NE。下面以 PubMed 数据库为例介绍题录的导出和导入。

（1）登录 PubMed 数据库网站并检索。（见图 6-4-9）

图 6-4-9　PubMed 数据库网站界面

（2）在检索结果列表中，将 Display 方式修改为"MEDLINE"，然后勾选需要导出的题录，并在"send to"中选择"File"。（见图 6-4-10）

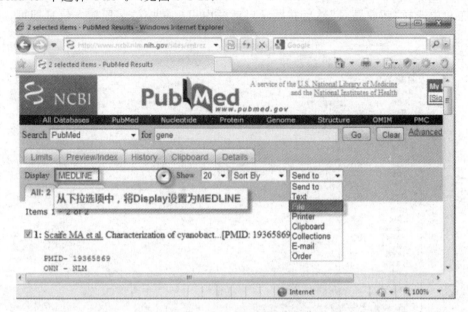

图 6-4-10　PubMed 数据库网站选择界面

（3）然后在保存对话框中，将文件保存到电脑指定位置

（4）切换到 NE，点击工具栏导入图标（或使用"Ctrl＋M"快捷键，或选择"文件＞导入题录"）。在导入对话框中，选择文件的保存位置，选择过滤器和需要导入的文件夹。（见图 6-4-11）

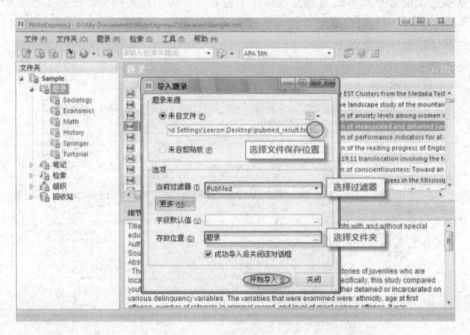

图 6-4-11　PubMed 数据库网站导入界面

（5）点击"开始导入"。

（三）手工导入

　　如果需要手工导入添加一些题录信息，可以使用"Ctrl＋N"的快捷键或点击"题录"菜单，从下拉菜单中选择"新建题录"然后在题录对话框中根据相应的字段输入信息即可。（见图6-4-12）

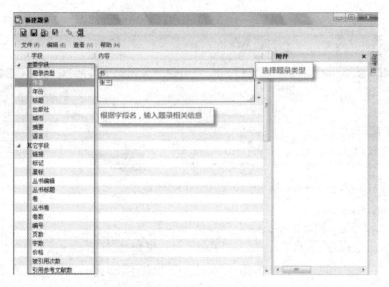

图 6-4-12　手工导入界面

（四）全文导入和题录更新

　　如果在使用 NE 文献管理软件之前，已经下载了众多的文献全文，比如 PDF 全文。如果需要将这些题录信息导入 NE，重新在数据库中搜索再导入 NE 无疑会使任务变得非常繁琐。在 NE 中，全文导入工具可以非常方便地将这些题录信息导入软件，然后借助题录更新再补充全题录的其他信息。方法如下：

　　1.全文导入

　　点击"文件"菜单，然后从下拉菜单中选择"导入文件"。（见图6-4-13）

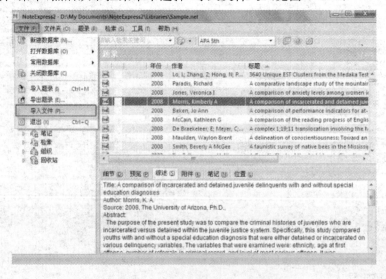

图 6-4-13　全文数据导入界面

　　如果需要导入单个文件,请点击"添加文件";如果需要导入多个文件,请点击"添加目录",然后选择题录保存的文件夹。(见图 6-4-14)

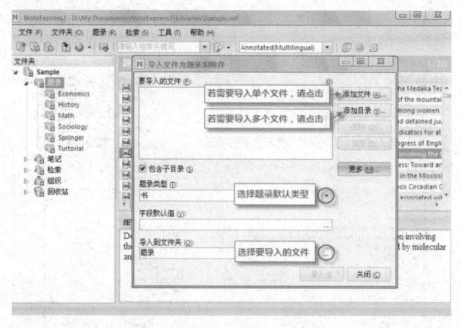

图 6-4-14　单个文件导入界面

　　在弹出的对话框中,选择需要导入的文件(按下"Ctrl"点击选择多个文件夹)或目录,然后点击"打开",点击"导入"。(见图 6-4-15)

图 6-4-15　多个文件导入界面

2.在线更新

借助 NE 的在线更新,可以将不完整的信息补充完整,步骤如下:

　　选择需要更新的题录,点击"检索"菜单,从中选择"在线更新题录",再选择"自动更新"。(见图 6-4-16)

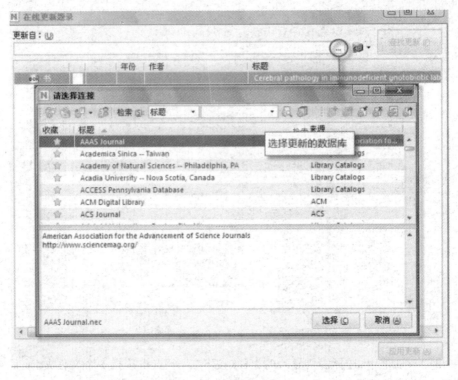

图 6-4-16　在线更新界面

　　当 NE 找到匹配的信息后,请选择"应用更新"补充完整题录信息。(见图 6-4-17)

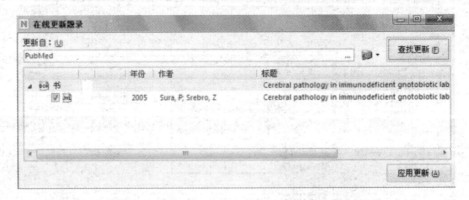

图 6-4-17　更新结果界面

　　(五)个人数据库的管理

　　1.虚拟文件夹

　　在 NE 中,可以创建虚拟文件夹对题录进行分门别类的整理。右击树形结构的"题录",选择"添加文件夹",或者使用键盘的 insert 快捷键创建新的虚拟文件夹。如果需要在某个文件夹下创建子文件夹,右击该文件夹,选择"添加文件夹",或者使用键盘 insert 快捷键。也可以将某文件夹直接拖入其他文件夹。添加文件夹后,也可以右击该文件夹进行命名或移动。(见图 6-4-18)

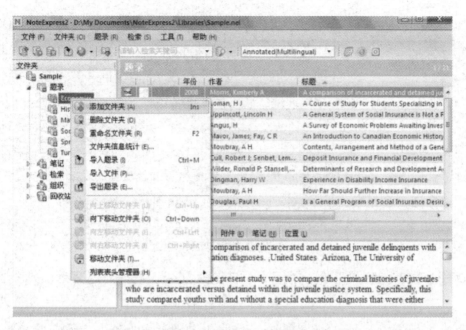

图 6-4-18　文件添加界面

2. 附件

在 NE 中,可以添加任何形式的文件(如 PDF、MS Word、JPEG 等)作为 NE 的附件。点击需要添加附件的题录,切换到"附件"的预览窗口,右击选择添加文件。(见图 6-4-19)

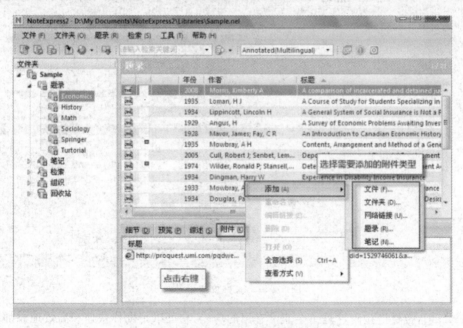

图 6-4-19　附件添加界面

也可以拖放添加:选择需要添加的附件文件,然后拖送到"附件"的预览窗口。(见图 6-4-20)

图 6-4-20　文件添加界面

在 NE 中,有两种方式可以查看某条题录是否添加了附件:若添加了附件,标记列中会多出一个红色色块;或者在预览窗口的工具栏上会多出一个回形针。点击回形针,可以快速地打开链接附件中第一个文件。(见图 6-4-21)

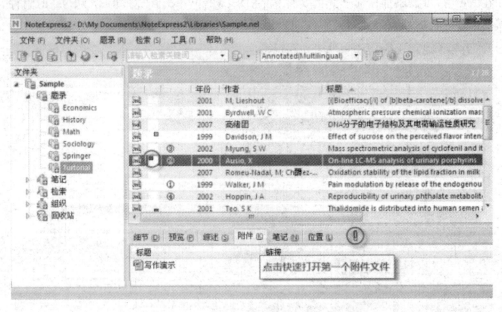

图 6-4-21　文件添加后界面

在 NE 中,批量链接附件是一个非常有用的功能,它可以帮助你快速和高效地添加多个文件。点击"工具"菜单,选择"批量链接附件"。(见图 6-4-22)

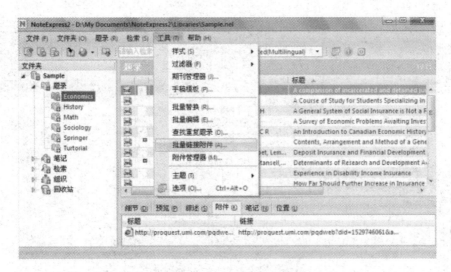

图 6-4-22 批量链接附件界面

在弹出窗口中，选择需要批量链接的虚拟文件夹，在电脑上定位文件保存的位置，设置文件链接的匹配程度。（见图 6-4-23）

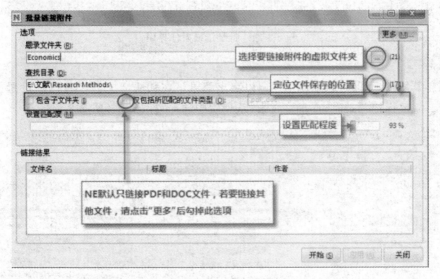

图 6-4-23 批量链接附件结果界面

注意，点击"更多"展开链接文件类型设置。NE 默认只链接 PDF 和 DOC 格式文件，需要关联其他格式的文献，则要勾选掉"仅包括所匹配的文件类型"选项。然后点击"开始"，NE 将会自动匹配题录和文件为你建立关联。

3.查重

查找指定数据库内的重复题录，可以借助于 NE 的查找重复题录功能。方法如下：

点击"工具"菜单，选择"查找重复题录"。在弹出窗口中，选择需要查找重复题录的虚拟文件夹，定义重复题录的字段设置，比如默认时 NE 通过题录类型、作者、年份、标题字段进行重复题录查询，你可以根据需要添加或勾选其他字段。点击"查找"，NE 将自动推送重复题录信息。（见图 6-4-24）

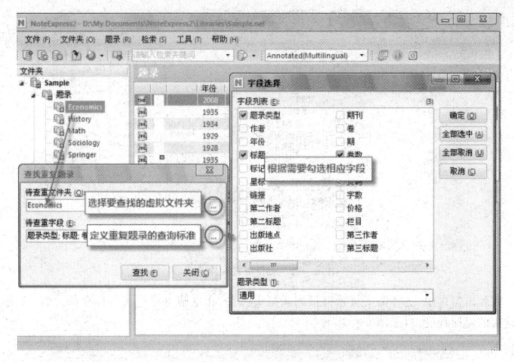

图 6-4-24　批量链接附件界面

4.标记

在 NE 中,我们可以对题录使用标记以突出题录。在默认情况下,NE 已经设置了带圈的数字标记。需要标记题录时,点击该题录,从列表中选择"标记"。(见图 6-4-25)

图 6-4-25　题录标记界面

当点击"自定义"后,可以编辑标记名称,添加或删除更多标记。(见图 6-4-26)

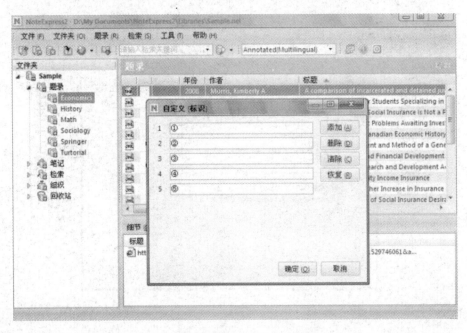

图 6-4-26　添加或删除标记界面

5.题录统计

NE 软件可以通过基本的统计功能方便了解数据库中的题录信息。如果需要对某个虚拟文件夹进行统计,右击该文件夹,从列表中选择"文件夹信息统计"。在弹出查看中,选择需要统计的字段进行统计,NE 将会推送相应的统计结果(统计结果可输出另存)。步骤如下:

● 右击文件夹,选择"文件夹信息统计"。(见图 6-4-27)

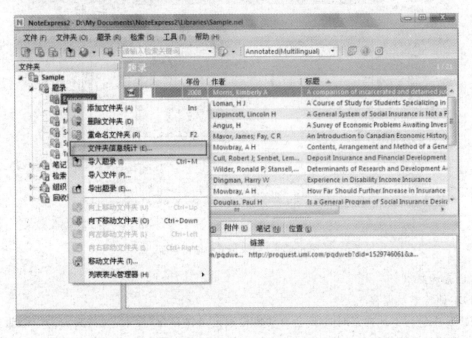

图 6-4-27　文件夹信息统计界面

● 选择需要统计的字段，点击"统计"。（见图 6-4-28）

图 6-4-28　字段统计界面

● 结果预览和输出。（见图 6-4-29）

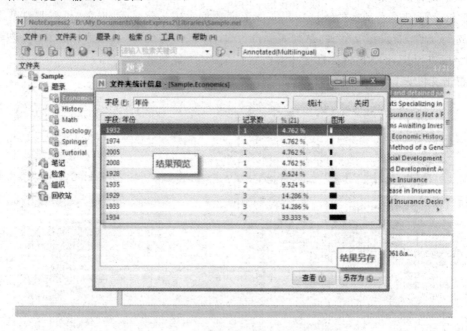

图 6-4-29　结果预览和输出界面

6.检索和组织

（1）本地检索及保存

在 NE 中进行本地检索时，NE 会自动将检索记录保存在"检索"文件夹，打开"最近检索"文件夹，就可以看到最近的检索记录，点击任何检索记录将看到与之对应的结果，包括检索后新添加的题录,这样就不用重新配置本地检索条件进行检索。

对应快速检索,直接在检索框中输入关键词,然后按下回车键即可,也可以在输入关键词后,点击检索框后的图标选择检索范围。(见图 6-4-30)

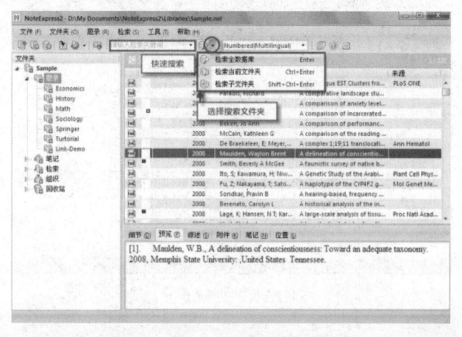

图 6-4-30　本地检索界面

按下键盘 F3 键,即可打开本地高级检索对话框,或者点击菜单"检索",选择"在数据库中检索",配置完检索条件后,点击检索。(见图 6-4-31)

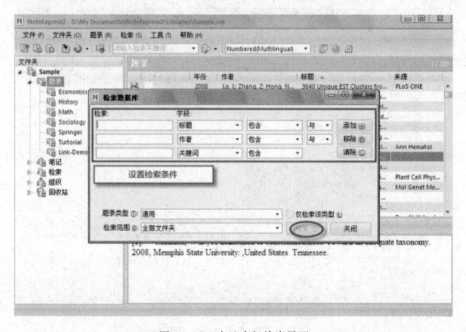

图 6-4-31　本地高级检索界面

NE 会自动保存最近的检索记录,点击"检索"文件夹,打开"最近检索"文件夹,将会看到

历史检索记录。点击任何一条将看到相应的结果。（见图 6-4-32）

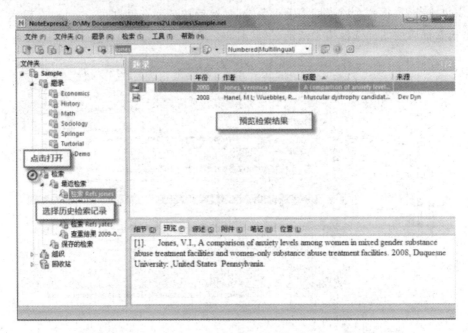

图 6-4-32 检索结果界面

（2）Organizer

每次输入题录的时候，NE 会自动抓取题录中的作者、关键词和作者机构等信息，并且放置在"组织"文件夹中。比如，点开"作者"文件夹，你将会看到作者列表，点击某个作者将看到相应的题录信息。（见图 6-4-33）

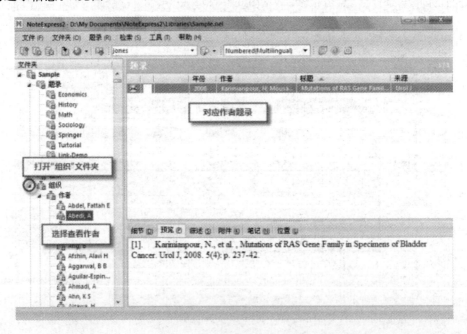

图 6-4-33 组织文件夹界面

7. 笔记

在 NE 中,可以随时在题录下面记下笔记,与你看到的题录信息关联在一起,大大提高研究效率。

快速添加笔记:点击需要添加笔记的题录,切换到笔记窗口,然后添加内容即可,NE 会自动保存笔记。(见图 6-4-34)

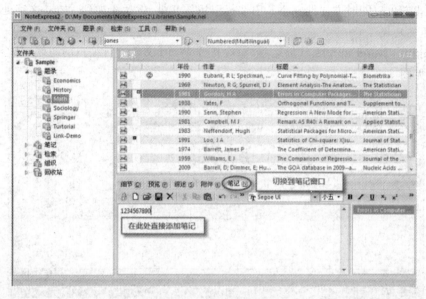

图 6-4-34 添加笔记界面

高级笔记功能:点击需要添加笔记的题录,按下键盘 F4,或选择"题录"菜单,从下拉选项中选择"为题录新增笔记"。NE 会自动弹出笔记编辑窗口,可以加入文字内容,也可以添加图片、表格和公式。请记得在推出窗口时保存笔记。(见图 6-4-35)

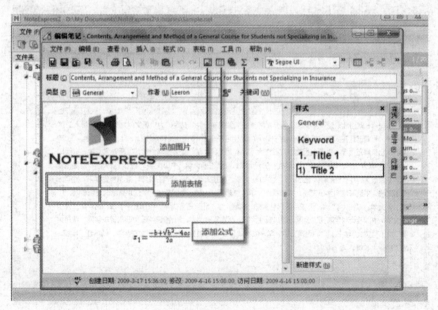

图 6-4-35 高级笔记界面

注意 NE 会自动以题录名称命名笔记,如果有需要可以重命名。当你插入笔记后,NE 会自动在笔记文件夹下创建同名文件夹存放笔记。

四、利用 NoteExpress 撰写论文

对大多数研究人员来说,使用 NE 的主要目的是为了帮助后续的文章或论文撰写。在撰写文章时,我们可以随时方便地在 NE 中选择引用的文献,然后添加到 Word 文字处理工具。

（一）插件功能

电脑安装了 NoteExpress 软件之后,每次打开 Word 文档进行编辑的时候,都会在左上显示工具栏,见图 6-4-36。

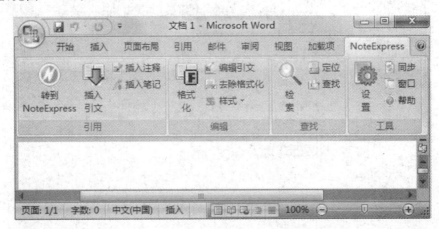

图 6-4-36　Word 文档界面

（二）撰写论文

（1）在 Word 中,光标定位到要插入引文的位置。（见图 6-4-37）

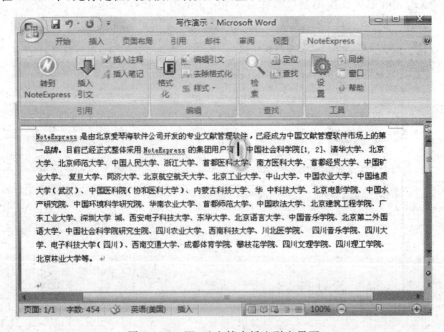

图 6-4-37　Word 文档中插入引文界面

(2)切换到 NoteExpress,选择需要插入的文献(按下 ctrl 键,鼠标选择不连续的多条文献;按下 shift 鼠标选择连续的多条文献)。(见图 6-4-38)

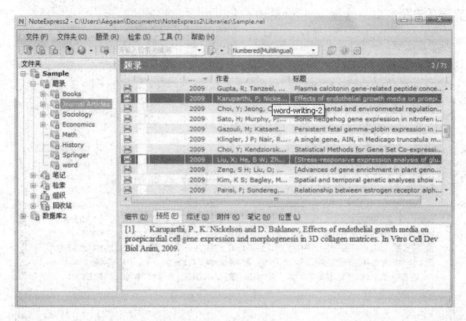

图 6-4-38　文献选择界面

(3)切换到 Sord 界面,点击写作插件上的"插入引文"图标,这样在 NoteExpress 中选择的需要引用的文献就可以插入到文章中了。在默认情况下,NoteExpress 是即时格式化,即插入引文后自动生成文中引文格式和文末参考文献。(见图 6-4-39)

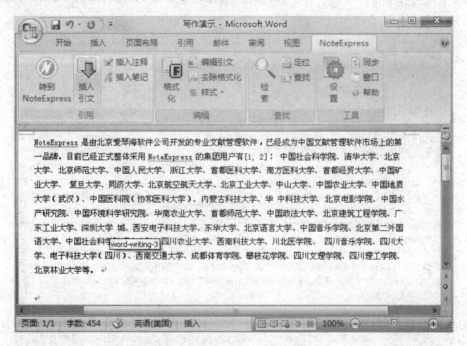

图 6-4-39　引文插入结果界面

(4)重复以上操作,即可完成对文章的文献引用。如果默认情况下生成的引文格式和参考文献格式不是自己需要的类型，可以点击写作插件中的样式图标 ，从下拉菜单中选择。比如示例中即时格式化的样式是"Numbered"，如需修改为"中华人民共和国国家标准 GB/T 7714-2005"，直接从下拉菜单中选择即可。（见图 6-4-40）

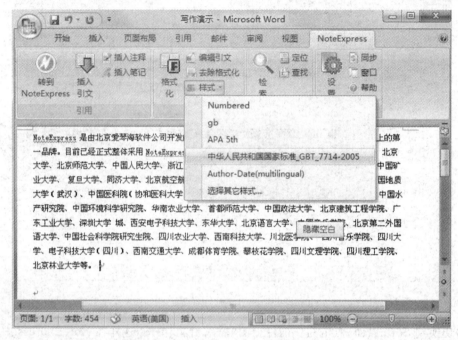

图 6-4-40　引文格式修改界面

　　如果下拉选择中没有需要的样式，请点击"选择其他样式"。在打开的新窗口中选择需要样式即可。比如选择"APA 5th"。（见图 6-4-41、6-4-42）

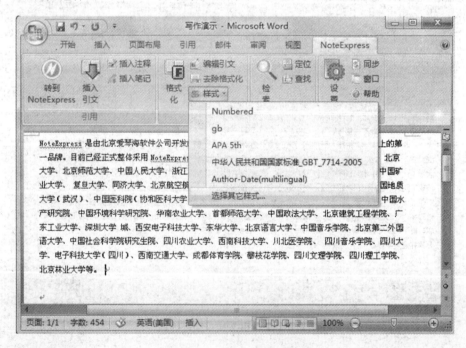

图 6-4-41　引文格式添加界面

图 6-4-42　添加引文格式界面

思考题

1. 医学论文的写作必须遵循哪些基本要求？
2. 医学论文的基本格式包括哪些？
3. 与常见的参考文献管理软件比较，NoteExpress 有哪些主要特点？

（胡　珏）

参 考 文 献

1. 秦冬晓,李大信. 网络环境下图书馆虚拟馆藏资源建设研究[J]. 河南图书馆学刊, 2005,6:32-35

2. 蔡文彬. 国内五大文献传递中心服务状况的比较研究[J]. 现代情报,2005,12:123-126,122

3. http://www.nstl.gov.cn/index.html

4. http://www.cashl.edu.cn/portal/index.jsp

5. http://www.calis.edu.cn/calisnew/

6. http://libweb.zju.edu.cn/

7. http://www.nlc.gov.cn/old/old/service/wenxian/wenxian.htm

8. http://hkall.hku.hk/

9. 邢美园,王鸿,何立芳. 医学文献检索(第二版)[M]. 杭州:浙江大学出版社,2011

10. 郭继军. 医学文献检索(第三版)[M]. 北京:人民卫生出版社,2008

11. 王庭槐. 医学信息资源检索与利用[M]. 北京:高等教育出版社,2005

12. 章新友. 药学文献检索[M]. 北京:中国中医药出版社,2009

13. http://wenku.baidu.com/view/65534b05cc175527072208a9.html

14. 初景利等. 复合图书馆理论与方法[M]. 上海:上海交通大学出版社,2009

15. 康桂英. 网络环境下信息资源检索及毕业论文写作[M]. 北京:北京理工大学出版社,2009

16. 王振德. 现代科技百科全书[M]. 桂林:广西师范大学出版社,2006

17. 郝振省. 2005—2006 中国数字出版产业年度报告[M]. 北京:中国书籍出版社,2007

18. 谢新洲. 电子出版技术[M]. 北京:北京大学出版社,2006

19. 唐圣琴. 现代农业文献信息资源检索[M]. 贵阳:贵州大学出版社,2008

20. 朱江岭. 网络信息资源检索与利用[M]. 北京:海洋出版社,2007

21. 罗敏. 现代信息检索与利用[M]. 成都:西南师范大学出版社,2007

22. 黄军左. 文献检索与科技论文写作[M]. 北京:中国石化出版社,2010

23. 赵静. 现代信息查询与利用[M]. 北京:科技出版社,2008

24. 于占样. 药学文献检索与利用[M]. 北京:中国医药科技出版社,2009

25. 万方数据资源库 http://www.wangfang.com.cn/

26. 中国知识产权局 http://www.sipo.gov.cn/

27. 国家科技图书文献中心 http://www.nstl.gov.cn/

28. 中国知网 http://www.cnki.cn

29. 于玉林. 文献阅读与应用写作[M]. 北京:经济科学出版社,2008

30. 方平. 医学文献信息检索[M]. 北京:人民卫生出版社,2005

31. 李炳汝,羡秋盛,纪承寅. 医学论文专著写作必备[M]. 北京:军事医学科学出版社,2006

32. 陈燕. 医学信息检索与利用[M]. 西安:第四军医大学出版社,2010